Heterogene Inklusivität, inklusive Heterogenität

Florian Kiuppis

Heterogene Inklusivität, inklusive Heterogenität

Fallstudie über den Bedeutungswandel
imaginierter pädagogischer Konzepte
im Kontext Internationaler Organisationen

Waxmann 2014
Münster • New York

Bei diesem Buch handelt es sich um eine Dissertation
zur Erlangung des akademischen Grads Dr. phil. im Fach
Erziehungswissenschaften an der Philosophischen Fakultät IV
der Humboldt-Universität zu Berlin

Bibliografische Informationen der Deutschen Nationalbibliothek
Die Deutsche Nationalbibliothek verzeichnet diese Publikation in
der Deutschen Nationalbibliografie; detaillierte bibliografische
Daten sind im Internet über http://dnb.d-nb.de abrufbar.

Internationale Hochschulschriften, Bd. 609

Die Reihe für Habilitationen und sehr gute
und ausgezeichnete Dissertationen

ISSN 0932-4763
Print-ISBN 978-3-8309-3092-1
E-Book-ISBN 978-3-8309-8092-6 (PDF)

© Waxmann Verlag GmbH, Münster 2014
Steinfurter Straße 555, 48159 Münster

www.waxmann.com
info@waxmann.com

Umschlaggestaltung: Inna Ponomareva, Münster
Satz: Sven Solterbeck, Münster

Gedruckt auf alterungsbeständigem Papier,
säurefrei gemäß ISO 9706

Inhalt

Abbildungen und Tabelle

Danksagung

Mein Dank richtet sich in erster Linie an meine Frau, an unsere beiden Töchter und unseren Sohn sowie an meine Eltern und Schwiegereltern; an das *Evangelische Studienwerk e.V. Villigst* für die finanzielle und ideelle Förderung; an Adèle Torrance, Archivistin an der *Records Management Unit* der *United Nations Educational, Scientific and Cultural Organization (UNESCO)* in Paris, an Jens Boel, den Leiter dieser Einheit, sowie an ihre Kollegen Alexandre Coutelle und Sang Phan; an Massimo Amadio, Programmkoordinator im *International Bureau of Education (IBE)* in Genf, und an Aaron Benavot von der *University at Albany* (ehemals bei der *UNESCO* tätig), die mir ermöglicht haben, im Jahr 2008 an der 48. „International Conference on Education" zum Thema Inclusive Education in Genf teilzunehmen. Zudem danke ich allen Gesprächspartnerinnen und -partnern und „Informanten" für ihre Einsichten, mit denen sich so manche Verständnislücke schließen ließ. Für ausführliche Gespräche in Washington bin ich besonders Emily Vargas-Barón (*The RISE Institute*), Phyllis R. Magrab (*Georgetown University*) und Jerome Mindes (*American Institutes for Research*) zu Dank verpflichtet; für einen sehr spannenden Aufenthalt bei der *British Psychological Society* in London bedanke ich mich beim Gastgeber Keith Venables, bei Tara Flood (*Alliance for Inclusive Education*) und besonders bei Judy Hunt und Micheline Mason für sehr beeindruckende Schilderungen im kleinen Kreis. Zudem danke ich Siri Wormnæs (*Universität Oslo*, ehemals Leiterin des sogenannten *UNESCO-Flagship on Education for All and the Right to Education for Persons with Disabilities*) und Mel Ainscow (*University of Manchester*) sowie Colette Chabbott (*George Washington University*) und Marisol Moreno Angarita (*Universidad Nacional de Colombia*) für ihre Gastfreundschaft. Für aufschlussreiche Korrespondenzen via E-Mail möchte ich meinen herzlichen Dank an Peter Mittler (*University of Manchester*) und an Judith Hollenweger (*Pädagogische Hochschule Zürich*) richten. Mein Dank geht darüber hinaus an die Mitglieder der *Standing Working Group „Institutions and Knowledge"* innerhalb der *European Group for Organizational Studies (EGOS)*, besonders an all jene Personen, die mir im Rahmen der EGOS-Colloquia 2011 in Göteborg, 2012 in Helsinki und 2013 in Montréal wegweisende Anregungen gegeben haben – beim letzten dieser Jahrestreffen in erster Linie im Zusammenhang mit Debatten um die „Überbrückung" nordamerikanischer und europäischer Institutionalismen.

Ganz besonders erkenntlich zeigen möchte ich mich bei Marcelo Caruso, Patrick Ressler, Markus Höllerer und Georg Krücken für ihre kritische Beurteilung verschiedener Versionen einzelner Kapitel sowie bei Daniela Langer, Inna Ponomareva und Sven Solterbeck (*Waxmann Verlag*) für das Lektorat, die graphische Gestaltung des Buchumschlags und den Satz. Danken möchte ich auch Vera G. Centeno, Frank J. Müller und Bernhard T. Streitwieser für zahlreiche Anregungen unter befreundeten Kollegen (und mittlerweile kollegial verbundenen Freunden), William McNiece für seine Unterstützung bei der Erstellung der Abbildungen, sowie Kjell Ivar Iversen und Rune Sarromaa Hausstätter (*Lillehammer University College*) für ihr Verständnis für meine Prioritätensetzung in den Wochen vor Fertigstellung dieser Arbeit, in deren Verlauf ich nahezu alle „lunsj"-Runden, kollektiven „kaffepauser" und „friminutter" absagte. Bei Letzterem bedanke ich mich auch für die durchweg erfreuliche Zusammenarbeit im Rahmen der Erstellung eines Sammelbandes zum Thema „Inclusive Education 20 Years after Salamanca", der ungefähr zeitgleich zum vorliegenden Buch in der Reihe „Disability Studies in Education" erscheint (New York: *Peter Lang*, 2014). Unbekannterweise danke ich zudem Rita Nikolai (*Humboldt-Universität zu Berlin*) sowie Gottfried Biewer (*Universität Wien*) für ihre Einschätzungen, dass es sich bei meiner Studie um eine sehr gute und ausgezeichnete Arbeit handele.

Mit meinen Dankesworten zum äußeren Kern meines unmittelbaren Arbeitsumfeldes in der Vergleichenden Erziehungswissenschaft angekommen, möchte ich mich bei den Mitgliedern der *Special Interest Group „Inclusive Education"* innerhalb der *Comparative and International Education Society (CIES)* für ihr Vertrauen im Laufe der Jahre 2011–2014 bedanken, insbesondere bei Paula Hunt (*United Nations Children's Fund, UNICEF*), von der ich vor drei Jahren die Leitung dieser Gruppe übernahm, und in diesem Rahmen auch bei Susan Peters (*University of Michigan*), Lani Florian (*University of Edinburgh*) und Susan Hirshberg (*The World Bank*) – bei Letzterer für ein zufällig zustandegekommenes (kontroverses) Gespräch während einer Busfahrt im Anschluss an die Jahreskonferenz der *CIES*, im Jahr 2009 in Charleston. Zudem danke ich herzlich Gita Steiner-Khamsi (*Columbia University*) und Francisco O. Ramirez (*Stanford University*), die seitdem Jahr für Jahr bei den Jahreskonferenzen der *CIES* mein Gefühl bestärkt haben, Mitglied einer großen und heterogenen Familie zu sein, sowie Stephen Carney (*Roskilde Universitet*) und Florian Waldow (*Humboldt-Universität zu Berlin*) für so manches bestärkende Wort im Laufe der letzten Jahre.

Zum inneren Kern meines Arbeitsumfeldes gehörend, und Ihnen gebührt mein ganz besonderer Dank, möchte ich meine Kolleginnen und Kollegen an der *Humboldt-Universität zu Berlin* hervorheben: sowohl die Vielzahl der

„Compañeras" und „Compañeros" der Abteilung Vergleichende Erziehungswissenschaft, denen ich für weitaus mehr als die vielen „Säurebäder" dankbar bin, die meine Arbeit wiederholte Male in Forschungskolloquien genommen hat, als auch jene Freundinnen und Freunde, die mittlerweile in anderen akademischen Kontexten arbeiten – unter ihnen Marcelo Caruso (*Humboldt-Universität zu Berlin, Abteilung Historische Erziehungswissenschaft*), Barbara Schulte (*Lunds Universitet*) und Pedro Camilo Pineda Rodriguez (*Universidad de los Andes*) –, Martine Tarrieux, sowie meine langjährigen Lehrer Jürgen Schriewer und Ernst von Kardorff, denen ich von ganzem Herzen für ihre weitreichende Hilfe und langjährige, großzügige Unterstützung danke!

1. Einleitung

„Our success in the years ahead will depend not so much on what we do as what we achieve" (UNESCO 1994, S. iv), hieß es vor zwei Jahrzehnten im Vorwort zur sogenannten Salamanca-Erklärung, dem zentralen Abschlussdokument der „World Conference on Special Needs Education", die im Juni 1994 von der UNESCO in Kooperation mit dem Spanischen Ministerium für Bildung und Wissenschaft in Salamanca veranstaltet wurde. Darin bringt der damalige Generaldirektor der UNESCO zum Ausdruck, dass für die Weiterverfolgung des übergeordneten Ziels der wenige Jahre zuvor angestoßenen *Education for All* (EFA)-Agenda eine Umorientierung des *Special Needs Education*-Programms notwendig sei.[1] Dieses könne, so heißt es hier weiter, nicht in Isolation fortgeführt werden und müsse einem „neuen Denken" folgen, „[…] to ensure that Education for All effectively means FOR ALL, particularly those who are most vulnerable and most in need" (ebd., Hervorhebung: im Original).

Diese Weltkonferenz stellte für die auf Menschen mit Behinderungen bezogene bildungspolitische Arbeit der UNESCO einen Wendepunkt dar.[2] Während sich das *Special Needs Education*-Programm, das sich im Verlauf der 30 Jahre vor dieser Konferenz komplementär zum Programmzweig der *Regular Education* entwickelt hatte, bis dahin in erster Linie mit „exceptional children" befasst hatte,[3] stellte die mit dieser Konferenz eingeläutete Umorientierung entlang der Vorzeichen der EFA-Agenda für die UNESCO und ihre Verbündeten einen neuen Problembereich dar, in dem neu zu justieren war, welche Kinder nunmehr

---

1   In der vorliegenden Studie wird weitgehend auf Funktionen von angeführten Personen verwiesen, nicht aber auf ihre Namen. Diese Entscheidung fiel nach Absprache mit dem Personal der Archive der UNESCO (vgl. die Danksagung), aus denen der Hauptteil der hier ausgewerteten Quellen stammt. Grund hierfür war der Umstand, dass die Arbeit zum Teil auf Informationen aus solchen Dokumenten aufbaut, die als zeitgenössische und personengebundene Dokumente einer Sperrfrist unterliegen und für deren Sichtung eine Sondergenehmigung erteilt wurde. Dass die Anonymität auch jener Personen gewahrt bleibt, deren Namen in solchen Quellen auftauchen, die dieser Frist nicht unterliegen – und dies selbst in Fällen, in denen es den Leserinnen und Lesern einfach möglich wäre, den Namen zu ermitteln (wie z.B. im Fall des zitierten Generaldirektors der UNESCO) –, geschieht aus Gründen der Einheitlichkeit und besseren Lesbarkeit dieser Studie insgesamt.

2   Vgl. hierzu entsprechende Ausführungen in Kiuppis 2014a.

3   Die imaginierte Gruppe der „exceptional children" umfasste zeitlich vor Grundlegung des „*Special Education*"-Programms der UNESCO in den 1960er Jahren sowohl „the handicapped" als auch „the gifted", vgl. hierzu Ross 1964; Kirk 1962.

als „most vulnerable and most in need" (ebd.) zu gelten hatten.[4] Die in diesem Zusammenhang als „new thinking in Special Needs Education" (ebd., S. 9 ff.) in den internationalen Diskurs eingebrachte *Idee* für *Inclusive Education*[5] bzw. das Leitprinzip der Inklusion („inclusion") besteht, nach wie vor als Mittel zur Erreichung der sogenannten EFA-Goals, bis heute als Sinnbild für die *gemeinsame Erziehung und Bildung aller Kinder einer Altersgruppe* fort und dient noch immer als Zielvorstellung bzw. normatives Leitprinzip diverser bildungspolitischer Initiativen. International ist dies derzeit etwa im Zusammenhang mit einer von der UNESCO und UNICEF initiierten „Inclusive Education Network Collaboration" im Kontext der „Post-2015 Development Agenda" der Vereinten Nationen zu verfolgen – eines iterativen Prozesses, der im Rahmen des „High-Level-Meeting on Disability and Development" im Hauptquartier der Vereinten Nationen in New York im letzten Jahr nochmal befeuert wurde.[6] In Deutschland wurde die Aktualität des Leitprinzips der Inklusion vor kurzem nochmal bei der Veröffentlichung des Bildungsberichts deutlich, in dem – zwanzig Jahre nach der Weltkonferenz in Salamanca[7] – „Inklusion", in Anlehnung an Empfehlungen der Kultusministerkonferenz (KMK 2011, S. 3), in einem weiteren Sinne [als] ein „umfassendes Konzept des menschlichen Zusammenlebens" [verstanden wird], das den gesellschaftlichen Umgang mit Heterogenität in grundlegender Weise thematisiert (Autorengruppe Bildungsberichterstattung 2014, S. 158).

Kurzcharakterisierung der Untersuchung

Bei der vorliegenden Untersuchung handelt es sich um eine Studie an der Schnittstelle zwischen vergleichend-historischer Bildungsforschung, Wissens- und Organisationssoziologie. Die Arbeit widmet sich empirisch dem an der oben eingangs zitierten Textstelle als zweitrangig eingeordneten Aspekt, also

---

4   Vgl. hierzu das vierte Kapitel. Die Wortwahl „Problembereich" verweist zum einen auf das Konzept des „issue-based field", das in der vorliegenden Studie herangezogen wird (vgl. die Ausführungen zum „Organizational Field" im zweiten Kapitel sowie den Abschnitt „Klassifizierung der Akteure" im dritten Kapitel) und zum anderen auf den Begriff der „problem domain" im Kontext des „linked solutions"-Ansatzes aus dem Historischen Institutionalismus, vgl. hierzu die entsprechenden Ausführungen zum konzeptionellen Bezugsrahmen der Arbeit im zweiten Kapitel sowie den Abschnitt „Periodisierung" im dritten Kapitel.
5   Vgl. Ainscow 2005, S. 109.
6   Vgl. UN 2013.
7   Vgl. Kiuppis & Sarromaa Hausstätter 2014.

der Frage, *was die UNESCO tat,* nachdem das Wort „inclusion" auf die globale bildungspolitische Agenda gesetzt wurde.

Konzeptionell stehen in der vorliegenden Studie – anders als in den meisten Arbeiten in der Vergleichenden Erziehungswissenschaft – nicht nationale Gesellschaften oder geographische Räume im Mittelpunkt des Erkenntnisinteresses, sondern Internationale Organisationen und ihre Kommunikationen im Rahmen der Entwicklung und Aushandlung von unterrichtsorganisatorischen Modellen und Konzepten. Die Arbeit schließt somit an eine zeitgenössische Forschungsrichtung in der Bildungsforschung an, die sich sogenannte „transsocietal structures" (Tilly 1984, S. 80 ff.) als Analyseeinheiten wählt, denen in erster Linie Internationale Organisationen zugeordnet werden.[8] Im Zentrum des empirischen Teils steht eine der in Fragen von Bildung und Kultur wichtigsten Internationalen Regierungsorganisationen, die UNESCO, sowie eine ihrer organisatorischen Untereinheiten, nämlich diejenige Einheit, die in den 1990er Jahren für das sogenannte Special (Needs) Education Program verantwortlich zeichnete.[9]

Erkenntnisinteresse

Das Erkenntnisinteresse der vorliegenden Untersuchung ist zweifacher Art: Der Fokus der Analyse richtet sich zum einen empirisch auf das programmatische Konzept der Inclusive Education, genauer: auf dessen schleichenden Begriffswandel im Kontext von zwei Weltkonferenzen, die beide maßgeblich von der UNESCO einberufen wurden. In diesem Kontext wird analysiert, was die UNESCO – und insbesondere die für das Special Needs Education-Programm verantwortliche Organisationseinheit – im Zuge der Nachbereitungsprozesse der Weltkonferenz in Salamanca unter Inclusive Education im Zusammenhang mit einem „new thinking in Special Needs Education" verstand und wie in diesem Kontext der Wandel jeweiliger Begriffsverwendungen, Bedeutungszuwei-

---

8   Traditionell wird in der Teildisziplin Vergleichende Erziehungswissenschaft der Nationalstaat als Untersuchungsfeld und Analyseeinheit privilegiert, vgl. Amos 2011, S. 7.

9   „Needs" steht hier in Klammern, da sich die Abteilung der UNESCO im Verlauf des in diesem Buch behandelten Untersuchungszeitraums umbenannte (von Special Education Unit zu *Special Needs Education Unit*). Deshalb ist erst in der dritten Entwicklungsphase im vierten Kapitel von letzter die Rede. Für das von dieser Abteilung durchgeführte Programm vollzog sich die Umbenennung von „Special Education" zu „Special Needs Education" bereits in den 1980er Jahren. Aus Gründen der besseren Lesbarkeit wird die Klammer im Folgenden weggelassen.

sungen und Lesarten zu erklären ist. Der Schwerpunkt des empirischen Teils liegt auf der Analyse des schriftlichen Austauschs der im Fokus stehenden Organisationseinheit sowohl mit den Akteuren in ihrem organisationalen Feld als auch mit relevanten Akteuren außerhalb desselben.[10] Grundlage hierfür stellen einschlägige Archivmaterialien der UNESCO in Paris dar, die inhaltsanalytisch erschlossen und durchgearbeitet wurden.

Zum anderen wird theoretisch von der Grundannahme ausgegangen, dass sich die Komplexität des hier zum Thema gemachten Kommunikations- und Interaktionsgefüges zwischen internationalen, nationalen und individuellen Akteuren nur mit Hilfe eines ausgewiesenen konzeptionellen Bezugsrahmens eingrenzen und analytisch aufschlüsseln lässt.[11] Theoretisch geht es hier darum, unter Heranziehung organisationssoziologischer Theoriemittel die Rolle herauszuarbeiten, welche Internationale Regierungsorganisationen wie die UNESCO, deren Untereinheiten und andere Akteure in ihrem organisationalen Feld bei solchen Transformationsprozessen gespielt haben und spielen. Der Wandel der Bedeutungen und Lesarten des imaginierten Konzepts der Inclusive Education wird – unter Berücksichtigung der Analyse-Ebenen „Policy Talk", Entscheidungen und Handlungen[12] – an der bei der Analyse fokussierten Organisationseinheit der UNESCO festgemacht. Die vorliegende Studie untersucht in diesem Kontext, wie sich individuelle Akteure in den zugleich institutionell begrenzenden wie ermöglichenden Bedingungen ihrer jeweiligen Organisationen bewegen und dadurch Inhalte und strategische Optionen für „Inclusion" entwickeln.

Leitende Forschungsfragen

Im Kontext dieses zweifachen Erkenntnisinteresses wird für den Zeitraum 1994–2000 den Fragen nachgegangen,

(1) *warum, wie und wann es bei der (Weiter-)Entwicklung der Idee für Inclusive Education zu einem imaginierten Konzept, im zur Analyse stehenden orga-*

10　Mit Letzteren sind jene Akteure gemeint, die zu Beginn des Fokuszeitraums 1994–2000 außerhalb des organisationalen Feldes positioniert waren und im Verlauf der drei Entwicklungsphasen zu Akteuren des Feldes wurden (z. B. UNICEF). Vgl. hierzu die entsprechenden Ausführungen zu Akteuren im dritten Kapitel sowie den Phasenverlauf im vierten Kapitel.

11　Vgl. das zweite Kapitel.

12　Besondere Aufmerksamkeit kommt hierbei dem vom schwedischen Organisationssoziologen Nils Brunsson entwickelten Verhältnis von „Talk", „Decisions" und „Actions" zu, vgl. in erster Linie Brunsson 1989.

nisationalen Feld zum Wandel der Bedeutungen und Lesarten sowie zur Ver-
änderung des Verständnisses von Sachverhalten und folglich der thematischen
Schwerpunktsetzung der Special Needs Education kam;

(2) *und welche Rolle die UNESCO – und insbesondere die für das Special Needs*
Education-Programm zuständige Organisationseinheit – beim theoretisch als
damit einhergehend angenommenen Wandel der Bedeutungen von Inclusive
Education spielte.

Der Untersuchungszeitraum zwischen den Jahren 1994 und 2000 erhält seinen
Rahmen auf der einen Seite durch die Weltkonferenz in Salamanca, bei der das
Konzept für integrative Pädagogik, das als normalistische Anpassungsstrategie
in die Kritik geraten war, offiziell für veraltet erklärt wurde und Inclusive Education auf der globalen bildungspolitischen Agenda als „new thinking in Special
Needs Education" an seine Stelle trat. Eingefasst wird der Untersuchungszeitraum auf der anderen Seite durch eine kleine, innerhalb der UNESCO und unter
Ausschluss der Öffentlichkeit Ende September 2000 stattgefundene Veranstaltung, die mit „Day of Reflection" überschrieben wurde und bei der im Anschluss
an das „World Education Forum" (im April 2000 in Dakar) einige der an der
Genese und Verbreitung der Idee inklusiver Pädagogik beteiligten Akteure zeremoniell auf die Entwicklungen zurückblickten.

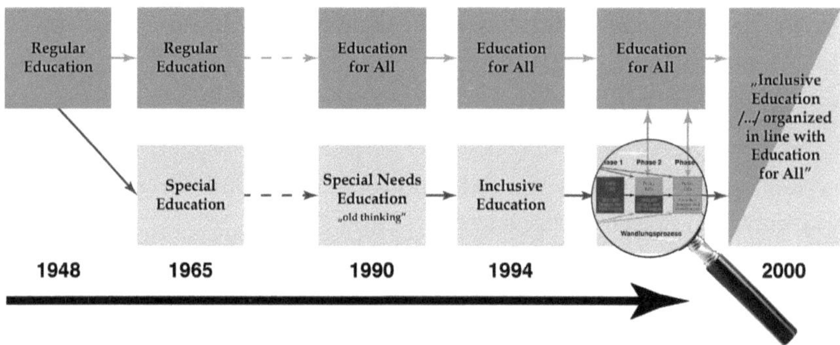

Abbildung 1:   Entwicklung von ‚Education for All' und ‚Inclusive Education' als
Themen der UNESCO[13]

---

13   Beim Quadrat hinter dem Lupenglas, das die Entwicklung von Inclusive Education
im Zeitraum zwischen den Jahren 1994 und 2000 umfasst, handelt es sich um den
im vierten Kapitel untersuchten Kontext.

Als Quellenbasis der vorliegenden Studie dienen vor allem Dokumente aus den einschlägigen Bibliotheks- und Archivbeständen der UNESCO in Paris,[14] in denen sich – im Zusammenhang mit solchen Programmen, die sich in erster Linie mit Fragen der Einbeziehung von marginalisierten Minderheiten in Prozesse Allgemeiner Pädagogik befassen – die Kommunikationen zwischen der Special Education Unit der UNESCO und ihrer gesellschaftlichen Umwelt widerspiegeln.[15] Es handelt sich hier größtenteils um briefliche Kommunikationen zwischen dem im Fokus der Analyse stehenden Organisationsteil (in der Regel autorisiert von ihrer Leiterin) und Akteuren im organisationalen Feld der UNESCO.[16] Gerade weil die Akteure dem in dieser Arbeit herangezogenen konzeptionellen Bezugsrahmen zufolge in gesellschaftliche Umwelten eingebettet sind, verfügen sie mutmaßlich über Wissensbestände, die als Erläuterung und Kommentar zu den Dokumenten einen neuen Erkenntnisraum schaffen, der wiederum durch die Dokumente (und das was in ihnen *nicht* ausgeführt wird) korrigiert werden kann. Deshalb wurde hier, über die Dokumente hinaus, auch eine Reihe von Korrespondenzen zu solchen Expertinnen und Experten genutzt, die an der Ausarbeitung der sukzessiven Versionen des Konzepts der Inclusive Education beteiligt waren. Sie wurden größtenteils brieflich bzw. per E-Mail zur Konsultation herangezogen und werden hier nicht namentlich genannt.[17]

Theoriemittel und Methodologie

Bei der Datenerhebung dienten Arbeiten zur zeithistorischen Analyse von Bedeutungen von Ideen und Konzepten als Hilfsmittel, insbesondere jene von Co-

---

14   Für genauere Informationen zu den Quellen vgl. die entsprechenden Ausführungen im dritten Kapitel.

15   „Umwelt" bezieht sich auf die doppelte Einbettung der UNESCO bzw. der bei der Analyse fokussierten Organisationseinheit in ein organisationales Feld und in eine institutionelle Umwelt. Beim Konzept der institutionellen Umwelt wird nicht klar von einem Innen und Außen ausgegangen, vgl. hierzu z. B. Ramirez: „The institutional environment […] is not just an *external* influence on the actors, but rather, it is the cultural matrix which provides the actors with a sense of who they are, what their world is, and what their perspective ought to be. The actors depend on the cultural matrix for their entitivity and their legitimacy" (2012, S. 8 f._Hervorhebung: FK).

16   Für einen Überblick der Primärquellen vgl. den entsprechenden Abschnitt im dritten Kapitel, für die Phaseneinteilung vgl. das vierte Kapitel.

17   Vgl. Fußnote 1. Die Konsultationen sind in der Liste der zitierten Archivmaterialien mit aufgeführt.

lin Lankshear, Bruno Latour, Kjell Arne Røvik und Tammar Zilber.[18] Sämtliche Quellen wurden inhaltsanalytisch ausgewertet.[19] Für die Periodisierung wurden vor allem Ansätze aus dem politikwissenschaftlichen und Historischen Institutionalismus nach Elisabeth S. Clemens und Kathleen Thelen herangezogen. Die Kategorisierung bei der Datenauswertung erfolgte im Lichte theoretischer Perspektiven aus dem sogenannten Skandinavischen Institutionalismus bzw. aus hiermit eng verwandten neo-institutionalistischen Theorievarianten. Für den empirischen Teil dieser Arbeit wurde also eine kombinierte Anwendung von Mitteln aus unterschiedlichen Theoriesträngen vorgenommen, mit denen sich in Bezug auf bestimmte Akteure Veränderungen im Verständnis von Sachverhalten im Zusammenhang mit Prozessen des Wandels von Bedeutungen und Lesarten zu pädagogischen Konzepten fassen lassen.[20] Durch die insofern konzeptgeleitete Rekonstruktion von Wandlungsprozessen insgesamt, auch in Bezug auf die Ebene der bei der Untersuchung fokussierten Organisation beurteilt, kann das Vorgehen bei der Auswertung der Daten als „Prozessanalyse" beschrieben werden,[21] bei der sich die Aufmerksamkeit auf Aspekte der Transformation und des Wandels von Wissen und Strukturen im Zeitverlauf richtete und auf der Ebene der Organisationen insbesondere die Frage im Zentrum stand, wie Akteure jeweils ihre institutionelle Umwelt und das darin verhandelte Wissen verstehen und „how people [acting within organizations_FK] understand the changes they are both instigating and dealing with, and how […] meanings evolve" (Langley & Abdallah 2011, S. 213).[22]

Beitrag zur vergleichend-historischen Bildungsforschung

Die Untersuchung ist als Beitrag zum Corpus jener Arbeiten der Globalisierungsforschung innerhalb der Vergleichenden Erziehungswissenschaft zu

---

18 Vgl. den Abschnitt „Theoriemittel für die Analyse von Bedeutungen" im dritten Kapitel.
19 Vgl. Krippendorff 2012; Bailey 1994; Carley 1990; Neuendorf 2002; Miles & Huberman 1994.
20 Für einen Überblick zu neo-institutionalistischen Organisationstheorien vgl. zuallererst Greenwood et al. 2008; sowie Powell & DiMaggio 1991. Darüber hinaus vgl. Schoonhoven & Dobbin 2010. Für nähere Informationen zu Ansätzen aus der neo-institutionalistischen Organisationsforschung und ihrem Verhältnis zum in der Vergleichenden Erziehungswissenschaft mittlerweile etablierten neo-institutionalistischen „world polity"-Ansatz, vgl. die Ausführungen im zweiten Kapitel.
21 Vgl. Langley 1999.
22 Vgl. hierzu auch Heracleous 2004.

verstehen, die sich mit der Analyse zunehmender internationaler Verflechtungen oder der Diffusion transnationaler Programme befassen. Sie stellt eine Fallstudie zur Differenzierung des Inklusionsbegriffs im organisationalen Feld der UNESCO dar, die zu Klärungsprozessen, aber auch zu notwendigen Kontroversen über die Inhalte und Organisationsformen inklusiver Bildung in der aktuellen bildungspolitischen Diskussion beitragen kann. Wertvoll ist die Untersuchung darüber hinaus als Beitrag zu einer empirisch gesättigten Theorie des inneren Funktionierens der Politiken Internationaler Organisationen – nicht zuletzt durch das wichtige Ergebnis, dass diese nicht als unitarisch zu verstehen sind, sondern vielmehr in einem organisationalen Umfeld nach organisationsinternen Prämissen agieren und die Interventionen externer Akteure nach eben diesen Prämissen in komplexer Weise verarbeiten;[23] die aus diesen Analysen gewonnenen Ergebnisse korrigieren bestehende Ansätze aus der vergleichend-historischen Bildungsforschung und fügen ihnen darüber hinaus mit der qualitativ angelegten mikrosoziologischen Untersuchungsperspektive aus dem Neo-Institutionalismus wichtige neue Theoriedimensionen hinzu.

Durch die zugleich *wissens-* und *organisationssoziologisch* motivierte, sowohl auf die Transformation pädagogischer Ideen bei ihrer Konkretisierung und Verbreitung als auch auf die Rolle Internationaler Organisationen fokussierte Schwerpunktsetzung der Studie ergibt sich in ihrem empirischen Teil ein komplexes Bild miteinander verwobener Abstimmungs-, Abwägungs- und Entscheidungsprozesse, deren Effekte in Heranziehung der Brunsson'schen Analyseebenen „Talk", „Decisions" und „Actions" (Brunsson 1989) analysiert werden.[24] „Komplex" meint hier, dass die untersuchten Prozesse „aus vielen Einzelteilen [bestehen], die miteinander über ein vielfältiges Beziehungsgeflecht verbunden sind und dabei Eigenschaften erwerben, die aus den Einzelteilen heraus nicht erkennbar oder verständlich sind" (vgl. Winnacker 1998, zitiert in Mayntz 1999, S. 1).

Thematischer Kontext

In bildungspolitischen, pädagogischen und erziehungswissenschaftlichen Diskursen stellt sich das Wort „Inklusion" häufig als Allgemeinplatz heraus. Sowohl

---

23 Vgl. hierzu den Abschnitt „Alternative Sicht auf Internationale Organisationen – das konzeptionelle Paradoxon der ‚embedded agency'" im zweiten Kapitel.
24 Vgl. hierzu insbesondere den Abschnitt „Neues Raumverständnis: der Macro/Micro Nexus" im zweiten Kapitel.

in öffentlichen als auch in akademischen Debatten über Chancengleichheit und Benachteiligung in der pädagogischen Praxis hat es sich als normative Leitformel und Sinnbild für *gemeinsame Lernprozesse in allgemeinbildenden Schulen* ausgebreitet, wobei die hiermit assoziierten Sachverhalte, Schwerpunktsetzungen, Vorstellungen und pädagogischen Ansätze mannigfaltig sind. Da dieses Sinnbild Konstruktionen umfasst, die sowohl von konkret praktizierten Vorbildern (z. B. Modellschulen in Mitgliedstaaten der UNESCO) abstrahieren als auch von wünschenswerten Idealvorstellungen gespeist sind, ist im Falle des bei der Nutzung des Wortes „Inklusion" mitgemeinten Leitprinzips – ebenso wie beim Konzept der Inclusive Education – davon auszugehen, dass es dekontextualisiert ist und imaginiert wird. Dasselbe gilt z. B. für die Konstruktion von „inclusive society", einer Wortschöpfung, bei der ebenfalls praktizierte Vorbilder dekontextualisiert und, mit wünschenswerten Idealvorstellungen angereichert, als Bedingung oder als Folge für das Gelingen von Inclusive Education imaginiert werden – so etwa im Rahmen der letzten „International Conference on Education" im Jahr 2008 in Genf, aus deren Rahmen Länderberichte und ministerielle Äußerungen hervorgingen, in denen

> „die Institutionalisierung des Konzepts der Inclusive Education auf nationaler Ebene mal als Voraussetzung für eine inklusive Gesellschaft dann wiederum als höchstes Ziel verstanden wird, das erst erreicht werden könne sofern eine inklusive Gesellschaft vorab eingerichtet sei" (Kiuppis 2011, S. 98_Übersetzung aus dem Norwegischen).

Im Rahmen dieser Weltkonferenz im Jahr 2008 wurde deutlich, dass das im Rahmen der UNESCO erarbeitete Wissen von in ihren Mitgliedstaaten praktizierten Vorbildern dekontextualisiert und „theoretisiert" wurde (vgl. Strang & Meyer 1998). Theoretisch ist anzunehmen, dass das Wissen bereits vielfach gebrochene Bedeutungen mit sich bringt, wenn es in lokalen, d. h. nationalstaatlichen und sprachlich-kulturell unterschiedlich geprägten Kontexten (wieder) ankommt, um dort weitere rekontextualisierende Umdeutungen zu durchlaufen.[25]

Im deutschsprachigen Raum prangt das Wort „Inklusion" häufig an solchen bildungspolitischen Stellungnahmen, in denen es um die Abschaffung der Haupt- und Sonderschulen; um das Für und Wider der Mehrgliedrigkeit des Schulsystems; um die Abwägung der Länge der Grundschulbildung; oder um mögliche Wege der Binnendifferenzierung in Schulklassen geht. In internationalen Diskursen wird das Wort „inclusion" wiederum gemeinhin mit Initiativen,

---

25 Hierzu vgl. z. B. Steiner-Khamsi 2002b, S. 133.

Modellen und Programmen Internationaler Organisationen und entsprechenden praktischen Umsetzungen auf nationaler Ebene in Verbindung gebracht. Diese haben auf globaler Ebene in der Regel die Einbeziehung bestimmter benachteiligter und ausgegrenzter Minderheiten – meistens, so im Zusammenhang mit „inclusive development",[26] Kinder mit Behinderungen – in Prozesse allgemeiner Erziehung und Bildung zum Ziel und stellen sich auf lokaler Ebene häufig als *Mainstreaming* im herkömmlichen Sinne oder im Rahmen zieldifferenter Lernarrangements in *Schools for All* dar.[27] In all diesen Kontexten weicht die dem Wort „inclusion" (und seinen Entsprechungen in anderen Sprachen) unterstellte Bedeutung mitunter erheblich von jener des sozialwissenschaftlichen, systemtheoretischen Begriffs der Inklusion ab, generiert sich mehr aus normativ ausgerichteten Debatten in Form von ideologischen Haltungen und Fixierungen aus internationalen Diskurskonjunkturen denn aus wissenschaftlich gewachsenen theoretischen Grundlagen.[28]

Inklusive Pädagogik ist im deutschsprachigen Raum als Weiterentwicklung von integrativer Pädagogik inzwischen theoretisch weitgehend anerkannt.[29] Dass inklusive Pädagogik in letzter Zeit vermehrt sowohl in der medialen Öffentlichkeit als auch in – die entsprechenden bildungspolitischen Konjunkturen aufgreifenden – Texten mit dem Begriff der Behinderung assoziiert wird,[30] dürfte zum einen mit der Herkunft dieses Konzepts aus internationalen Debatten im Kontext der Special Needs Education zusammenhängen.[31] Zum anderen wird der aktuelle Trend der eingehenden Auseinandersetzungen mit den Zusammenhängen zwischen Inklusion, inklusiver Pädagogik und Behinderung durch das sukzessive rechtsverbindliche Inkrafttreten der sogenannten UN-Behindertenrechtskonvention (in mittlerweile 158 Unterzeichnerstaaten, wovon 147 das Übereinkommen ratifiziert haben) und im deutschsprachigen Raum durch die hierdurch angestoßenen bildungspolitischen und wissenschaftlichen Kontroversen um die Umsetzung des Rechtes auf wohnortnahe inklusive Erziehung und Bildung in Schulen befeuert,[32] die sich um den Grundsatz drehen, wonach „states parties shall ensure an inclusive education system at all levels"

---

26 Vgl. u. a. UN 2013.
27 Zum einen vgl. Bhat 2013, zum anderen Gregory & Chapman 2013.
28 Zu Letzteren vgl. u. a. Luhmann 1995a; Parsons 1994 [1964]; Schwinn 2000; Stichweh 2013; 1997; Bohmeyer 2009.
29 Vgl. hierzu den Literaturüberblick im folgenden Abschnitt.
30 Vgl. u. a. Graumann 2012; Pfahl 2012.
31 Vgl. Kiuppis 2014a, sowie Abbildung 1.
32 Vgl. hierzu zum einen KMK 2011 und zum anderen Sektion Sonderpädagogik der DGfE 2011.

(UN 2006, Artikel 24). In diesem Kontext ist bemerkenswert, dass die offizielle Übersetzung der Konvention in die deutsche Sprache an dieser Stelle den Begriff „integratives Bildungssystem" aufführt und für den Passus „Persons with disabilities can access an *inclusive*, quality and free primary education and secondary education on an equal basis with others in the communities in which they live" die Wortwahl „[...] Zugang zu einem *integrativen*, hochwertigen und unentgeltlichen Unterricht an Grundschulen und weiterführenden Schulen" vorsieht (Deutscher Bundestag 2008, S. 1436 f., Hervorhebung: FK). Die Übersetzung von „inclusive education" als „integrativer Unterricht" ist schon insofern verwunderlich als bereits ein Jahrzehnt zuvor derselbe Fehler im Zusammenhang mit der Übersetzung der sogenannten Salamanca-Erklärung auftrat und in akademischen Diskursen einschlägig diskutiert wurde.[33] Diese und andere Übersetzungsprobleme führten nach Publikation der deutschsprachigen Fassung der UN-Konvention auf Seiten der sogenannten Behindertenverbände zur Erstellung einer „Schattenübersetzung", die einige missverständliche Formulierungen richtigstellte.[34] Während beim vergleichsweise älteren Konzept der *integrativen* Pädagogik (und bei der Kritik daran) weitgehend Konsens bestand,[35] dass es sich im Sinne des handlungsorientierenden Leitprinzips der Integration um ein unterrichtsorganisatorisches Modell handelte, bei dem „eine bloße Addition integrativer Hilfsdienste bei der Aufnahme behinderter Kinder in einer ansonsten traditionell weiterarbeitenden Schule" (Biewer 2009a, S. 126) vorgenommen wurde und es somit um eine Anpassung einzelner Schülerinnen und Schüler an die Mehrheit ging,[36] kursieren im Zusammenhang mit *inklusiver* Pädagogik viele unterschiedliche Verständnisse und Meinungen zu der Frage, *wie die Fokusgruppe dieses neueren Konzepts zu definieren sei* und worin sich eine entsprechend integrativ arbeitende Regelschuleinrichtung von einer *inklusiv ausgerichteten Schule für Alle* unterscheide. Die Uneinigkeit in diesen Punkten lässt sich auf

---

33 Vgl. u. a. Biewer 2009a, S. 125; 2000; Hinz 2010; 2002.

34 Zu einigen weiteren Unstimmigkeiten, die wiederum fehlerhafte Formulierungen in der Schattenübersetzung entlarven, vgl. u. a. Kiuppis & Kurzke-Maasmeier 2012, S. 31.

35 Dem Adressatenkreis der integrativen Pädagogik wurde „besonderer pädagogischer Förderbedarf" („special educational needs") zugeschrieben. In der Regel handelte es sich um Kinder mit Behinderungen, denen in diesem Kontext traditionell „sonderpädagogischer Förderbedarf" unterstellt wurde. Vgl. hierzu den Abschnitt zum Beginn und Aufschwung der auf Behinderung bezogenen bildungspolitischen Arbeit der UNESCO, am Ende des dritten Kapitels.

36 Vgl. von Kardorff 2012, S. 118; 2010, S. 266. In diesem Sinne wird der Begriff der Integration in der Politik verstanden, dort jedoch nicht in Bezug auf Menschen mit Behinderungen, sondern auf Menschen mit sogenanntem Migrationshintergrund.

die Fragen zuspitzen, ob es bei dem Leitprinzip der Inklusion – im Vergleich zur Integration – darum geht, einen pädagogischen Ansatz zu initiieren, der sich der Gruppe der Menschen mit Behinderungen anders annimmt als integrative Pädagogik? Oder der sich vielmehr auch anderen Menschen annimmt als jenen mit Behinderungen?[37]

Für den Kontext der Special Needs Education, um den es in der vorliegenden Arbeit schwerpunktmäßig geht, stellt sich seit den frühen 1990er Jahren darüber hinaus die Frage, welche Konsequenzen die mit dem Aufkommen von Inclusive Education in diesem Zusammenhang verbundene Umorientierung der Special Needs Education auf ein „neues Denken" für das Selbstverständnis jener Akteure haben würde, die im Rahmen der Heil- und Sonderpädagogik sowie der Integrationspädagogik in erster Linie Menschen mit Behinderungen in Blick genommen hatten? Hier schließen sich zwangsläufig weitere Fragen an, etwa in Hinblick auf – je nach Adressatenkreisbestimmung inklusiver Pädagogik variierende – Vorstellungen zur Schulform und Unterrichtsgestaltung.

Inclusive Education wird zwar im Allgemeinen übereinstimmend als neueste Form gemeinsamer Erziehung und Bildung aller Kinder verstanden, in bildungspolitischen Diskursen jedoch im Besonderen als Projektionsfläche für eine insgesamt derart große Vielfalt unterschiedlicher Vorstellungen und Überzeugungen genutzt, dass selbst der Begründer und langjährige Herausgeber des *International Journal of Inclusive Education*, der Erziehungswissenschaftler Roger Slee, schon vor zehn Jahren – unter Verweis auf eine „lange Reise" („long journey") – argumentierte, „that inclusive education shows all the signs of jetlag" (Slee 2004, S. 4). Fürwahr erlebt das Leitprinzip der Inklusion vor allem auf der operativen Ebene in nationalen Umsetzungsagenden viele verschiedene Auslegungen und erfährt in verschiedenen Kontexten unterschiedliche „Übersetzungen", weshalb ihm eine unübersichtliche Vielfalt von Implementierungsweisen entspricht, wobei die den Umsetzungen zugrundeliegenden Logiken bei weitem nicht mehr mit jener Idee synchron sind, die in den frühen 1990er Jahren im organisationalen Feld der UNESCO zu zirkulieren begann.[38]

---

37 Darüber hinaus stellt sich die Frage, welche Implikationen das Leitprinzip der Inklusion für andere Lebensbereiche hat, vgl. u. a. Kiuppis & Kurzke-Maasmeier 2012.

38 So spiegeln z. B. die im Rahmen der letzten „International Conference on Education" im Jahr 2008 in Genf präsentierten Länderberichte und ministeriellen Stellungnahmen ein breites Spektrum an als „inklusiv" deklarierter Schul- und Unterrichtsausrichtung wider, vgl. u. a. Kiuppis 2011.

Zur Frage, ob die Weltkonferenz in Salamanca als Beginn des Inklusionsdiskurses bezeichnet werden kann, gibt es unterschiedliche Positionen.[39] So wird dies z. B. vom Halleschen Rehabilitationspädagogen und Inklusionsforscher Andreas Hinz bestritten, begann der Diskurs aus seiner Sicht bereits in den 1970er Jahren in den USA.[40] Während Gottfried Biewer insofern übereinstimmend ausführt, dass „die Begriffsentstehung in U.S.-amerikanischen Diskussionen zur Bildungspolitik angesiedelt werden kann" (2009, S. 125), kommt dieser ebenfalls führende Vertreter der deutschsprachigen Inklusionsforschung zu der Einschätzung, es sei im Kontext der „Erarbeitung und Beschlussfassung über die Erklärung von Salamanca im Jahre 1994 [ein] Wechsel [zu einem] neuen, von amerikanischen Diskussionen inspirierten Begriff ‚inclusion' […] festzustellen" (ebd.). Auch die in der vorliegenden Arbeit herangezogenen Primärquellen deuten darauf hin, dass dieser Begriff ursprünglich aus den USA stammt und dort in Verbindung mit Menschen mit Behinderungen genutzt worden war,[41] dieser aber dann von britischen Forschern übernommen und im Zusammenhang mit einem „new thinking in Special Needs Education" als Gegenbegriff zu „integration" in die Debatten im Rahmen der Nachbereitung der Weltkonferenz in Salamanca eingeführt wurde. Die UNESCO selbst bzw. das an die UNESCO als integrale Organisation angeschlossene *International Bureau of Education* (IBE) führt hierzu Folgendes aus:

> [E]ven if this concept might give the impression of being of recent date or even new, it has now been several decades since the international community provided itself with significant legal instruments which, by stressing the right of ALL children to benefit from an education without discrimination, express – implicitly or explicitly – the concept of „Inclusive Education" (IBE 2008, S. 3).

In diesem Sinne und unter besonderer Berücksichtigung der Rolle einer auch von Gottfried Biewer angeführten „vorwiegend britischen Berater/innengruppe der UNESCO" (2009, S. 125.) widmet sich die vorliegende Studie eben jenen Entwicklungen, die im Verlauf des *Follow-up* der Weltkonferenz auf die Veröffentlichung dieses *neuen* Worts „inclusion" (nach Wechsel von einem *alten*) im Zusammenhang mit dem Aufkommen einer für die Special Needs Education neuen Grundidee mit „originaler Bedeutung" (Latour 2005a, S. 1) folgten. Beim

---

39 Für eine differenziertere Darstellung der Positionen zu Inclusive Education in der sonder-, heil- und rehabilitationspädagogischen Literatur vgl. den folgenden Abschnitt.
40 Vgl. Hinz 2013.
41 Vgl. u. a. Stainback & Stainback 1990.

hiermit assoziierten Konzept der Inclusive Education handelt es sich somit um den Fall der (Weiter-)Entwicklung einer seit ihrem Beginn zwar allgemein gutgeheißenen und befürworteten, aber hinsichtlich ihrer Bedeutungen und Implikationen (etwa für die Ausgestaltung von Schule und Unterricht) umstrittenen Idee, die seit Anfang der 1990er Jahre im organisationalen Feld der UNESCO zu einem imaginierten Konzept entwickelt wurde, das fortan im internationalen Diskurs zirkulierte und bis heute kontrovers diskutiert wird. Dabei wird deutlich, dass die Positionen der verschiedenen Akteursgruppen nicht erst bei der Frage nach der Bedeutung von Inclusive Education im Widerspruch stehen sondern bereits bei der Frage, welche Lernenden als exkludiert gelten: Die Vielfalt der Bedeutungsvarianten von Inclusive Education bedingt sich u. a. durch die je nach Kontext variierende Beurteilung der Frage, wer von Bildung und Erziehung bisher ausgeschlossen blieb.[42]

Inclusive Education im Zusammenhang mit einer *umstrittenen Idee* und als *imaginiertes Konzept* einzuführen, steht implizit im Widerspruch zu jenen Arbeiten, in denen angenommen wird, dass bei der Weltkonferenz in Salamanca eindeutig feststand, worum es sich bei diesem Konzept handelte.[43] In Anlehnung an die Arbeiten von Jürgen Schriewer zum Bologna-Prozess, in denen er das analytische Konzept des „imagined model" heranzieht,[44] geht die vorliegende Studie davon aus, dass sich Inclusive Education von vornherein als Projektionsfläche für sehr unterschiedliche Vorstellungen anbot und vor allem auf der operativen Ebene in lokalen Umsetzungsagenda bereits Mitte der 1990er Jahre verschiedene Auslegungen erlebte und insofern unterschiedliche „Übersetzungen" erfuhr. „Übersetzungen" werden in der vorliegenden Arbeit im Sinne eines für die Analyse „herangezoomten" Ausschnitts von Diffusion, also als mikrosoziologisch erfassbare Prozesse verstanden.[45]

Mit dieser theoretischen Grundannahme ist das in dieser Arbeit starkgemachte Argument verbunden, dass das Konzept der Inclusive Education bereits zu Beginn seiner Entwicklung in seinen Bedeutungsvarianten unscharf war. Hierin ist ein Teil der Akzeptanz des Leitprinzips der Inklusion als humanistische, fortschrittliche und mit den Zielen einer verbesserten Umsetzung von Menschen- und Teilhaberechten kompatiblen Programmatik zu sehen, sowie ein gewisser funktionaler Nutzen, um bestimmte nationale, regionale und lo-

---

42 Vgl. hierzu u.a. Groh-Samberg 2009, insbesondere S. 239-261.
43 Vgl. hierzu den folgenden Abschnitt.
44 Vgl. Schriewer 2005a; 2009. Allerdings anders als bei der Bologna-Erklärung, geht aus der „Salamanca-Erklärung" und dem Aktionsrahmen nicht konkret hervor, was unter dem „neuen Denken" zu verstehen ist.
45 Vgl. z. B. Kiuppis 2014b.

kale Ziele über dieses Dispositiv zu befördern. Wegen der Unschärfe musste das Wort „inclusion" also von vornherein beständig in seinem Bedeutungsumfang und hinsichtlich seiner Grenzen ausgehandelt, aber eben auch immer wieder neu bestimmt werden – allerdings stets in einer Weise, wonach das Leitprinzip an andere bildungpolitische Programmatiken und Konzepte auf der Ebene Internationaler Organisationen und ihrer Rhetoriken, aber auch an nationale und lokale Diskurse in unterschiedlich weit entwickelten Gesellschaften anschlussfähig gehalten werden konnte.[46]

Nach wie vor ist ein zentraler Aspekt der wissenschaftlichen und bildungspolitischen Debatten um Inclusive Education die – sich sowohl nach akademischen Kulturen als auch nach bildungspolitischen Akteursgruppen unterscheidende – Beantwortung der Frage nach dem Adressatenkreis von Inclusive Education, zumal im Verhältnis zu anderen Konzepten. In diesem Zusammenhang wird der konzeptionelle Bezugsrahmen der vorliegenden Arbeit auf die Umorientierung des Special Needs Education-Programms der UNESCO nach der Weltkonferenz in Salamanca und somit auf den Wandel der für die auf Menschen mit Behinderungen bezogenen bildungspolitischen Arbeit der UNESCO bezogen, aus dem das Konzept der Inclusive Education im Verlauf der 1990er Jahre hervorging. Dieser Wandel wird hier als Teil der Entwicklung von Programmen der UNESCO untersucht, die sich von Special Education – über Special Needs Education („education in integrated settings"; „old thinking") – zu Inclusive Education („new thinking in Special Needs Education") erstreckt.[47] Besonderes Augenmerk gilt dabei dem Interaktions- und Kommunikationsgeflecht, in das

---

46 Dieser Absatz stammt aus einer Korrespondenz mit Ernst von Kardorff.
47 Zu Beginn des vierten Kapitels wird weiter ausgeführt, dass Inclusive Education im Jahr 1994 im Zusammenhang mit einem „new thinking in Special Needs Education" auf die globale bildungspolitische Agenda gesetzt wurde. „Education in integrated settings" entspricht im Deutschen dem Vorgängerkonzept der integrativen Pädagogik, wofür es (außer „integration", womit hier nicht das pädagogische Konzept, sondern die Leitidee gemeint ist), keine passendere Übersetzung gibt – die Bezeichnung „integrative education" ist in diesem Zusammenhang unüblich, „integrated education" hingegen missverständlich. Besonders im U.S.-amerikanischen Kontext etablierte sich in diesem Zusammenhang die Rede vom Mainstreaming, die zwar in der Literatur durchaus gängig war (vgl. hierzu z. B. Biewer 2009a, S. 125), allerdings im unmittelbaren Zusammenhang mit den hier analysierten Abstimmungs- und Entscheidungsprozessen zwischen der UNESCO und anderen Akteuren selten zu finden ist. Dies liegt vermutlich daran, dass Akteure U.S.-amerikanischer Provenienz (z. B. USAID, UNICEF, die Weltbank) erst ab dem Jahr 1996 in die Debatten um UNESCOs Konzept der Inclusive Education eingebunden wurden, vgl. hierzu die Ausführungen zur zweiten Entwicklungsphase im vierten Kapitel.

die für Special Needs Education zuständige Einheit der UNESCO zwischen den Jahren 1994 und 2000 eingebunden war.

Vor diesem Hintergrund lässt sich zur Abrundung der Präsentation des thematischen Kontexts der vorliegenden Arbeit zusammenfassend festhalten, dass Inclusive Education – während es ebenen- und kontextübergreifend in seinen Bedeutungsvarianten nach wie vor unscharf ist – zwar im Allgemeinen als innovativ gilt, allerdings als schul- und unterrichtsorganisatorisches Konzept im Besonderen nicht eindeutig und in seinen Bedeutungen und Implikationen umstritten ist.[48] Unter Verweis auf die Diskussion um „flags of convenience" bei Gita Steiner-Khamsi (2002) lässt sich festhalten, dass die rhetorische Nutzung des Begriffs Inclusive Education z. B. in Reformvorhaben oder Forschungsanträgen mitunter ausschlaggebend sein dürfte, dass Fördermittel zuerkannt werden, die ein jeweiliges Projekt dann, ein Stück weit unabhängig von jeweiligen inhärenten Werten und tatsächlichen Inhalten, unter der insofern zweckdienlichen „Flagge" der Inklusion „über Wasser halten". Als Beispiel führt Andreas Hinz, allerdings ohne die sich hier anbietende Flaggenmetapher zu nutzen, kritisch das sogenannte Rügener Inklusionsmodell an (vgl. Hinz 2013).

Entsprechend halten der britische Wissenschaftler Len Barton und seine Kollegin Felicity Armstrong vom *Inclusive Educational Research Center* der *University of Sheffield* treffend fest, die „Sprache der Inklusion" sei:

> [open] to being colonised by different groups and policy makers for all kinds of different purposes – many of them invested with values which, far from embracing principles of equity and participation, are concerned with narrow notions of achievement and success as measured by attainment targets and underpinned by competition and projects of selection. (2007, S. 3)

In der Unschärfe und somit der Schwäche, als *imaginiertes*, zumal in seinen Bedeutungen umstrittenes Konzept eindeutige Leitsätze und Prinzipien zu umfassen, liegt gleichzeitig die Stärke von Inclusive Education, nämlich seine Akzeptanz als humanistische, fortschrittliche und mit den Zielen einer verbesserten Umsetzung von Menschen- und Teilhaberechten kompatible Program-

---

48 Hierbei stellen die skizzierten Übersetzungsfehler nur eine Facette des uneinheitlichen Verständnisses zum Konzept der Inclusive Education dar. Vgl. den Literaturüberblick im folgenden Abschnitt, aus dem klar wird, dass dieses Konzept auch innerhalb derselben Sprachräume uneinheitlich verstanden wird.

matik und, zumindest für die UNESCO, ein gewisser funktionaler Nutzen, um darüber bestimmte Ziele zu befördern.[49]

Zur Bestimmung des Adressatenkreises von Inclusive Education: Literaturüberblick

Inclusive Education ist in der Vergleichenden Erziehungswissenschaft bisher nur vereinzelt thematisiert worden.[50] Es gibt einige Beiträge zu diesem Konzept in der Zeitschrift *Prospects*, für die seit dem Jahr 1994 das International Bureau of Education (IBE) verantwortlich zeichnet.[51] Zudem tauchten in den letzten Jahren in der englischsprachigen Literatur der Vergleichenden Erziehungswissenschaft vereinzelt Zeitschriftenartikel zu Inclusive Education auf.[52] Insgesamt lässt sich aber festhalten, dass Beiträge, die dieses Konzept thematisieren, in der Regel aus Subdisziplinen stammen, die sich traditionell mit Sonderpädagogik („Special Education") befassen bzw. dass sie, wenn sie im Rahmen der Vergleichenden Erziehungswissenschaft entstehen, außerhalb der Teildisziplin publiziert werden.[53]

Im deutschsprachigen Raum gehen Arbeiten zu „inklusiver Pädagogik" bzw. „inklusiver Bildung" vor allem aus den teildisziplinären Bereichen der Heil- und

---

49 Auch dieser Absatz geht aus einer Korrespondenz mit Ernst von Kardorff hervor. Die Einsicht, dass paradoxerweise gerade in der Unschärfe des Konzepts der Inclusive Education zugleich seine Stärke liegt, steht implizit im Zusammenhang mit Christian Lindmeiers (1993) Erkenntnis, dass die Ursache für die enorme Breitenwirkung des Begriffs der Behinderung nicht in seiner Klarheit, sondern in seiner Unklarheit liege (vgl. hierzu auch Biewer 2009b, S. 217).

50 Dieser Literaturüberblick fällt recht grobgliedrig aus, ist das Buch in erster Linie an eine Leser/-innenschaft innerhalb der Erziehungswissenschaften und Bildungssoziologie gerichtet. Insofern wird hier unterstellt, dass es der Leserin und dem Leser an dieser Stelle nicht so sehr auf die Kenntnis der Nuancen innerhalb der heil- und sonder- sowie rehabilitationspädagogischen Literatur ankommt, sondern vielmehr auf eine *thematische* Kontextualisierung der vorliegenden Arbeit. Deshalb fällt die *teildisziplinäre* Verortung am Ende dieses Kapitels und zu Beginn des zweiten Kapitels umso ausführlicher und feingliedriger differenziert aus.

51 Aus diesem Grund wird diese Zeitschrift als „UNESCO's journal of comparative education" geführt. Vgl. u. a. die Themenhefte *Prospects* No. 94, 1995: Special Needs Education; No. 145, 2008: Inclusive Education; No. 151, 2009: Inclusive Education: Controversies and Debates; sowie einzelne Beiträge wie z. B. Ainscow & Miles 2008; Rambla et al. 2008.

52 Vgl. z. B. Sefa Dei 2005; Powell 2009.

53 Vgl. u. a. Graham & Jahnukainen 2011; Jahnukainen 2011; Hunt 2011; Kiuppis 2014a; 2011.

Sonderpädagogik beziehungsweise den Rehabilitationswissenschaften und der Integrationspädagogik hervor.[54] Insofern handelt es sich bei der Literatur zu diesem Konzept überwiegend um Beiträge aus Kontexten, die sich traditionell mit dem Phänomen Behinderung befassen. Diese Tendenz gilt auch für Texte, in denen die mit dem handlungsorientierenden Leitprinzip „Inklusion" assoziierten Ansätze nicht in erster Linie auf Menschen mit Behinderungen bezogen werden – sowohl die akademische Sozialisation ihrer Autorinnen und Autoren als auch die jeweilige aktuelle institutionelle Anbindung reflektieren häufig die Nähe zur Heil- und Sonder- bzw. Integrationspädagogik.[55]

In der U.S.-amerikanischen Inklusionsforschung gibt es eine ähnliche Tendenz, wonach es vor allem Vertreterinnen und Vertreter der *Disability Studies in Education* sind, die den Begriff „Inclusive Education" heranziehen.[56] Dort ist allerdings unüblich, Inclusive Education auf andere Gruppen als auf Menschen mit Behinderungen, oder gar auf die Gesamtheit jeweiliger Populationen von Lernenden zu beziehen.[57] Die assoziative Verbindung zwischen Inclusive Education und *Heterogenität*, die in erster Linie durch Ines Boban und Andreas Hinz seit dem Jahr 2000 Einzug in die deutschsprachige Heil- und Sonderpädagogik

---

54   Hier sind in erster Linie die Arbeiten von Andreas Hinz und von Gottfried Biewer zu nennen, auf die im vorigen Abschnitt bereits eingegangen wurde.

55   Vgl. z.B. Hinz 2013; Boban & Kruschel 2012; Geiling 2011; Moser 2012; Sander 2002b.

56   Vgl. u.a. Baglieri et al. 2011; Baglieri & Shapiro 2012; Connor et al. 2008.

57   Im Kontext der *Special Interest Group „Inclusive Education"* innerhalb der CIES konnte in den letzten Jahren beobachtet werden, dass dieses Konzept dort generell mit Behinderung assoziiert wurde, ohne dass aus den Leitlinien der Gruppe eindeutig hervorgegangen war, auf welche Zielgruppe sich Inclusive Education beziehe. So werden im U.S.-amerikanischen Kontext Debatten um Heterogenität in Bildung und Erziehung in der Regel nicht mit dem Konzept der Inclusive Education in Zusammenhang gebracht. Häufig werden jene Aspekte, die in Europa als „integrative Bildung" verhandelt werden, als „inclusive education" bezeichnet, weshalb in vielen Arbeiten, die im U.S.-amerikanischen Kontext publiziert werden, „inclusion" direkt mit „special education" kontrastiert wird, ohne dass eine Abgrenzung zu „integration" als Zwischenschritt erfolgen würde (vgl. u.a. Baglieri et al. 2011; Powell 2009). Erstmals zum Kongress der CIES im März 2013, in New Orleans, gingen bei der *Special Interest Group* „paper submissions" ein, die sich nicht mit Behinderung befassten. Diese Entwicklung steht in Verbindung mit der Ergänzung eines Passus' auf der Internetseite, demzufolge „[b]y using a broad definition of Inclusive Education, we hope to elicit the participation of scholars dealing with the heterogeneity of learners, and interested in educational issues specific to (but not limited by) children who are marginalized due to special educational needs. These might include: disabilities, second language acquisition, poverty, racial and ethnic discrimination, social exclusion, etc." (http://ciesiesig.weebly.com/).

erhielt,[58] steht im engen Bezug zu einer Forschungstradition von in erster Linie britischen Wissenschaftlern, die sich bereits in den 1980er Jahren im Kontext von Studien zur Schulentwicklung im Zusammenhang mit Special Needs Education mit der Frage befassten, „[…] whether the population [of Special Needs Education, FK] was to be defined in terms of children in special schools or the wider population of children experiencing learning difficulties for any reason" (Mittler 2010, S. 175).[59] Zentral in diesem Modell, so führt es Gottfried Biewer aus, sei

> die Verschiedenheit der Schüler/innen, sowohl im Hinblick auf pädagogische wie auch gesellschaftliche Dimensionen. Behinderung ist nur ein Aspekt der Heterogenität der Schüler/innen neben geschlechtlicher, ethnischer, kultureller, religiöser und sozialer Verschiedenheit. (2009, S. 126)

Die Forschungstradition, wonach Studien zu Inclusive Education sich *gleichermaßen mit unterschiedlichen Gründen für Benachteiligung und Ausgrenzung* auseinandersetzen und nicht *inbesondere mit der Situation von einzelnen Mitgliedern der Gruppe der Menschen mit Behinderungen*, besteht im Großen und Ganzen unabhängig von den britischen Disability Studies fort, in denen Inclusive Education – anders als in den U.S.-amerikanischen Disability Studies – eine untergeordnete Rolle spielt.[60]

---

58 Vgl. u. a. Boban 2000; Hinz 2000; Sander 2002a. Kritisch hierzu vgl. u. a. Lee 2010.

59 Zu dieser Forschungstradition vgl. u. a. Ainscow 1991; Booth et al. 2003; Clark et al. 1997.

60 Von hervorgehobener Bedeutung für das in der vorliegenden Arbeit behandelte Thema – und dennoch hier nur als Fußnote angeführt, da dieser Aspekt nur bedingt zum Literaturüberblick gehört – ist zum einen die Entwicklung, dass die oben erwähnte Gruppe britischer Wissenschaftler Anfang der 1990er Jahre für ihren Ansatz den Begriff „inclusion" zu verwenden beginnt, der aus Debatten übernommen wurde, die seit den 1970er Jahren in U.S.-Amerika geführt wurden (vgl. u. a. Stainback & Stainback 1990). Zum anderen stellt sich das Detail als wichtig heraus, dass – trotz der von Anfang der 1980er Jahre bis zum Jahr 1997 unterbrochenen Mitgliedschaft des Vereinigten Königreichs in der UNESCO – der Kontakt zwischen dieser Gruppe und der Special Needs Education Unit der UNESCO aufrechterhalten wurde. Die USA und das Vereinigte Königreich zogen Anfang der 1980er Jahre ihre Mitgliedschaft in der UNESCO aus politischen Gründen zurück. Nach Amtsantritt von Clare Short im Jahr 1997 als Staatsministerin für Internationale Entwicklung in England wurde die Mitgliedschaft des Vereinigten Königreichs sofort wieder beschlossen. Die USA sind hingegen bis heute nicht wieder Mitglied.

Was die Frage nach dem Adressatenkreis des Konzepts der Inclusive Education betrifft, lässt sich die Literatur überblicksweise in drei Teile unterteilen und wie folgt grob zusammenfassen:[61]

A) Ein Großteil der Arbeiten richtet seinen Fokus auf Menschen mit Behinderungen, schließt also direkt an die Forschungstradition und klassische thematische Ausrichtung der Heil- bzw. Sonder- und Integrationspädagogik an.[62] Im deutschsprachigen Raum stellte Andreas Hinz kürzlich in einem Artikel (2013) bei Gottfried Biewers Buch (2009) den Versuch fest, „inklusive Pädagogik als Kontinuum bisheriger Heil- oder Sonderpädagogik zu konstruieren". Unabhängig von der Frage, ob eine solche Lesart von Biewers Arbeit angemessen und im Sinne des Autors ist, erschiene mit Blick auf die Entwicklung der UNESCO-Programme von Special Education – über Special Needs Education („old thinking") – zu Inclusive Education die Rede von einem solchen Kontinuum als richtig.[63] Mit Blick auf die englischsprachige Fachliteratur lässt sich die Tendenz feststellen, dass vor allem viele U.S.-amerikanische Beiträge einem Verständnis von Inclusive Education folgen, wonach sich dieses Konzept in erster Linie auf Menschen mit Behinderungen („people with disabilities") beziehe.[64] Hierzu führen Susan Baglieri, eine New Yorker Vertreterin der *Disability Studies in Education*, und Kolleginnen aus: „[…] in the US, the construct of inclusive education remains deeply entrenched within special education discourse" (Baglieri et al. 2011, S. 2124).[65] Ähnliches gilt für in diesem Bereich aktuell führende Internationale Organisationen.[66] Zudem rühren die Debatten um Inklusion – zumal im deutsch-

---

61 Für einen Überblick der deutschsprachigen Literatur vgl. u. a. Biewer 2009a. Die englischsprachigen Debatten reflektieren u. a. Dyson 1999 und Florian 2006.

62 Vgl. u. a. Forlin 2012; Daniels & Garner 1999; Ellger-Rüttgardt 2011; Moser et al. 2011; Spieß 2011; Felder 2012; Clark et al. 1997.

63 Vgl. hierzu die Ausführungen im dritten und vierten Kapitel der vorliegenden Arbeit sowie die Abbildung 1.

64 Wiederum z. B. der britischen Fachliteratur vgl. den folgenden Absatz (B).

65 Vgl. hierzu auch Kiuppis & Sarromaa Hausstätter 2014.

66 Vgl. u. a. UNICEF 2013, S. 27 ff.; WHO & Weltbank 2011, S. 209 ff. Während die WHO, obgleich nicht im Zusammenhang mit Bildung und Erziehung, bereits Jahrzehnte vor der Weltkonferenz in Salamanca Teile ihres Programms auf Menschen mit Behinderungen bezogen hatte (vgl. u. a. Kiuppis 2007), vollzieht sich die Einbeziehung der Problemlagen bei Kindern mit Behinderungen in die Arbeit der Weltbank und von UNICEF im Betrachtungszeitraum der vorliegenden Studie (vgl. die entsprechenden Ausführungen zur zweiten Entwicklungsphase im vierten Kapitel). Diese drei Organisationen haben ihre Tätigkeiten im Bereich Inclusive Education seitdem substanziell ausgebaut, wohingegen die UNESCO – von einzelnen Initia-

sprachigen Raum – von der Heil- und Sonderpädagogik her, bringen mitunter aber keine Klarheit zu der Frage, worin sich inklusive von integrativer Pädagogik unterscheidet. Die auf Menschen mit Behinderungen bezogenen Arbeiten zu Inclusive Education zusammenfassend, führt der neuseeländische Erziehungswissenschaftler Keith Ballard aus:

For example, some researchers view inclusive education as an ongoing development of special education. Others believe that what we refer to as inclusion is, and should be, derived from mainstream approaches to instruction and school organization, creating an alternative to special education knowledge and practices. (1999, S. 1)

B) Gegen eine assoziative Verknüpfung von Inclusive Education mit *Behinderung* wird in solchen Texten argumentiert, die dieses Konzept etwa im Sinne einer „Pädagogik der Vielfalt" (Prengel 2006[1993]) oder einer „Pädagogik der Anerkennung" (Hafeneger 2002) verstehen, die in ihrer praktischen Umsetzung nach Möglichkeit darauf verzichte, Lerngruppen klassifikatorisch in Menschen mit und Menschen ohne Behinderungen zu unterteilen. In diesen Arbeiten wird das Argument stark gemacht, dass Inclusive Education nicht auf vorab festgestellten Unterschieden zwischen Individuen basiere sondern in einem nicht-kategorialen Sinne als Herausforderung für Diversität verstanden werden müsse.[67] Diesen Arbeiten zufolge nutze *inklusive* Pädagogik als Konzept – im Gegensatz zur *integrativen* Pädagogik – die Annahme der *Heterogenität* von Lerngruppen (unter gänzlichem Verzicht der Hervorhebung von vorab festgelegten Hauptadressatinnen und -adressaten) als Ausgangspunkt und verzichte weitestgehend auf die Berücksichtigung von Klassifizierungen von Lernenden nach bestimmten Merkmalen.[68] Im Vordergrund des diesen Studien zugrundeliegenden Interesses steht in der Regel die Frage,

---

tiven abgesehen – mit den Jahren ihren Fokus auf Menschen mit Behinderungen abgeschwächt hat. Sie gilt, obgleich sie Inclusive Education noch als eines ihrer insgesamt über 20 „education themes" aufführt, in der internationalen Zusammenarbeit in diesem Zusammenhang nicht mehr als führend, vgl. Kiuppis 2014a sowie Kiuppis 2013, S. 152 ff.

67 Vgl. z. B. Ainscow 2005; Slee 2001. In diesem Kontext sind die Arbeiten von Urs Haeberlin aufschlussreich, in denen nicht nur für inklusive Pädagogik, sondern auch für die Heilpädagogik angenommen wird, dass nicht allen ihren Adressatinnen und Adressaten Behinderungen zugeschrieben werden könnten (vgl. u. a. Haeberlin 2010).

68 Vgl. u. a. Hinz 2002; Prengel & Heinzel 2012; Ballard 1999, sowie Lütje-Klose & Löser 2013.

wie im schulischen Kontext Verbesserungen für alle Kinder erreicht werden können. Dies führt mitunter zu der Tendenz, wonach Arbeiten, die sich auf Menschen mit Behinderungen beziehen, per se unterstellt wird, nicht von Inklusion sondern von Integration zu handeln.[69] Ainscow, Booth & Dyson zufolge sei Inklusion im internationalen Kontext „[…] increasingly seen more broadly as a reform that supports and welcomes diversity among all learners" (2006, S. 2) und beziehe sich nicht insbesondere auf Menschen mit Behinderungen. Ebd. heißt es weiter: „[We assert] that the aim of inclusion is to reduce exclusion and discriminatory attitudes, including those in relation to age, social class, ethnicity, religion, gender and attainment."

C) Ein dritter Teil der Arbeiten zu Inclusive Education bezieht dieses Konzept auf verschiedene Gruppen.[70] Das in diesem Teil der Literaur vorherrschende Verständnis von Inclusive Education entspricht auf der einen Seite der von der Sonder- und Integrationspädagogik übermittelten Tradition, Situationen bestimmter marginalisierter Minderheiten als *besondere* hervorzuheben – also auch jene von Menschen mit Behinderungen, aber eben nicht nur diese.[71] Auf der anderen Seite genügt dieses Verständnis von Inclusive Education dem Anspruch, sich nicht mehr *ausschließlich* oder *exklusiv* (wie im Fall der Sonderpädagogik) bzw. in erster Linie (wie im Fall der Integrationspädagogik) mit Menschen mit Behinderungen zu befassen, sondern das Blickfeld hinsichtlich anderer Gruppen zu weiten, die als marginalisiert beziehungsweise vulnerabel gelten.[72] Dies führt mitunter zu Rhetoriken, die unter dem Passus „Education for All, and especially for some" (Kiuppis 2011) zusammengefasst wurden. Insofern überschneiden sich die in diesem Teil der Literatur vertretenen Positionen mitunter mit jenen aus den beiden an-

---

69   Vgl. u. a. Hinz 2013.
70   Vgl. in erster Linie Westwood 2013. Diese Sichtweise entspricht weitgehend der aktuellen Ausrichtung der UNESCO, die Inclusive Education als eine ihrer sechs Programmlinien unter dem Motto „strengthening education systems" führt und sich derzeit auf „Roma Children; Street Children; Child Workers; Child Soldiers; Children with Disabilities, Indigenous People und Rural People" bezieht, vgl. Kiuppis 2014a.
71   Vgl. u. a. Messiou 2002; Miles & Singal 2008; Lob-Hüdepohl 2011.
72   Vgl. z. B. Jahnukainen 2001; Riehl 2000 sowie auch das *Salamanca Statement*, um das es im empirischen Teil dieser Arbeit geht: „enabling schools to serve all children, particularly those with special educational needs" (UNESCO 1994, S. iii); „to ensure that Education for All effectively means FOR ALL, particularly those who are most vulnerable and most in need" (ebd., S. iv).

deren Teilen und schließen darüber hinaus Arbeiten mit ein, die im Rahmen von Theoriedebatten um Intersektionalität entstanden sind.[73]

Die in der Literatur sich widerspiegelnde Unentschiedenheit bezüglich der Frage nach dem Adressatenkreis von Inclusive Education bringt wiederum unterschiedliche Auffassungen zum Verhältnis zwischen dem Leitprinzip der Inklusion und der Integration und folglich auch zu der jeweiligen mit Inklusion assoziierten Schulform (etwa Gemeinschaftsschule statt Integrationsschule oder Sonderschule) und Unterrichtsgestaltung (z. B. Binnendifferenzierung) mit sich.[74] Inklusion stellt sich also insgesamt als ein multivalentes Prinzip heraus, das in pädagogischen Zusammenhängen häufig mit allgemein wünschenswerten Zielvorstellungen in Verbindung gebracht wird.[75] In Hinblick auf seine Bedeutungen und Implikationen ist dabei nach wie vor umstritten, auf welchem Wege jeweilige Ziele am besten zu erreichen seien.[76] Manche Arbeiten aus dem oben skizzierten ersten Teil der Literatur verstehen dieses Leitprinzip etwa als „verbesserte, weiterentwickelte, von Fehlformen bereinigte Integration" (Sander 2002b, S. 61) und behandeln folglich – etwa im Kontext von Schulversuchen – solche pädagogischen Abläufe, bei denen es nicht in erster Linie darum geht, Menschen mit Behinderungen an die Mehrheit anzupassen sondern ihnen, auf der Basis derselben Rechte wie anderen, bei Bedarf Nachteilsausgleiche zukommen zu lassen.[77] Jene Autorinnen und Autoren aus dem zweiten Teil der Literatur befassen sich wiederum, etwa im Sinne der „Pädagogik der Anerkennung", mit der Situation einzelner Individuen oder Gruppen und bezeichnen die Heterogenität von Lerngruppen z. B. als „Miteinander der Verschiedenen" (Prengel 2012).[78]

---

73 Vgl. u. a. Minow 1990.
74 Im Zusammenhang mit unterschiedlichen Sichtweisen auf den Adressatenkreis und Aufgabenbereich von Special Needs Education stellt sich die Beobachtung als wichtig heraus, dass meistens nicht nur dann in erster Linie Menschen mit Behinderungen eine Rolle spielen, wenn in Debatten von Special Needs Education die Rede ist, sondern generell wenn im pädagogischen Kontext auf „needs" hingewiesen wird. Das Verständis von „Special Needs Education" wiederum wird bis heute in der Regel in engem Bezug zu Schädigungen und Beeinträchtigungen gesehen. Meistens wird unter „child with special needs" ein Kind mit Behinderungen verstanden. Und je nachdem, welche Gruppe von Schülerinnen und Schülern als ausgeschlossen wahrgenommen wird, wäre die Antwort auf die Frage, was Inclusive Education sei, eine andere.
75 Vgl. hierzu Ware 2004.
76 Vgl. u. a. Wilson 2000; Barrow 2000; Thomas 2000.
77 Vgl. u. a. Powell & Pfahl 2008.
78 In einigen solcher Arbeiten geht es um Diversity Education, wobei dies eher in die oben aufgeführte dritte Kategorie der Literatur zu Inclusive Education passt, in der

34

In Texten aus dem dritten Teil der Literatur werden wiederum pädagogische Settings und Situationen thematisiert, in denen sich auf die Teilhabe bestimmter marginalisierter Minderheiten und Randgruppen am Unterrichtsgeschehen konzentriert wird.[79]

Wann begann der Inklusionsdiskurs?

Trotz aller Unstimmigkeiten zwischen den verschiedenen Positionierungen zum Wort „Inklusion" bzw. „inclusion"[80] besteht in der Literatur weitgehend Konsens in der Frage, was unter „Integration" zu verstehen ist und in welchem Kontext nach der „originalen Bedeutung" (Latour 2005a, S. 1) von Inclusive Education gesucht werden müsse:[81] bei der „World Conference on Special Needs Education", die im Jahr 1994 in Salamanca stattfand.[82] Diese Tendenz steht aber im Widerspruch zu Andreas Hinz' Position, der ausführt, dass „in der viel zitierten Salamanca-Erklärung von 1994 [...] immer wieder *fälschlich* der Beginn des Inklusionsdiskurses bezeichnet wird, der bereits in den 1970er Jahren in den USA begann" (Hinz 2013, Hervorhebung: FK). In Anlehnung an Gottfried Biewers einschlägiges Studienbuch zu den Grundlagen der Heilpädagogik und

---

im Sinne einer kulturellen Vielfalt je nach Region, Nation oder Tradition unterschiedliche Gruppen hervorgehoben werden.

79 Vgl. Messiou 2002.

80 Vgl. hierzu den aufschlussreichen Text von Ellen Brantlinger (1997), in dem mit Bezug auf den U.S.-amerikanischen Kontext die Diskurse und grundlegenden Annahmen von Befürwortern und Gegnern sogenannter „full inclusion" analysiert werden.

81 Bruno Latour, dessen zentrale Annahmen aus dem als „Actor-Network-Theory" bekannt gewordenen Ansatz seiner „Sociology of Associations" bei der Datenerhebung herangezogen wurden (vgl. den Abschnitt „Theoriemittel für die Analyse von Bedeutungen" im dritten Kapitel), würde mit seiner Variante des Konzepts der „Übersetzung" an dieser Stelle wie folgt verstanden werden können: Ein bestimmtes Verständnis von „Inklusion" resultiert aus den Handlungen einer Reihe von Akteuren, wobei jeder Akteur „Inklusion" entsprechend seiner eigenen Projekte „übersetzt" und es somit zu einer Vielzahl unterschiedlicher Versionen kommt – und verschiedene Akteure sich, unter Verweis auf dasselbe, auf Verschiedenes beziehen, vgl. hierzu Latour 1986, S. 264, sowie Kiuppis 2014b. Die Verläufe der Bedeutungsverschiebungen ließen sich auch „rhizomatisch" lesen, wobei es weniger um „tracing" denn um „mapping" gehen würde (vgl. Goodley & Kiuppis 2014).

82 Allerdings – und hier treten wiederum die Unterschiede zwischen verschiedenen Konstruktionen zutage – gibt es in der Literatur mitunter keine Übereinstimmung in der Frage, warum diese Weltkonferenz als bedeutendes Ereignis gilt und wie das „new thinking in special needs education", das dort offiziell und zeremoniell veranlasst wurde, zu charakterisieren sei, vgl. z. B. Daniels & Garner 1999.

Inklusiven Pädagogik, in dem im Zusammenhang mit der als „mainstreaming" bezeichneten gemeinsamen Unterrichtung von Kindern mit und ohne Behinderungen in den USA der 1980er Jahre zur Entstehung und Verbreitung des Begriffs Inklusion ausgeführt wird, „[d]er bildungswissenschaftliche Begriff Inklusion ist jungen Datums und wurde vom englischen „inclusion" (=Einbeziehung) abgeleitet" (2009, S. 125), wäre Hinz zu entgegnen, dass es sich im U.S.-amerikanischen Kontext um einen bildungspolitischen Diskurs handelte, bei dem es um „Einbeziehung" mit Fokus auf Menschen mit Behinderungen in regulären Schulen ging, wohingegen die, wie Biewer ausführt, „von einer kleinen Gruppe britischer Wissenschaftler/innen und deren Einbindung in Aktivitäten der UNESCO [ausgehende] weltweite Verbreitung" (ebd.) des Begriffs einem anderen Diskurs zugerechnet werden muss, der nicht aus dem U.S.-amerikanischen minority- bzw. Human Rights-Ansatz der Disability-Forschung befeuert wurde, sondern sich aus schulorganisatorischen und weitaus weniger politisch motivierten Überlegungen generierte. Da sowohl die USA als auch das Vereinigte Königreich Anfang der 1980er Jahre ihre Mitgliedschaft in der UNESCO aus politischen Gründen zurückzogen und England nicht vor dem Jahr 1997 (und die USA bis heute nicht) wieder Mitglied wurden, spricht nicht viel dafür, im Zusammenhang mit dem Follow-up der Weltkonferenz in Salamanca im Sinne von Hinz von einem „Inklusionsdiskurs" zu reden, „der bereits in den 1970er Jahren in den USA begann".

Schließlich besteht in der Literatur Uneinigkeit in der Frage, inwiefern die sogenannte *Salamanca-Erklärung* und der hieran angeschlossene *Aktionsrahmen* als Beschluss der UNESCO oder vielmehr (differenzierter) als Kompromiss aus verschiedenen Positionen eingeordnet werden müsse.[83] Insofern werden nicht nur dem Konzept der Inclusive Education und dem hiermit assoziierten „new thinking in Special Needs Education" (UNESCO 1994, S. 9 ff.) unterschiedliche Bedeutungen beigemessen, sondern auch den bei der Weltkonferenz verabschiedeten Dokumenten.[84]

Die Literatur zu Inclusive Education im Überblick beurteilt, haben heil- und sonderpädagogische Debatten zu Inklusion und inklusiver Pädagogik bisher zu einer Vielzahl von Schlussfolgerungen geführt. Dabei fällt zum einen auf, dass

---

83 Zum einen vgl. Barow 2010, zum anderen beispielsweise Dyson 1999. Die Fragen nach der Autorenschaft der Dokumente und dem Entstehungsprozess derselben werden in der vorliegenden Studie weitgehend ausgeklammert, zum einen weil sie zu viel Raum einnehmen und zwangsläufig eine Verschiebung der Schwerpunktsetzung der Arbeit bedeuten würde und zum anderen weil die Datenlage nicht stabil genug ist, um verlässliche Aussagen über diese Aspekte treffen zu können.
84 Vgl. hierzu das vierte Kapitel.

in den meisten Arbeiten, die sich mit der Weltkonferenz in Salamanca befassen, davon ausgegangen wird, dass bei dieser Konferenz eindeutig feststand, worum es sich bei Inclusive Education handelte. Zum anderen fällt auf, dass es bisher keine Arbeiten zu Inclusive Education gibt, die auf ein theoretisch ausweisbares Forschungsprogramm aufbauen und zudem, gestützt auf sozialwissenschaftliche und im engeren Sinne organisationstheoretische Analysen, systematisch der Frage nachgehen, wie sich dieses Konzept entwickelt hat, welche Ideen und Bedeutungen ihm zugrundeliegen und wie sich diese bzw. das Verständnis von den Ideen im Laufe der Entwicklung des Konzepts veränderten – also wie es zur Vielfalt von Auslegungen und Übersetzungen kam, welche ihrerseits eine unübersichtliche Vielfalt von Implementierungsweisen zuließen. Eine Untersuchungsperspektive, bei der unvoreingenommen (also ohne sich vorab für eine der oben unter A), B) und C) skizzierten Lesarten zu entscheiden) das pädagogisch-schulorganisatorische Aussagengefüge zu Inclusive Education unter Berücksichtigung seiner Wandlungsprozesse konzeptgeleitet rekonstruiert und insofern systematisch nachgezeichnet wird, ist bisher ausgeblieben.

Verortung der Untersuchung in der Vergleichenden Erziehungswissenschaft

Die Untersuchung ist als Beitrag zu einem Corpus von Arbeiten in der Vergleichenden Erziehungswissenschaft zu verstehen, die sich der Erforschung von Globalisierungsprozessen widmen. Hierzu zählen in erster Linie Forschungen, die aus dem Rahmen der *Special Interest Group „Globalization and Education"* innerhalb der CIES hervorgehen.[85] Die hier präsentierte Untersuchung ist vor allem durch solche Studien aus diesem Corpus inspiriert worden, die sich im Allgemeinen mit der Internationalisierung pädagogischen Wissens und im Besonderen mit Prozessverläufen der Transformation dieses Wissens befassen, sei es auf der globalen Ebene als „reisendes" oder auf der lokalen Ebene als „gereistes" Wissen.

Die Perspektive, in der Wissen analysiert wird, das „auf Reisen geht" (Schulte 2007), ist in der Vergleichenden Erziehungswissenschaft erstens im Rahmen der

---

85 Die Teildisziplin Vergleichende Erziehungswissenschaft wird für gewöhnlich nach regionalen oder thematischen Schwerpunkten unterteilt, vgl. hierzu z. B. das Spektrum der *Special Interest Groups* innerhalb der CIES. Während es an dieser Stelle zunächst darauf ankommt, die vorliegende Arbeit thematisch einzuordnen, wird es zu Beginn des zweiten Kapitels um eine theoretische Kontextualisierung innerhalb der Teildisziplin gehen.

sogenannten Transferforschung in „Diffusionsanalysen" zu finden, die in erster Linie im anglo-amerikanischen Raum verbreitet sind und in denen typischerweise davon ausgegangen wird, dass pädagogische Modelle und Konzepte sich von der globalen Ebene – mehr oder weniger linear oder „zirkulär" – zu lokalen Kontexten bewegen bzw. transportiert werden. Zweitens geben „Rezeptionsanalysen", und hier vor allem Arbeiten aus Forschungszusammenhängen zum Themenkomplex „Policy Borrowing and Lending" theoriebasierte Einblicke in Kontexte, in denen pädagogische Modelle implementiert werden, die anderswo entwickelt wurden.[86]

Analysen von Diffusions- und Rezeptionsprozessen

Als von hervorgehobener Wichtigkeit für das hier behandelte Thema haben sich jene Studien erwiesen, die Anschauung und empirisch Aufschluss darüber bieten, wie es im Zuge der weltumgreifenden Verbreitung und jeweils kontextspezifischen Umsetzung von pädagogischen Modellen und Konzepten, unter Einwirkung unterschiedlicher Akteure zu ihrer Veränderung kommt. Im empirischen Teil der vorliegenden Arbeit zeigt sich, dass bei der bisher gängigen Sichtweise auf Internationale Organisationen als Absender pädagogischer Modelle offenbar häufig zu klar davon ausgegangen wird, dass Wissensbestände auf der „globalen Ebene" eindeutig sind und erst im Laufe der Diffusion beziehungsweise Adaption und Rezeption divergieren.[87] Hier wird insofern implizit Kritik an einem Großteil bisheriger Forschungen zu Internationalen Organisationen in der Vergleichenden Erziehungswissenschaft geübt, als herausgestellt wird, dass bei der Genese pädagogischen Wissens im Kontext von Internationalen Organisationen von Bedeutungsvielfalt ausgegangen werden muss. Wir haben es hier mit einem Fall einer Internationalen Organisation und ihrer Kommunikationen im Rahmen der Entwicklung und Aushandlung von unterrichtsorganisatorischen Modellen zu tun, bei dem ein pädagogisches Konzept zwar als imaginiertes insgesamt für innovativ und gut befunden wird, aber in seiner Bedeutung umstritten ist – und zwar bereits bevor es die Mitgliedsländer der Organisation erreicht.[88]

---

86 Vgl. hierzu in erster Linie Steiner-Khamsi 2004; 2006; sowie Steiner-Khamsi & Waldow 2012.

87 Vgl. z. B. Mausethagen 2013.

88 In diesem Kontext erweisen sich Arbeiten zum Thema „contested diffusion" aus der Organization Studies-Literatur als sehr nützlich, vgl. u. a. Fiss et al. 2012; Fiss & Zajac 2004; Ansari et al. 2010; Vgl. hierzu auch Schriewers Ausführungen im Zusammenhang mit „contested processes of meaning making". (2012, S. 419)

Dass sich im Verlauf reiterierender Interpretationen und entsprechender Aneignungen neue Varianten eines jeweiligen Konzepts herausbilden, welche sich dann verbreiten und in wiederum anderen Kontexten Auswirkungen haben, kann hier nur mutmaßlich angenommen werden.[89]

Als besonders aufschlussreich stellen sich in diesem Zusammenhang Studien heraus, in denen zum einen die Annahme der klassischen Diffusionsforschung hinterfragt wird, wonach zu untersuchende Wissensbestände, die von der globalen Ebene in Richtung lokaler Kontexte „reisen", dabei so lange *unverändert* bleiben, bis sie an ihrem Ziel (d.h. dem zur Analyse stehenden Kontext) angekommen sind.[90] Zum anderen sind hier Arbeiten zu nennen, in denen mit der Tradition der Diffusionsforschung gebrochen wird, den Fokus der Analyse in erster Linie oder sogar ausschließlich auf die Diffusion von Strukturen zu richten, ohne dabei die Motivation der an der Verbreitung (und Veränderung) jeweiligen Wissens beteiligten Akteure mitzuberücksichtigen.[91]

Kathryn Anderson-Levitt hat eine innovative Sichtweise der Transferforschung innerhalb der Vergleichenden Erziehungswissenschaft auf den Punkt gebracht, indem sie unter dem Titel „Complicating the concept of culture" ausführte,[92] dass als „global" verstandenes Wissen nicht – wie gemeinhin in klassischen Diffusionsanalysen angenommen – in Richtung lokaler Kontexte diffundiert, sondern

---

89 Was demgegenüber feststeht – zumindest gibt es mehrere Studien, die diesen Befund hervorgebracht haben –, ist ein signifikanter Zusammenhang zwischen stattgefundenen Konferenzen und entsprechenden Folgen: „[…] the dates of the relevant conferences influence the rate of adoption of the appropriate treaties or commissions. The timing of international women's conferences, for instance, is positively associated with the rates at which the Convention on the Elimination of All Forms of Discrimination Against Women (EDAW) is ratified (Wotipka & Ramirez 2008, zitiert in Ramirez 2012, S. 14 f.).

90 Zu dieser Sichtweise vgl. z.B. Rogers 1995 [1962].

91 Vgl. z.B. Schriewer & Caruso 2005; Roldán-Vera & Schupp 2006; Caruso 2008.

92 Mit „world culture" verweist Anderson-Levitt auf das zentrale Konzept des neoinstitutionalistischen „world polity"-Ansatzes, der in Debatten in der Vergleichenden Erziehungswissenschaft gemeinhin als World Culture-Theory bzw. Weltkultur-Theorie bezeichnet wird. Für einen ersten Überblick vgl. Krücken & Drori 2009 (=ein Sammelband mit Texten von John W. Meyer, dem Hauptbegründer dieser Theorie) sowie die Ausführungen im zweiten Kapitel. Für einen hervorragenden Überblick, insbesondere graphisch, aus dem die Wechselwirkungen zwischen verschiedenen Akteuren im Zusammenhang mit der *Konstruktion und Diffusion von „Weltkultur"* deutlich werden, vgl. Chabbott 2003; sowie Chabbott & Ramirez 2006.

[…] that world culture is *locally* produced in social interaction, and that meanings are then reconstructed in the global/local nexus. (2012, S. 442_Hervorhebung: FK)[93]

Florian Waldow trug bereits einige Jahre zuvor eine entsprechende Sichtweise zu in diesem Sinne zunächst lokalem, dann globalem und schließlich entsprechend re-lokalisiertem Wissen zur Globalisierungsforschung in der Vergleichenden Erziehungswissenschaft bei, wonach „Einflüsse des internationalen Bildungsreformdiskurses zum Teil als Re-Importe angesehen werden [können]" (Waldow 2007, S. 26). In Waldows Fall zu Schweden sind es Ideen, die zunächst im Land bzw. durch das Land entwickelt, dann in die internationalen Organisationen „exportiert", und schließlich – mit zusätzlicher Legitimität versehen – wieder nach Schweden „rückimportiert" werden.[94] Eckhardt Fuchs und Jürgen Schriewer schrieben in diesem thematischen Kontext von einem komplexen Kommunikations- und Interaktionsgefüge – bestehend aus individuellen Akteuren und Experten, nationalen Regierungen und ihren Vertretern, internationalen Regierungs- und Nichtregierungsorganisationen sowie inter- und transnationalen Strukturen – und führten im Zusammenhang mit „Internationalen Organisationen als Global Players in Bildungspolitik und Pädagogik" (Fuchs & Schriewer 2007) aus, dieses Gefüge bringe nicht nur die Konstruktion von Modellen hervor, sondern *begleite, legitimiere und verstärke überdies entsprechende Implementierungsprozesse* (ebd., S. 147).

Die im Zusammenhang mit sich veränderndem Wissen im Zuge seiner Diffusion vom britischen Bildungsforscher Robert Cowen stammende Formel „as it moves, it morphs" (Cowen 2009, S. 315)[95] stellt sich für die vorliegende Arbeit insofern als bedeutsam heraus, als das ihr zugrundeliegende Erkenntnisinteresse auf den Aspekt der Transformation von Wissen im Verlauf seiner Entwicklung und Verbreitung abzielt. In der vorliegenden Arbeit sind es allerdings nicht Prozesse der *Verwandlung,* sondern vielmehr durch Akteure aktiv und mutmaßlich bewusst vorgenommene *Umwandlungen* des Wissens, die – unter Nutzung von

---

93 Zu diesem Aspekt vgl. u. a. auch Schriewer 2009; Steiner-Khamsi 2002a; sowie Centeno 2011.

94 Vgl. hierzu auch Waldow 2009 sowie Jürgen Schriewers Ausführungen zum „imaginierten" Bologna-Modell (Schriewer 2007), das Konstruktionen umfasste, die aus in diversen lokalen Kontexten konkret praktizierten, abstrahierten und dekontextualisierten Vorbildern generiert wurden.

95 Diese Formel entstand einige Jahre zuvor im Kontext der Abteilung Vergleichende Erziehungswissenschaft an der Humboldt-Universität zu Berlin, in einem Seminar von Jürgen Schriewer, vgl. Cowen 2009, S. 15. Vgl. auch Schweisfurth 2013.

Theoriemitteln aus dem organisationssoziologischen Neo-Institutionalismus – als „Übersetzungen" interpretiert werden können.[96] Entsprechend geht es in der vorliegenden Arbeit, in Heranziehung einer akteurszentrierten Analyseperspektive, in erster Linie um solche Umwandlungen von Wissen, die an der Idee für Inclusive Education *vollzogen werden* (vielmehr als: *sich vollziehen*).

In diesem Kontext wird deutlich, dass für die Charakterisierung der vorliegenden Arbeit der aus der Organisationsforschung stammende Leitsatz „to transfer is to transform" (Gherardi & Nicolini 2000, S. 329) gleichwohl zutreffender ist als Cowens Formel, betont jener vielmehr die aktive Einwirkung von Akteuren auf die Veränderung des zu analysierenden Wissens. In diesem Zusammenhang richtet sich der Fokus auf die Rolle von individuellen Akteuren in Mikro-Prozessen im Verlauf der Diffusion transnationaler Programme, wobei die Idee der „Übersetzung" (wie sie konzeptionell im Skandinavischen Institutionalismus Anwendung findet) im Sinne eines für die Analyse „herangezoomten" Ausschnitts von Diffusion als mikrosoziologisch erfassbarer Prozess verstanden wird, oder – in den Worten des Organisationstheoretikers David Suárez und der Politikwissenschaftlerin Patricia Bromley (forthcoming) – als Hilfe „to clarify the role of individuals and micro-processes in diffusion",

> revealing that „variation in diffusion" is a common, if not expected, outcome. Rather than challenging or displacing one another, attention to historical context, macro-trends, and micro-processes add richness to our understanding of the flow of social phenomena.[97]

---

96 Zur Herkunft des sozialwissenschaftlichen Konzepts der „Übersetzung" aus der Actor-Network-Theory, bevor es von Barbara Czarniawska in die Organisationsforschung transferiert wurde, vgl. Latour 2005a. Ursprünglich entlehnte Latour dieses Konzept dem Werk des französischen Philosophen Michel Serres und hat es in seinen Arbeiten tendenziell gegen das von ihm makrosoziologisch verstandene Konzept der Diffusion ausgespielt (vgl. Latour 1986). Es ist sinnvoll, bestimmte Annahmen der klassischen Diffusionsforschung in Frage zu stellen, so etwa die Annahme, derzufolge diffundierendes Wissen sich nicht verändere während es verbreitet werde (vgl. hierzu kritisch Strang & Soule 1998). Dennoch scheint eine kombinierte Anwendung der Konzepte der Diffusion und „Übersetzung" vielversprechender als ein bloßer Austausch. Als Ersatz für das Konzept der Diffusion würde das Konzept der „Übersetzung" ohnehin nicht mehr anbieten können als was Jürgen Schriewer unter der Bezeichnung „abweichungsgenerierende Rekontextualisierung" für die Vergleichende Erziehungswissenschaft bereits entwickelt hat (Schriewer 2005a), und was nicht ohnehin durch Heranziehung der Hybridmetapher (vgl. u. a. Schwinn 2006) interpretiert werden könnte.

97 Hier wird deutlich, dass die Idee der „Übersetzung" sich für die Vergleichende Erziehungswissenschaft nicht – wie eigentlich von Bruno Latour (1986) angeregt – *als*

Mit dieser Sichtweise, die den Einwirkungen einzelner Akteure bei der Entwicklung der Idee zu einem imaginierten Konzept große Bedeutung beimisst, wird in der vorliegenden Arbeit untersucht, wie die Idee für Inclusive Education beständig in ihrem Bedeutungsumfang und hinsichtlich ihrer Grenzen ausgehandelt und immer wieder neu bestimmt wird. Für diese Prozesse wird angenommen, dass die verschiedenen Haltungen, Meinungen und Positionierungen zum imaginierten Konzept der Inclusive Education – je nach „institutioneller Logik" bzw. Leitidee, an der sich die Aussagen, Entscheidungen und Handlungen jeweiliger Akteure orientieren[98] – anschlussfähig gehalten werden, sowohl an andere bildungspolitische Programmtiken und Konzepte auf der Ebene Internationaler Organisationen und ihrer Rhetoriken, als auch an nationale und lokale Diskurse in unterschiedlich fortgeschrittenen Gesellschaften.

Die Perspektive, in der „gereistes Wissen" analysiert wird, ist in der Vergleichenden Erziehungswissenschaft in der Regel in „Rezeptionsanalysen" zu finden. Forschungen aus dieser Richtung beziehen sich üblicherweise auf die Fragen, wie Akteure und ihre Interessen und Zielsetzungen in (sub-)nationalen Kontexten mit Ideen verknüpft sind, die auf globaler Ebene auf „Reisen" waren, und welche Umwandlungsprozesse diese Ideen durchlaufen, wenn sie als *von Reisen bereichert wiederkehrendes Wissen* auf der lokalen Ebene eintreffen.[99] In diesem Zusammenhang stellen sich besonders solche Arbeiten als für die hier eingenommene Ana-

---

Ersatz des Konzepts der Diffusion, sondern vielmehr als Komplementärkonzept für die Mikroanalyse von Ausschnitten von Diffusionsverläufen anbietet.

98   Das Konzept der institutionellen Logiken verweist auf eine Theorie-Perspektive, die sich aktuell komplementär zum Neo-Institutionalismus in der Organisationsforschung etabliert, vgl. Thornton et al. 2012; Friedland 2013; Greenwood & Langley 2014. Von hervorgehobener Wichtigkeit für die vorliegende Studie sind in diesem Zusammenhang jene Studien, die sich mit solchen Organisationen befassen, die jeweils über ihre institutionelle Umwelt mit „competing institutional logics" konfrontiert sind, vgl. u. a. Lounsbury 2007; Thornton 2004; Thornton & Ocasio 1999; Nigam & Ocasio 2010.

99   An dieser Stelle erweist sich der in dieser Arbeit herangezogene, in erster Linie auf Arbeiten aus der Organisationsforschung gestützte konzeptionelle Bezugsrahmen als besonders gut anschließbar an die hier vorgestellten Arbeiten aus der Vergleichenden Erziehungswissenschaft, geht es den Forscherinnen und Forschern im organisationssoziologischen Neo-Institutionalismus oft ebenfalls um Situationen, in denen *neue* Ideen und Praktiken in lokalen Kontexten angenommen werden, nachdem sie auf Reisen waren bzw. während sie auf Reisen sind und im Laufe ihres Diffusionsprozesses „Zwischenstopps einlegen", vgl. u. a. Czarniawska-Joerges & Joerges 1996; Sahlin-Andersson 1996. Im Übrigen gilt dies auch für andere Forschungstraditionen, z.B. für die (im dritten Kapitel als „sociology of associations" angeführte) Actor-Network-Theory (Latour 2005a; 2005b; 1986), über die das Konzept der „Übersetzung" in erster Linie durch Barbara Czarniawska und Kolleginnen in die Organisationsforschung

lyseperspektive relevant heraus, in denen Fälle unterschiedlicher Interpretationen derselben Konzepte in verschiedenen Kontexten untersucht werden.[100]

Patrick Ressler hat vor wenigen Jahren eine Arbeit vorgelegt, die sich im Kontext der Vergleichenden Erziehungswissenschaft sowohl als Diffusions- als auch als Rezeptionsanalyse einordnen lässt.[101] Er führt in seiner Arbeit über das sogenannte Bell-Lancaster-System der Unterrichtsorganisation im 19. Jahrhundert eindrucksvoll aus, dass die Frage, welche Akteure pädagogisches Wissen diffundieren und welche es rezipieren, nicht eindeutig beantwortet werden könne. So könnte auch hier, um auf den in der vorliegenden Untersuchung behandelten Fall zurückzukommen, die UNESCO nicht nur als Diffusor, sondern auch als Rezipient bezeichnet werden, der Inclusive Education mittlerweile über Jahrzehnte hin bearbeitet und propagiert, indem er *Erfahrungen von Anwendern* in seine systematisierenden Ausarbeitungen aufnimmt. In den Daten vermischen sich diese Rollen manchmal. Besonders an solchen Textstellen, in denen auf der Ebene des „Policy Talk" behauptet wird, Entscheidungen und Handlungen richteten sich an den Prioritäten der Mitgliedsländer aus, würden sich also nach jeweiligen staatlichen Vorgaben richten, treten mitunter Rollenkonflikte zutage, bei denen nach Datenlage schlechterdings nicht entschieden werden kann, ob die analysierte Organisation *proaktiv*, also die Entwicklung eines Geschehens selbst bestimmend handelt oder vielmehr *reagiert*. So lässt sich z. B. bei einer Kooperation der UNESCO mit der Weltbank und der Inter-American Development Bank (IDB) feststellen, dass die UNESCO Aktionen plant, die zwar eindeutig als „top-down" einzuordnen sind, aber mit den Worten legitimiert werden, „[that] the approach be driven by country priorities, with countries framing the problems to be addressed".

Nicht nur erweist sich Resslers Arbeit insofern als wichtige Referenz für die hier vorliegende Studie, als in ihr konzeptionell – anders als in den meisten Arbeiten in der Teildisziplin – nicht nationale Gesellschaften oder geographische Räume im Fokus stehen, sondern in erster Linie organisationale und individuelle Akteure und ihre Kommunikation im Rahmen der Entwicklung und Verbreitung pädagogischen Wissens. Darüber hinaus geht aus ihr auch die für die vorliegende Arbeit wichtige Einsicht hervor, dass die Entscheidung, ob ein jeweiliger Akteur das im Fokus der Analyse stehende Wissen in erster Linie *diffundiert* (bzw. übersetzt) oder *rezipiert*, mitunter nicht eindeutig zu treffen

---

übertragen wurde, vgl. hierzu Czarniawska & Sevón 2005; Czarniawska 2008. Vgl. hierzu auch Kiuppis 2014b.

100 Vgl. z. B. Takayama 2012; Ozga 2005.

101 Vgl. Ressler 2009.

ist. Entsprechend ist für die vorliegende Studie davon auszugehen, dass die UNESCO, die das Konzept der Inclusive Education maßgeblich mitentwickelt und verbreitet hat, im Laufe der Konkretisierung der ihm zugrundeliegenden Idee gleichsam zum *rezipierenden* Akteur wird. So werden ihr, vermittelt über ihre doppelte Einbettung in ein „organisationales Feld" und ihre „institutionelle Umwelt", z.B. von Seiten der Mitgliedsländer Erwartungen zugetragen sowie Erfahrungen jener Akteure auf nationalstaatlicher und lokaler Ebene, die Inclusive Education (je nach Kontextspezifika unterschiedlich) angewandt haben. Insofern wird der Analyse der Entwicklung und Transformation der Idee für Inclusive Education jene Annahme zugrunde gelegt, die von Jürgen Schriewer im Zusammenhang mit dem Bologna-Prozess ausformuliert wurde, derzufolge es sich – auch beim hier behandelten „Salamanca-Prozess"[102] – um die Konstruktion eines von konkret praktizierten Vorbildern abstrahierenden – in diesem Sinne de-kontextualisierten – imaginierten Konzepts handelt. Im Zeitverlauf beurteilt, stellt sich diese Konstruktion mutmaßlich wie folgt dar: „not simply [as] a linear progression through time but [as] a dynamic [interdiscursive_FK] process that evolves in sinuous, nonliniar ways" (Langley & Abdallah 2011, S. 228). Wie in einem Prisma werden umstrittene oder missverstandene Bedeutungen und Ideen wie Lichtstrahlen „gebrochen" und „umgelenkt" sowie in neue Bedeutungen übersetzt.

Motiviert und inspiriert von solchen Referenzen aus der Vergleichenden Erziehungswissenschaft, die in erster Linie von pädagogischem Wissen handeln, das „auf Reisen geht" (vgl. Schulte 2007), werden bei der vorliegenden Analyse jene schriftlichen Kommunikationen aus dem Zeitraum 1994–2000 fokussiert, die sich zwischen der im Fokus der Analyse stehenden Organisationseinheit und anderen Einheiten innerhalb der UNESCO sowie Akteuren im organisationalen Feld und relevanten anderen abspielen.[103] Fokussiert werden mit anderen Worten Kommunikationen in jenem Kontext, in dem die Reise von Inclusive Education als imaginiertes Konzept vorbereitet wird und ihren Ausgang nimmt.[104]

---

102 Vgl. Kiuppis 2014a.

103 Vgl. hierzu den Abschnitt zur Klassifizierung der Akteure im dritten Kapitel.

104 Im Anschluss an die oben zitierte Textstelle bei Anderson-Levitt 2012 wird hier der Annahme gefolgt, dass Inclusive Education zwar im Kontext der UNESCO *gerahmt* wird, sich aber zu einem Großteil aus Wissensbeständen generiert, die aus ihren Mitgliedsländern stammen. Dort wird unter derselben Bezeichnung („Inclusive Education") Unterschiedliches verstanden – gute Anschauung für Möglichkeiten, solche „Mehrsinnigkeiten" zu analysieren, bieten die Arbeiten von Jason Beech, etwa zum Slogan „Respect for Diversity" (Beech 2009).

Dass sich in verschiedenen (sub)nationalen Kontexten, gerade infolge reiterierender Interpretationen und interpretatorischer Aneignungen, jeweils neue Varianten des Konzepts der Inclusive Education herausbilden, welche dann ihrerseits diffundieren und in weiteren Rezeptionskontexten gelegentlich einflussreicher werden als das Ausgangsmodell der UNESCO,[105] kann in der vorliegenden Untersuchung nur theoretisch vorangenommen werden. Da im hier präsentierten Fall, auf Grundlage der thematischen Schwerpunktsetzung und Datenlage, das Wissen nicht auf seiner Reise verfolgt werden kann, beschränkt sich die Analyse auf die durch verschiedene Akteure am Konzept der Inclusive Education vorgenommenen „Übersetzungen", die aus den verfügbaren Quellen hervorgehen. Obgleich sich aus der bei der Dokumentenanalyse eingenommenen Perspektive nicht die Reiseroute des „new thinking in Special Needs Education" im Detail verfolgen lässt, kann anhand der Quellen nachvollzogen werden, welche Veränderungen an dem reisenden und gereisten Wissen vollzogen werden und welche Umstrukturierungen sich im Zuge der Auseinandersetzung mit dem aus unterschiedlichen Richtungen einkehrenden (mitunter „wiederkehrenden", durch Erfahrungen „bereicherten") Wissen auf der Ebene des Feldes ergeben bzw. auf der Ebene der im Fokus stehenden Organisation vorgenommen werden. Insofern stellt der in der vorliegenden Arbeit analysierte Kontext eine *Schnittstelle für zirkulierende pädagogische Ideen und Konzepte* dar, an der die Differenzierung, welche Aspekte der jeweiligen hier verhandelten Wissensbestände aus „globalen" oder „lokalen" Kontexten kommen, empirisch schlechterdings nicht möglich ist.

In diesem thematischen Kontext wird das Kommunikationsgeflecht zwischen der für die Analyse ausgewählten Organisationseinheit der UNESCO und den anderen an der Entwicklung und Zirkulation der Idee für Inclusive Education beteiligten Akteuren analysiert.[106] Dabei wird – in Heranziehung eines konzeptionellen Bezugsrahmens, der sich zum einen aus neo-institutionalistischen Arbeiten aus der Organisationsforschung und zum anderen aus theoretischen Einsichten aus der „institutional logics"-Perspektive zusammensetzt – die Differenzierung der Idee für Inclusive Education im Kontext unterschiedlicher Diskurse zugrundegelegt, wonach sie vorrangig im Zusammenhang mit *Behin-*

---

105 Vgl. Schriewer 2005a.

106 Hier wird der Begriff der Zirkulation gebraucht, weil er zum einen keine klare Richtung des Bewegungsverlaufs „reisenden" Wissens impliziert und zum anderen, über die „Reiserouten" des Wissens hinaus, auf Veränderungen desselben hindeutet, vgl. Sahlin-Andersson & Engwall 2002, S. 25 f. Insofern bedarf es für die Erklärung einer zu bestimmten Zeitpunkten vorfindbaren Erscheinung oder Form des Wissens eines genauen Verständnisses des zuvor abgelaufenen Zirkulationsprozesses.

derung imaginiert wird („primäre institutionelle Logik") und im Kontext der Weltkonferenz in Salamanca und ihrer Nachbereitung zudem in einem nicht-kategorialen Sinne als Herausforderung für *Diversität und Heterogenität* verstanden wird („sekundäre institutionelle Logik").[107]

Analytisch eröffnet diese Unterscheidung den Rahmen für die Verortung sowohl der Archivmaterialien als auch der Diskurse insgesamt. Der Fokus der Untersuchung richtet sich schließlich auf die Fragen, wie die Idee für Inclusive Education auf der Ebene Internationaler Organisationen in ein – vom jeweiligen Akteursverständnis abhängiges – imaginiertes Konzept übersetzt wird, (a) *bevor* sie die nationalen Kontexte erreicht und (b) *nachdem* sie, durch nationale Ausprägungen bereichert, in Kommunikationen zwischen Internationalen Organisationen zurückgekehrt ist.

Gliederung der Arbeit

Auf die in diesem Kapitel explizierte Problemstellung folgt ein Theoriekapitel, in dem der konzeptionelle Bezugsrahmen der Arbeit entfaltet wird. Es sind diverse Varianten des soziologischen Neo-Institutionalismus, die hier vorgestellt und auf ihre Relevanz für das behandelte Thema hin abgeklopft werden. Im Anschluss wird im dritten Teil ein Narrativ präsentiert, das Einblick in den Quellenbestand sowie Informationen zum Analyseverlauf bietet. Darin finden sich auch eine Veranschaulichung des Prozesses der Datenerhebung, eine kurze Präsentation der Akteure sowie ein Überblick der bei der Datenanalyse herangezogenen methodologischen Ansätze inklusive Informationen, welche Theoriemittel im engeren Sinne („Werkzeuge", „conceptual tools")[108] für die Analyse von Bedeutungen genutzt wurden. Abgerundet wird das dritte Kapitel mit der Periodisierung und überblicksweise mit einer kurzen historischen Einordung des empirischen Teils der Arbeit. Danach wird die eigentliche Analyse präsentiert, die den empirischen Kern der Arbeit bildet. In einem kurzen Schlusskapitel werden die Entwicklungen zusammengefasst und abschließend diskutiert.

---

107 Die Bezeichnungen „älteres" und „neueres" Verständnis erweisen sich bei der Analyse als nicht brauchbar, denn anhand der Quellen wird deutlich, dass manche Akteure auch nach dem Jahr 1994 das vermeintlich ältere (z. B. Integrationspädagogik) für vergleichsweise neu halten (z. B. im Gegensatz zu Sonderpädagogik). Zu den hier herangezogenen, geeigneteren Unterscheidungskriterien „primär" und „sekundär" vgl. in erster Linie den Abschnitt zum Einzug einer sekundären institutionellen Logik in die Debatten um Special Needs Education im organisationalen Feld der UNESCO im vierten Kapitel.
108 Vgl. Schneiberg & Clemens 2006.

2. Theoretischer Kontext und konzeptioneller Bezugsrahmen

Die im ersten Kapitel vorgestellten, aus dem Corpus der Globalisierungsforschung in der Vergleichenden Erziehungswissenschaft herangezogenen Arbeiten zur Transformation von „reisendem" bzw. „gereistem" Wissen stehen häufig in Bezug auf eine Theoriedebatte, die seit einigen Jahren zwischen Vertretern des „Weltkultur"-Ansatzes des soziologischen Neo-Institutionalismus und Wissenschaftlerinnen und Wissenschaftlern geführt wird, die im Verhältnis zu den „world culture theorists" als „cross-cultural researchers" (Crossley & Watson 2003, S. 47) bezeichnet werden können.[109] Die vorliegende Studie ist sowohl thematisch als auch in Bezug auf ihre methodische Herangehensweise sowie hinsichtlich der *Reichweite* der gewählten Bezugstheorie (im Mertonschen Sinne) solchen Beiträgen aus diesem Corpus zuzuordnen, die sich gegenüber dem „Weltkultur"-Ansatz tendenziell kritisch abgrenzen. Konzeptionell baut sie aber auf zahlreichen jener zentralen neo-institutionalistischen Annahmen auf, die dem „Weltkultur"-Ansatz zu Grunde liegen. Dies ist kein Widerspruch, bietet der Neo-Institutionalismus doch auch solche Theorievarianten an, die sich für qualitativ angelegte mikrosoziologische Untersuchungen wie die hier vorliegende als konzeptioneller Bezugsrahmen eignen – die allerdings bisher noch keinen Einzug in die Erziehungswissenschaften hielten.

Vor diesem Hintergrund hat sich angeboten, in diesem theoretischen Kapitel des Buches zunächst die in der Globalisierungsforschung der Vergleichenden Erziehungswissenschaft sich abspielende Theoriedebatte darzustellen, bevor der konzeptionelle Bezugsrahmen ausgebreitet wird. Nachdem eine *thematische* Verortung der vorliegenden Arbeit bereits im ersten Kapitel erfolgt ist, wird an dieser Stelle also eine *konzeptionelle* Kontextualisierung der vorliegenden Untersuchung in Theoriediskurse innerhalb der Teildisziplin vorgenommen. Erst in einem weiteren Schritt erfolgt die Präsentation der theoretischen Referenzen aus der neo-institutionalistischen Organisationsforschung.

---

109 Zu dieser Bezeichnung vgl. auch Ember & Ember 1998. Mit kritischer Distanz bezieht sich Kathryn Anderson-Levitt auf diese Autorinnen und Autoren und bezeichnet sie als „interlocutors [of the] world culture theorists", deren Schriften zusammen mit jenen von dutzenden Vertretern der Gegenseite „fill thousands of pages and do not, of course, manifest perfect consistency." (Anderson-Levitt 2012, S. 443).

Theoriedebatte im Rahmen der Globalisierungsforschung
in der Vergleichenden Erziehungswissenschaft

Bei den dem neo-institutionalistischen „Weltkultur"-Ansatz zuzurechnenden Arbeiten handelt es sich in erster Linie um Welt-System-Analysen, die als ländervergleichende, quantitativ ausgerichtete Längsschnittstudien charakterisiert werden können. Diese richten sich für gewöhnlich an makrosoziologisch formulierten Argumenten aus, identifizieren in der Regel weltweite oder regionale Trends der Standardisierung und Normierung und leiten daraus, oftmals strukturalistisch argumentierend, Angleichungstendenzen im Bereich von Bildungspolitik, Bildungsinstitutionen und Bildungsinhalten ab.[110] Von den in der Vergleichenden Erziehungswissenschaft rezipierten und zum Teil auch dort entwickelten neo-institutionalistischen Studien sind es vor allem (1) Arbeiten von bzw. unter Beteiligung von John W. Meyer, dem Gründervater dieser Theorie; (2) jene von John Boli und Kollegen zu Internationalen Nicht-Regierungsorganisationen;[111] (3) von Colette Chabbott und Francisco Ramirez zur Konstruktion von „Weltkultur";[112] (4) sowie von Jürgen Schriewer zum Bologna-Prozess,[113] aus denen wichtige theoretische Argumente und Einsichten zum Verständnis des in der vorliegenden Arbeit behandelten „Salamanca-Prozesses" (Kiuppis 2014a) hervorgehen.

Die Kritikerinnen und Kritiker des „Weltkultur"-Ansatzes stützen sich hingegen häufig auf empirische Befunde aus Forschungen, bei denen es sich häufig um mikroanalytisch konzipierte, qualitativ ausgerichtete und prozessorientierte Fallstudien handelt. Jene Studien basieren in den meisten Fällen auf von der Forscherin/dem Forscher eigens, im Rahmen anthropologisch ausgerichteter Forschung erhobener Daten, die die Annahme komplexer Prozesse jeweils kontextspezifisch geprägter Besonderheiten bei der Rezeption und Aneignung transnational zirkulierender Modelle und Programme nahelegen. Aus dieser Forschungsrichtung wird den neo-institutionalistischen Argumenten der tendenziellen *Konvergenz* von Bildungssystemen, der damit assoziierten Homogenisierung von Strukturen sowie jener zentralen Annahme widersprochen, Handlungsweisen von Akteuren würden sich unter dem Druck „weltkultureller" Vorgaben standardisieren. Den Vertretern des „Weltkultur"-Ansatzes wird

---

110 Vgl. in erster Linie Wiseman & Baker 2006; Baker & LeTendre 2005.
111 Vgl. insbesondere Boli & Thomas 1999; Lechner & Boli 2008; sowie Ramirez & Boli 1987.
112 Vgl. u. a. Chabbott 1998; Chabbott & Ramirez 2006.
113 Vgl. hierzu Schriewer 2009; 2005.

entgegengehalten, sie mäßen der Gebundenheit von Akteuren an institutionelle Vorgaben aus der „weltkulturellen" Umwelt zu viel Gewicht bei und berücksichtigten zentrale Aspekte – wie z. B. Macht, Interessen einzelner Akteure („local voices"), damit zusammenhängende Konflikte, Prozesse regionaler Fragmentierung sowie kontextgebundene Bedeutungen und Interpretationen – nicht in ausreichendem Maße mit.[114] Statt eines weltkulturellen, „universellen Standards" (Ramirez 2012) seien vielmehr jeweilige kontextspezifische Charakteristika ausschlaggebend für innerstaatliche Entwicklungen, weshalb folglich angemessen sei, auf nationaler Ebene tendenziell von einer *Divergenz* von Strukturen und Handlungsweisen auszugehen.[115]

Ihrer thematischen Ausrichtung nach beurteilt, ließe sich die vorliegende Untersuchung, allein schon auf Grund ihrer Fragestellung und der hier eingenommenen Untersuchungsperspektive, der Seite der Kritikerinnen und Kritiker der Arbeiten aus dem „Weltkultur"-Ansatz zuordnen: Auch hier wird ein mikroanalytischer Zugang gewählt, mit qualitativem Datenmaterial und interpretativem methodischen Zugang gearbeitet und – auf der Grundlage von Evidenz, die in einem konkreten Kontext erbracht wurde – darauf verzichtet, globale Trends zu formulieren. Obgleich sich aber die empirische Herangehensweise an das hier behandelte Thema, allein schon durch das auf den Wandel von Bedeutungen gerichtete Erkenntnisinteresse, mehr an solchen Arbeiten in der Vergleichenden Erziehungswissenschaft anlehnt, die im vorherigen Abschnitt dem Forschungsstrang des „cross-cultural research" zugeordnet und im ersten Kapitel im Zusammenhang mit der Thematisierung von „reisendem" und „gereistem" Wissen vorgestellt wurden, sind es vor allem Beiträge aus der neo-institutionalistischen Theorietradition, die den konzeptionellen Bezugsrahmen der Studie zur Verfügung stellen.

---

114 Vgl. u. a. Carney 2009; Rappleye 2006; Silova 2010.
115 Vgl. Schwinn 2006. Interessant ist in diesem Zusammenhang, dass die Kritikerinnen und Kritiker des „Weltkultur"-Ansatzes in dieser Debatte in der Regel in erster Linie jene Theorieelemente selektiv hervorheben, die den Ansatz als strukturalistischen entlarven (z. B. „loose coupling"; „isomorphism"), vgl. z. B. Carney et al. 2012; Steiner-Khamsi 2013; Mundy 2009. Dabei wird mitunter nicht in Rechnung gestellt, dass neo-institutionalistische Theorien auch Konzepte anbieten, die im Rahmen von „cross-cultural research" sinnvoll genutzt werden könnten (z. B. „rationalized myth"; „legitimacy"), zumal wenn sie komplementär mit „ideational components" (Scott 1994a) anderer institutionalistischer Theorien, etwa den in der vorliegenden Arbeit herangezogenen Konzepten aus dem Skandinavischen Institutionalismus (z. B. „decision-making under ambiguity"; „logic of of appropriateness") angewandt werden. Zur Unterscheidung der „structural" und der „ideational components of institutional theory" vgl. Suddaby et al. 2010, S. 1236.

Kritik am neo-institutionalistischen „Weltkultur"-Ansatz –
oder vielmehr an bestimmten Vertretern dieser Theorie?

Jene Autoren, deren Arbeiten von Kritikerinnen und Kritikern des „Weltkultur"-Ansatzes zum Anlass genommen werden, Beanstandungen gegen den Neo-Institutionalismus insgesamt zu erheben, gehören in der Regel der sogenannten dritten Generation von Weltsystemforschung an (z. B. David P. Baker und Alexander W. Wiseman). Die Vertreter der zweiten Generation dieses Forschungsstrangs innerhalb der Vergleichenden Erziehungswissenschaft (z. B. Francisco O. Ramirez, David H. Kamens und Aaron Benavot) und der ersten Generation (in erster Linie John W. Meyer selbst sowie seine Co-Autoren in den späten 1970er und frühen 1980er Jahren, z. B. Brian Rowan) halten sich weitgehend aus der Theoriedebatte heraus.[116] Mit Fug und Recht – und Gegenreden zum Trotz, wonach „institutional frameworks for understanding comparative education phenomena have been either genuinely misunderstood, purposefully misinterpreted or both" (Wiseman et al. 2013, S. 3) – können einzelne Arbeiten von Vertretern des Weltkultur-Ansatzes bezichtigt werden, bestimmte essenziell wichtige Aspekte unbelichtet zu lassen, z. B. „individual cognition and reflection", „coercion" oder „conflict in social action" (Carney et al. 2012, S. 370). Jedoch bleibt in der Theoriedebatte mitunter unberücksichtigt, dass es neo-institutionalistische Arbeiten gibt, in denen solche mikrosoziologischen Blickwinkel, die in bestimmten neueren Beiträgen innerhalb der Vergleichenden Erziehungswissenschaft vermisst werden, sehr wohl Berücksichtigung finden. So behaupten z. B. Carney et al., „the precise nature of individual cognition and reflection remains opaque" (2012, S. 372), ohne dabei in Rechnung zu stellen, dass es neo-institutionalistische Zugänge gibt, in denen diese Aspekte sogar schwerpunktmäßig behandelt werden.[117] Insofern wäre angemessen, die oben skizzierte Kritik von Seiten einzelner „cross-cultural researchers" nicht als Beanstandungen gegen den „Weltkultur"-Ansatz oder gar gegen das Theorien-Gebäude des Neo-Institutionalismus insgesamt zu verstehen – sondern vielmehr als Kritik an bestimmten Vertretern dieser Theorie.

Obgleich die Kritik an bestimmten Arbeiten von Vertretern der dritten Generation neo-institutionalistischer Weltsystemforschung inhaltlich richtig ist

---

116 Bei den Ausnahmen handelt es sich weniger um forsche Vorstöße denn um Stellungnahmen, die auf Einladung erfolgten, so z. B. Ramirez 2003; 2012.

117 Vgl. in erster Linie die klassische Arbeit von Pamela Tolbert & Lynne Zucker (1983), die das Phänomen der Legitimierung von Organisationen mit Fokus auf kognitive Aspekte beleuchtet; vgl. hierzu auch Scott 1994a; sowie Zucker 1977.

(schon insofern als ihnen unterstellt werden kann, Aussagen über Kontexte – nämlich „lokale" – zu treffen, die sie nicht genauer untersuchen), besteht bei den daraus gezogenen Schlussfolgerungen also manchmal das Problem, dass derartige Kritik – besonders in Teilen, in denen sie Züge einer *ideologischen Ideologie-Kritik* annimmt – zu einer Abgrenzung vom „Weltkultur"-Ansatz oder gar, noch undifferenzierter, von neo-institutionalistischen Konzepten im weiteren Sinne führt. Gleichwohl wäre angemessen, die Arbeiten der „cross-cultural researchers" als Kritik an einzelnen, vor allem jüngeren Beiträgen bestimmter Vertreter des „Weltkultur"-Ansatzes zu verstehen.

Durch die assoziative Verbindung der Kritik an Arbeiten etwa von David P. Baker und Alexander W. Wiseman als Kritik am Neo-Institutionalismus bleibt mitunter unberücksichtigt,

(a) dass sich Kritik an einzelnen, einem bestimmten theoretischen Ansatz zugeschriebenen Arbeiten nicht unbedingt an die ihnen zugrundeliegende Theorie richtet, sondern dass sie vielmehr ihre Anwendung bemängelt; und
(b) dass der „Weltkultur"-Ansatz nur eine Variante von vielen im Theoriengebäude des Neo-Institutionalismus ist.

Die vorschnelle Disqualifizierung des „Weltkultur"-Ansatzes auf Grundlage von Kritik an einzelnen Arbeiten und darüber hinaus die Gleichsetzung des „Weltkultur"-Ansatzes mit dem soziologischen Neo-Institutionalismus hat mitunter zur Folge, dass sich in der Globalisierungsforschung innerhalb der Vergleichenden Erziehungswissenschaft eine Tendenz entwickelt, wonach die Heranziehung des Neo-Institutionalismus mit *makrosoziologischen* Problemlagen und *quantitativen* Daten und Methoden assoziiert wird. Entsprechend ist tendenziell eine Abkehr qualitativ arbeitender „cross-cultural researchers" in der Vergleichenden Erziehungwissenschaft vom Neo-Institutionalismus festzustellen.

Im Kontext der Theoriedebatte beurteilt, betritt die vorliegende Studie Neuland. Nicht nur unterscheidet sie sich von den meisten Arbeiten in der Vergleichenden Erziehungswissenschaft, weil sie konzeptionell Internationale Organisationen und ihre Kommunikationen statt nationale Gesellschaften oder geographische Räume in den Fokus stellt, sondern auch weil sie sich eines neo-institutionalistischen Bezugsrahmens bedient, obwohl – und das ist für die Teildisziplin unüblich – es sich hier um eine Studie handelt, die sich mit *mikrosoziologischen* Problemlagen und *qualitativen* Daten und Methoden befasst. Insofern ließe sich die vorliegende Arbeit thematisch bzw. in Hinblick auf die empirische Erschließung der ihr zugrundeliegenden Quellen jenen Arbeiten des Corpus der Globalisierungsforschung zuordnen, die im Kontext der skizzierten Theoriedebatte zu der Seite der „cross-cultural researchers" gezählt werden,[118] wohingegen sie ihre theoretischen Annahmen aus neo-institutionalistischen Forschungssträngen bezieht und somit partiell auf denselben Grundlagen aufbaut, wie jene oben vorgestellten Studien, die der „Weltkultur"-Theorie zugerechnet werden.

Gemeinsamer Nenner in der Theoriedebatte: der Global/Local Nexus

Während die Literatur in der skizzierten Theoriedebatte zwar auf unterschiedlichen, scheinbar schwer zu vereinbarenden epistemologischen Grundannahmen beruht, werden auf beiden Seiten der Debatte Aussagen über Prozesse und Dynamiken in Kontexten auf (sub)nationaler Ebene getroffen und die Argumente auf Grundlage des „Global/Local Nexus" formuliert.[119] Der Verlauf der „Reise"-Routen von entsprechend „theoretisierten" (Strang & Meyer 1993) Wissensbeständen wird in tendenzieller Übereinstimmung auf beiden Seiten angenommen als (1) ausgehend von der globalen Ebene und (2) in Richtung eines jeweiligen, als „lokale Ebene" verstandenen (sub)nationalen Kontexts.[120] Ein Teil der Arbeiten zieht darüber hinaus die Rückkehr von veränderten, durch nationale Ausprägungen angereicherten Wissensbeständen in Betracht,[121] deren

---

118 Das vorliegende Buch ist zwar als Beitrag zu theoretischen Debatten im Kontext der historischen Globalisierungsforschung in der Vergleichenden Erziehungswissenschaft zu verstehen, die hier präsentierte Studie ist aber – und die folgenden Hinweise gehen auf Jürgen Schriewer zurück – weder als „historisch" zu bezeichnen, sondern im Wesentlichen als „gegenwartsanalytisch". Noch handelt es sich – ungeachtet der Analyse Internationaler Organisationen – um „Globalisierungsforschung" im engeren Sinne (der Erforschung zunehmender internationaler Verflechtungen oder der Diffusion transnationaler Programme). Denn in kritischer Abgrenzung zu „welt-system"- oder „world culture"-theoretisch inspirierten Arbeiten wird dezidiert eine *intern-differenzierende* Perspektive auf Internationale Organisationen eingenommen. Die Analyse zielt mit anderen Worten gerade nicht auf die „Makro"-Ebene globaler Verflechtungen, sondern auf die „Mikro"-Ebene der Binnenstrukturen Internationaler Organisationen. Und diese werden – in Begriffen der neo-institutionalistischen „world culture"-Theorie gesprochen – nicht als „Script"-Geber, sondern aufgrund ihrer Bindungen an bestimmte Reglements, Erwartungen und Vorgaben selbst als „scripted" unterstellt.
119 Vgl. hierzu Schriewer 2012.
120 Dies liegt in der Tradition der Teildisziplin begründet, wonach der Nationalstaat als Analyseeinheit privilegiert wird, vgl. Amos 2011, S. 7.
121 Vgl. hierzu z. B. Schulte 2012.

52

Richtungsverlauf entsprechend angenommen wird: als (3) vom „lokalen" Kontext (ggf. zurück) in den „globalen" Diskurs.[122]

Alternativer Blickwinkel

Im Anschluss an jene Arbeiten in der Globalisierungsforschung, die den Fragen nachgehen, wie „lokale" Akteure und ihre Interessen und Zielsetzungen mit Ideen verknüpft sind, die auf „globaler" Ebene auf Reisen waren und welche Umwandlungsprozesse diese Ideen durchlaufen, wenn sie auf „lokaler Ebene" kommuniziert werden, wird im empirischen Teil dieser Arbeit am Fall der Entwicklung von Inclusive Education untersucht, wie Ideen *auf der Ebene Internationaler Organisationen* in imaginierte Konzepte übersetzt werden, (a) *bevor* sie die nationalen Kontexte erreichen bzw. (b) *nachdem* sie, durch nationale Ausprägungen bereichert, in Kommunikationen zwischen Internationalen Organisationen zurückgekehrt sind. Weil es sich bei der vorliegenden Studie aber um eine Arbeit handelt, die sich an einer Problemstellung orientiert, die thematisch nicht an bestimmte nationale Kontexte rückgebunden ist, erfolgt die Untersuchung nicht aus einer – für neo-institutionalistische Arbeiten in der Vergleichenden Erziehungswissenschaft typischen – „Nation-States in a World Culture"- sondern in einer „[International] Organizations in an Institutional Environment"-Perspektive (Jepperson 2001, S. 11 ff.). Dem gewählten Blickwinkel entsprechend, werden in dieser Arbeit – neben einigen, in der Vergleichenden Erziehungswissenschaft bereits etablierten Konzepten aus dem „Weltkultur"-Ansatz – auch solche Theorieelemente herangezogen, die aus dem *Organizational Institutionalism* stammen.[123] Diese generieren sich weitgehend aus denselben theoretischen Grundannahmen wie jene aus dem „Weltkultur"-Ansatz, sehen aber Analysen auf der Mikro-Ebene (statt auf „lokaler" Ebene) vor und erweitern den „Weltkultur"-Ansatz somit um die Möglichkeit kontextspezifischer, fallbezogener Analysen.

Durch die komplementäre Nutzung verschiedener neo-institutionalistischer Ansätze und die Wahl einer Untersuchungsperspektive, die Internationale Organisationen in institutionellen Umwelten im Blickwinkel hat, ist insofern gewährleistet, dass Akteure zum einen in ihrer Einbettung in – über ihre institutionelle Umwelten vermittelte und mit „peers and competitors" weitgehend geteilte –

---

122 Vgl. hierzu Anderson-Levitt 2012 sowie den Abschnitt zur thematischen Verortung der Studie in der Teildisziplin im ersten Kapitel.
123 Für einen Überblick vgl. Greenwood et al. 2008.

„weltkulturelle" Vorstellungen verstanden werden und zum anderen unter Berücksichtigung der Aspekte ihrer Entscheidungsfindung und, damit verbunden, ihres *nach Präferenzen und Angemessenheitskriterien abgewogenen* Handelns.[124]

Internationale Organisationen als Global Players

Dass die Globalisierungsforschung innerhalb der Vergleichenden Erziehungswissenschaft in erster Linie von (sub)nationalen Kontexten handelt, entspricht der generellen Ausrichtung der Teildisziplin. Weil die bei Untersuchungen im Fokus stehenden Kontexte meistens als „lokale" definiert werden, wohingegen der „globale" Kontext (in der Regel als Meta-Ebene verstanden)[125] häufig relativ in den Hintergrund des Erkenntnisinteresses rückt, sind selbst jene Forschungen, die direkt bei oder sogar innerhalb von Internationalen Organisationen ansetzen, meistens ebenso an Fragestellungen orientiert, die thematisch an nationale Kontexte rückgebunden sind.[126] Deshalb wird „Globalisierung" in der Regel sogar in solchen Arbeiten, die bei Prozessen auf der „globalen Ebene" ansetzen, in Rückbezug auf (sub)nationale und als „lokal" definierte Kontexte untersucht.[127] Somit trifft für die Globalisierungsforschung innerhalb der Vergleichenden Erziehungswissenschaft tendenziell jener Leitsatz von Susan Robertson zu, wonach: „For us […] ‚globalisation' is a project that helps us to see and interpret local education policy in its larger context" (Robertson 2012).[128] Gita Steiner-Khamsi führt entsprechend aus, dass „global [out there] and local [in here]" sei (2012, S. 469).[129]

Mit der Fokussierung auf Nationalstaaten und auf subnationaler Ebene lokalisierte Kontexte korrespondiert – auf beiden Seiten der oben skizzierten Theoriedebatte – eine Blickrichtung, derzufolge Internationale Organisationen

---

124 In diesem Zusammenhang vgl. in erster Linie die Ausführungen in der organisationstheoretischen Literatur zum Thema „embedded agency", u.a. in Battilana & D'Aunno 2009; Seo & Creed 2002, sowie zu Entscheidungen und Handlungen von organisationalen Akteuren im Kontext von multiplen, zueinander im Widerspruch stehenden „institutionellen Logiken", vgl. Thornton et al. 2012; Nigam & Ocasio 2010; Thornton & Ocasio 2008; Thornton 2004; Friedland 20013; Greenwood & Langley 2014.
125 Vgl. z.B. Powell & Solga 2010; Crossley 1999.
126 Vgl. u.a. Beech 2011; Jakobi & Martens 2007; Verger 2009.
127 Vgl. z.B. Mundy 1999; Resnik 1996; Kallo 1999.
128 Zitiert in Steiner-Khamsi 2012, S. 468. Vgl. auch Dale 1999.
129 Bezeichnend ist in diesem Zusammenhang z.B. der Titel und die Kurzbeschreibung zu einem Webinar, das im Januar 2013 von der *Loyola University* veranstaltet wurde: „How to locate the global in educational research".

„globale" beziehungsweise auf globaler Ebene agierende Akteure seien, deren Rolle in Globalisierungsprozessen vor allem darin gesehen wird, dass sie normbesetzte Leitideen, „Mythen" und Strukturmodelle konstruieren und, aus der Perspektive von Nationalstaaten beurteilt, *aus der Ferne* Bildungsprogrammatiken verbreiten.[130] Wenn die Rolle von Internationalen Organisationen in Globalisierungsprozessen analysiert wird, so in der Regel vom Standpunkt jeweiliger Nationalstaaten beurteilt. Aus dieser Perspektive werden Internationale Organisationen als „Global Players" (Fuchs & Schriewer 2007) angesehen, denen vor allem durch Prozesse des *Agenda Setting* Bedeutung zukommt[131] und deren Vorgaben auf nationaler Ebene Reformmaßnahmen zur Folge haben.[132]

Entsprechend werden Weltkonferenzen, die federführend von Internationalen Organisationen veranstaltet werden, in erster Linie in Hinblick auf ihre Auswirkungen auf nationale Kontexte analysiert – häufig in Verbindung mit dem Schluss, die Internationalen Organisationen würden aus den von ihnen einberufenen Weltkonferenzen als *Profiteure* hervorgehen. So demonstriert z. B. die Analyse von Colette Chabbott zur „Education for All"-Agenda, hier unter Verweis auf die Auswirkungen von Weltkonferenzen auf die Rolle Internationaler Organisationen bei der Entwicklung (im weitesten Sinne des Wortes „Development") in unterschiedlichen Staaten,

> [...] how world conferences became a standard way of organizing the work of promoting a common world educational framework and [...] how these conferences help international development organizations gain a degree of independence from developed nation-states and a degree of influence over developing nation-states. (Chabbott 1998, S. 210 f.).

Die „Reise" von Modellen und Konzepten pädagogischen Wissens, etwa von einer Weltkonferenz zu den Mitgliedsstaaten der jeweiligen Veranstalter, wird in der Regel als *Diffusion* von der globalen Ebene zu lokalen Kontexten konzeptionalisiert, wobei häufig davon ausgegangen wird, dass die Triebkraft für die Beförderung jeweiliger Wissenbestände von Internationalen Organisationen ausgeht.[133]

---

130 Hierzu vgl. Meyer & Rowan 1977, S. 343; Fuchs & Schriewer 2007.
131 Vgl. u. a. Jakobi 2007; Kallo 2006, S. 264; Dale 1999.
132 Vgl. Fuchs & Schriewer 2007, S. 145; sowie u. a. Beech 2011; Takayama 2012; Verger 2009; Verger et al. 2012.
133 Vgl. z. B. Klees et al. 2012 (darin insbesondere den Artikel von Gita Steiner-Khamsi); sowie Grek 2010.

Dass Internationale Organisationen in der Vergleichenden Erziehungswissenschaft in der Regel als „Global Players" untersucht werden, erschwert beträchtlich die teildisziplinäre Kontextualisierung einer Arbeit wie der vorliegenden, die Internationale Organisationen in ihrer *embedded agency* und, unter Berücksichtigung ihrer internen Differenzierung, mikroanalytisch untersucht. Die vorgestellten Sichtweisen und konzeptionellen Schwerpunktsetzungen in der Literatur bringen in Form entsprechender Fokussierungen und Erkenntnisinteressen als Tendenz mit sich, dass Internationale Organisationen in der Regel nicht in ihrer *Einbettung in institutionelle Umwelten* – noch weniger in einander widersprechende institutionelle Anforderungen, analysiert etwa als „competing scripts" (Thelen 1999, S. 384) oder, wie in diesem Buch, als „competing institutional logics" – und auch nicht unter systematischer Heranziehung „prozessproduzierter Daten" (Mayntz 2005, S. 8) untersucht werden.[134] Dass sich Arbeiten in der Vergleichenden Erziehungswissenschaft meistens auf (sub) nationale Kontexte beziehen, führt also häufig dazu, dass Internationale Organisationen, indem sie dem weiteren Kontext ausgewählter geographischer Räume – bzw., mit den Worten des U.S.-amerikanischen Soziologen Neil Brenner und seiner Kollegen ausgedrückt, dem „context of contexts" (Brenner et al. 2010, S. 174)[135] – zugeordnet werden, nicht mikroanalytisch untersucht werden bzw. nicht im Fokus des eigentlichen Erkenntnisinteresses stehen. Kurz: Sie gelten als „assumed but not explored" (Bidwell 1965, S. 1021). Was die Rolle von Internationalen Organisationen bei der Entwicklung pädagogischer Ideen und in Prozessen der Transformation dieser Ideen anbetrifft, hat der Fokus auf (sub)nationale Kontexte in der Vergleichenden Erziehungswissenschaft somit zwangsläufig Generalisierungen von Phänomenen zur Folge, die als „globale Prozesse" in den Hintergrund des Erkenntnisinteresses rücken, sich aber bei genauerer Analyse als weitaus differenzierter herausstellen als „aus der Ferne" angenommen.

Mit dieser auf Nationalstaaten und Akteure auf subnationaler Ebene als „lokalen Kontext" fokussierten Analyseperspektive und einer insofern geographischen Sicht auf das „Globale" – verstanden „in the sense of what comes from elsewhere" (Anderson-Levitt 2012) – geht die Tendenz einher, dass das analytisch auf Basis geographisch-räumlicher Grundannahmen eingeordnete Globale und das Lokale oftmals als „komplett unterschiedliche Phänomenfelder" (Schwinn 2012) verstanden werden, wobei, wenn das Lokale beleuchtet wird, das Globale in der Regel außerhalb des Blickwinkels eines jeweiligen Forschungsprogramms

---

134 Vgl. Mayntz 2005, wo in diesem Zusammenhang auf den Begriff der „schriftlichen Spuren" verwiesen wird.
135 Vgl. hierzu auch Verger et al. 2012.

rückt.[136] Entsprechend wird in Analysen häufig die *interne Differenzierung* Internationaler Organisationen und somit die sich in ihnen abspielende konkrete Aushandlung pädagogischer Ideen außer Acht gelassen, was mitunter zum Schluss führt, sie seien monolithische und intern homogene Akteure.[137]

Konzeptionell ordnet sich die vorliegende Studie in jene Reihe von Beiträgen ein, die sich im Rahmen der Globalisierungsforschung innerhalb der Vergleichenden Erziehungswissenschaft mit der von Jürgen Schriewer herausgearbeiteten Global/Local Problematique auseinandersetzen, derzufolge es konzeptionell bisher keine adäquate Klärung des Verhältnisses zwischen „world-level forces" (vgl. z. B. Kamens et al. 1996, S. 120) und „local agency" (vgl. z. B. Silova 2004) gebe. Inspiriert durch Untersuchungen aus diesem teildisziplinären Kontext, verbindet sich mit der vorliegenden Studie der Anspruch, das schwer konzeptionalisierbare analyseebenen-übergreifende Wechselspiel zwischen der *institutionellen Einbettung* von Akteuren und ihrer „agency" zu bearbeiten. So impliziert die Global/Local Problematique die Frage, wie sich im Lichte des Neo-Institutionalismus erklären lässt, dass neue Institutionen entstehen und bereits bestehende transformiert oder abgeschafft werden, wo doch der Sicht der „Weltkultur"-Theorie auf Akteure zufolge diese in ihrer institutionellen Einbettung als „scripted" angenommen werden und somit – gemäß der „Weltkultur"-Theorie – weitgehend in Konformität mit den sich ihnen darbietenden Institutionen handeln. In der vermeintlich paradoxen Gleichzeitigkeit der Gebundenheit von Organisationen an institutionelle Vorgaben („institutions as constraining") und ihrer Möglichkeit, aktiv an der Veränderung ihrer Umwelt und des in ihr kommunizierten Wissensbestandes mitzuwirken („institutions as enabling")[138] beziehungsweise Entwicklungen ggf. auch *gegen den Strom* voranzutreiben, verbirgt sich nicht erst auf der Handlungsebene und auf der Ebene des Wandels von organisationalen Strukturen und Routinen eine weitere, vielleicht analytisch noch schwerer greifbare Frage,

---

136 Mit „lokalem Kontext" ist in der Vergleichenden Erziehungswissenschaft in der Regel die subnationale, also regionale oder „kontextspezifische" Ebene gemeint. Die letztgenannte ist in der Regel geografisch definierbar, vgl. u. a. Schriewer 2012, S. 414. Als sehr aufschlussreich stellt sich in diesem Zusammenhang erneut der oben bereits angeführte Artikel von Kathryn Anderson-Levitt heraus, in dem die Autorin vorschlägt, „[…] to define the ‚local' as particular people who have the possibility of interacting regularly in particular places (including electronic sites)." (2012, S. 442).

137 Vgl. in diesem Zusammenhang den Abschnitt „The embedded character of actors" in Ramirez 2012, S. 4 ff.

138 Zu dieser Unterscheidung vgl. Giddens 1984; Schulte 2012.

*wie Akteure überhaupt darüber reflektieren können, auf ihre Umwelt entgegen
der institutionellen Vorgaben einwirken zu können, wenn diese „Devianz" in
den Erwartungen und Logiken, mit denen sie über ihre institutionelle Umwelt
konfrontiert sind, noch nicht angelegt ist.*[139]

Die Untersuchung basiert auf der Annahme, dass institutioneller Wandel sich
dann theoretisch adäquat fassen lässt, wenn Organisationen als in *widersprüchliche Anforderungen eingebettet* verstanden werden (hier analysiert als primäre
und sekundäre institutionelle Logik). Die Studie rekurriert auch auf die Frage
nach dem Verhältnis zwischen institutioneller Stabilität und institutionellem
Wandel, wonach neue Institutionen nur entstehen bzw. bereits bestehende nur
transformiert werden können, wenn dominierende „institutionelle Logiken"
zuvor in Frage gestellt und entsprechend untergraben wurden.[140] Aus der Warte
des Historischen Institutionalismus bietet sich folgende Umschreibung institutionellen Wandels an:

> [...] the way actors cultivate change from within the context of existing oppor-
> tunities and constraints – working around elements they cannot change while
> attempting to harness and utilize others in novel ways (Streeck & Thelen 2005,
> S. 19, unter Verweis auf den Artikel von Richard Deeg in demselben Band).

Alternative Sicht auf Internationale Organisationen –
das konzeptionelle Paradoxon der „embedded agency"

In der auf den vorigen Seiten erläuterten Theoriedebatte in der Globalisierungsforschung innerhalb der Vergleichenden Erziehungswissenschaft bleibt häufig
unberücksichtigt, dass es über den „Weltkultur"-Ansatz hinaus auch andere neo-
institutionalistische Theorien gibt, aus denen Mittel hervorgehen, die sich für die
Bewältigung der Global/Local Problematique anbieten.[141] Bisher wurde kaum in
Betracht gezogen, dass sich die in der Vergleichenden Erziehungswissenschaft
bereits etablierte „Weltkultur"-Theorie, je nach eingenommenem Fokus und
verfolgtem Erkenntnisinteresse, gut mit anderen neo-institutionalistischen Theorien kombinieren und in Richtung einer sowohl auf Makro-Strukturen und
„Weltkultur" als auch auf Mikro-Kontexte und „kulturelle Bedeutungswelten"
ausgerichteten Analyse sinnvoll erweitern lässt. So bieten andere Varianten des

---

139 Vgl. Seo & Creed 2002.
140 Vgl. u. a. Dacin et al. 2002, S. 45.
141 Vgl. hierzu z. B. Suárez & Bromley (forthcoming).

Neo-Institutionalismus (z. B. der Skandinavische oder der Historische bzw. politikwissenschaftliche Institutionalismus) und daran anschließbare theoretische Ansätze (z. B. die in dieser Arbeit herangezogenen Einsichten aus der „institutional logics"-Perspektive), zumal bei komplementärer Anwendung mit Grundideen aus dem „Weltkultur"-Ansatz, neue Möglichkeiten für die analytische Aufschlüsselung der komplexen Wechselverhältnisse zwischen der *Einbettung* von Akteuren in einen weiteren „weltkulturellen" Zusammenhang und ihrer „agency" in einem engeren, sie unmittelbar umgebenden Kontext.[142]

In der sozialwissenschaftlichen Literatur sind verschiedene Differenzierungen institutionalistischer Ansätze zu finden, so beispielsweise bei Hall & Taylor 1996.[143] Dort wird zwischen *Rational Choice Institutionalism, Historical (Comparative) Institutionalism* und *Organizational (Sociological) Institutionalism* unterschieden, wobei die vorliegende Studie der dritten Variante (unter Nutzung ausgewählter Elemente aus der zweiten Variante) zuzuordnen wäre. Diese drei „basic schools of thought" (Greenwood et al. 2008, S. 1) bauen auf unterschiedlichen theoretischen Grundannahmen auf. Während z. B. der *Rational Choice Institutionalism* Eigeninteressen von Akteuren, etwa unter Berücksichtigung von Anreizen und Wahlmöglichkeiten, als Schlüssel für bestimmtes Verhalten ansieht, betont der *Historical Institutionalism* die Wichtigkeit von staatlichen Strukturen und zielt auf die Frage, wie diese die Interessen von Akteuren formen und sich auf Entscheidungsfindungsprozesse auswirken. Der in der vorliegenden Arbeit genutzte Ansatz des *Organizational Institutionalism* rekurriert hingegen auf das Paradoxon der „embedded agency", geht also sowohl von der Gebundenheit von Akteuren an institutionelle Vorgaben als auch von ihren Möglichkeiten der Interpretation, Abwägung sowie von Interessengerichtetheit von Entscheidungen und Handlungen aus, wobei unterstrichen wird, dass Interessen von Akteuren als gesellschaftlich bzw. im weitesten Sinne kulturell konstruiert anzusehen sind.[144]

Die vorliegende Studie rekurriert in erster Linie auf organisationssoziologische Ansätze des Neo-Institutionalismus, deren Ursprünge in a) Forschungen zu Schulen; b) Forschungen zu Evaluationsprozessen in Organisationen; und c) Forschun-

---

142 In der Organisationsforschung wird zwischen nordamerikanischen und europäischen Institutionalismen unterschieden. So widmete sich z. B. beim Colloquium der EGOS (im Juli 2013 in Montréal) eine von fünf parallel stattfindenden sogenannten Subplenary Sessions der „Überbrückung" beider Theorietraditionen.
143 Vgl. z. B. auch Campbell 2004.
144 Vgl. kritisch hierzu Hacking 1999.

gen zu Organisationen im Gesundheitswesen zu finden sind.[145] Für die Plausibilisierung des empirischen Teils werden bei der Präsentation und Interpretation der Daten, komplementär zu zentralen Konzepten aus dem „Weltkultur"-Ansatz, Einsichten und Mittel besonders solcher neo-institutionalistischer Theorievarianten herangezogen, deren Fokus und Erkenntnisinteresse vor allem auf die sowohl wissens- als auch organisationssoziologische Analyse des sich wandelnden Verständnisses organisationaler Akteure von bestimmten Sachverhalten gerichtet sind. Es sind aus den genannten neo-institutionalistischen Theorietraditionen (Skandinavischer oder Historischer bzw. politikwissenschaftlicher Institutionalismus)[146] jeweils vor allem Arbeiten zu *institutionellem Wandel*, die sich im Zusammenhang mit der hier eingenommenen Untersuchungsperspektive und der vorgelegten Fragestellung als aufschlussreich herausstellen.[147] In ihnen nimmt die Analyse der „ideational aspects of institutions" (Suddaby 2010, S. 16) in der Regel einen hohen Stellenwert ein, wobei Institutionen verstanden werden als

> […] more-or-less taken-for-granted repetitive social behaviour that is underpinned by normative systems and cognitive understandings that give meaning to social exchange and thus enable self-reproducing social order. (Greenwood et al. 2008, S. 4 f.)

Es geht hier vor allem um einen mikroanalytischen, auf qualitativen Daten aufbauenden und auf die Untersuchung von Bedeutungen und ihren Wandel abzielenden Problemzugriff.[148]

Konzepte anderer Neo-Institutionalismen als dem „Weltkultur"-Ansatz (z. B. „Decision-making under Ambiguity" und „Logic of Appropriateness" aus der Skandinavischen Theorietradition) werden hier das erste Mal als solche auf

---

145 Vgl. hierzu Jepperson 2001, S. 6. Die drei gemeinhin für am wichtigsten befundenen frühen Texte der neo-institutionalistischen Organisationsforschung sind DiMaggio & Powell 1983; Meyer & Rowan 1977; Zucker 1977. Vgl. hierzu auch die entsprechenden Ausführungen in Fligstein & McAdam 2012, S. 211 f.

146 In der vorliegenden Untersuchung dienen Konzepte des Skandinavischen Institutionalismus (vor allem „Decision-making under Ambiguity" und „Logic of Appropriateness") in erster Linie als Werkzeuge für die Analyse der Daten im engeren Sinne, wohingegen Konzepte des „Historical Institutionalism" für die Interpretation und theoretische Einordnung der Befunde im weiteren Sinne hilfreich sind.

147 Vgl. u. a. Clemens 1999; 1993; Leblebici et al. 1991; Rao & Giorgi 2006; Seo & Creed 2002; Streeck & Thelen 2005; Wright & Zammuto 2013.

148 Vgl. hierzu u. a. das Konzept der „Inhabited Institutions", demzufolge Institutionen sich nicht – wie etwa im „Weltkultur"-Ansatz – erschöpfend als „macrocultural logics, representations and schemata" (Hallett & Ventresca 2006, S. 213) analysieren lassen, sondern nur unter Berücksichtigung der Mikroebene.

bildungssoziologische Sachverhalte im Kontext theoretischer Problemlagen in der Vergleichenden Erziehungswissenschaft angewandt. Mit ihnen lassen sich sowohl die Entwicklung und Transformation von Ideen (institutioneller Wandel im engeren Sinne) als auch Wandlungsprozesse auf der organisationalen und der Feld-Ebene (organisationaler Wandel) analysieren. In fruchtbarer Komplementarität zum neo-institutionalistischen „Weltkultur"-Ansatz sehen die hier als Hilfsmittel herangezogenen theoretischen Arbeiten Untersuchungen der *Wechselverhältnisse* von Institutionen auf der Makroebene und von Wissen auf der Mikroebene vor.[149] Diese setzen ihren Schwerpunkt auf Bedeutungsverschiebungen und -nuancen, Interpretationen von Wissensbeständen sowie auf die „Übersetzung" von Ideen und erfassen Auseinandersetzungen und Aushandlungen zwischen Akteuren konzeptionell mit.

Viele jener Aspekte, deren Nichtberücksichtigung die dem „Weltkultur"-Ansatz zugeschriebenen Arbeiten in der oben skizzierten Theoriedebatte in der Vergleichenden Erziehungswissenschaft bezichtigt werden, sind im Rahmen der neo-institutionalistischen Organisationsforschung bereits zu Beginn der 1990er Jahre aufgegriffen worden, nachdem auch im *Organizational Institutionalism* entsprechende Kritik an bestimmten Arbeiten lautgeworden war.[150] Im Gegensatz zu den neueren Debatten in der Bildungsforschung kam die Kritik im Fall der Organisationsforschung nicht primär von außerhalb des Zusammenhangs neo-institutionalistischer Forschung, sondern entwickelte sich aus dem theoretischen Ansatz selbst, weshalb die daraus hervorgegangenen alternativen Sichtweisen nicht selten Revisionen der *eigenen* Annahmen waren und nicht Gegenentwürfe, die aus anderen Theorietraditionen hervorgingen.[151]

Im Anschluss an jüngste Untersuchungen in der Globalisierungsforschung, in denen den Fragen nachgegangen wird, wie lokale Akteure und ihre Interessen und Zielsetzungen mit Ideen verknüpft sind, die auf globaler Ebene auf Reisen waren und welche Umwandlungsprozesse diese Ideen durchlaufen, wenn sie auf lokaler Ebene kommuniziert werden, wird im empirischen Teil der vorliegenden Arbeit am Fall von Inclusive Education untersucht, wie Ideen auf der Ebene Internatio-

---

149 Die bei der Datenanalyse herangezogenen Arbeiten befassen sich zwar allesamt mit institutionellen Wandlungsprozessen, aber mit unterschiedlichen Themen sowie teildisziplinären Zugängen, vgl. z. B. die behandelten Fälle bei Wright & Zammuto 2013; Rao et al. 2000; Zilber 2002.
150 Vgl. u. a. DiMaggio 1988; DiMaggio & Powell 1991; Oliver 1991.
151 Ein äquivalenter Diskurs, bei dem theoretische Erklärungsmodelle – ebenfalls aufgrund mangelndem Akteursbezug – grundlegend revidiert wurden, vollzog sich ab Mitte der 1980er Jahre im Kontext der deutschsprachigen Soziologie, vgl. in erster Linie Schimank 1985.

naler Organisationen in imaginierte Konzepte übersetzt werden, (a) *bevor* sie die nationalen Kontexte erreichen und (b) *nachdem* sie, durch nationale Ausprägungen bereichert, in Kommunikationen zwischen Internationalen Organisationen zurückgekehrt sind. In dieser Perspektive wird aufgeschlüsselt, wie die Idee für Inclusive Education beständig in ihrem Bedeutungsumfang und hinsichtlich ihrer Grenzen ausgehandelt, aber eben auch immer wieder neu bestimmt wird. In dieser Arbeit wird also eine *intern-differenzierende* Sicht auf Internationale Organisationen eingenommen, die sich nicht auf Phänomene auf nationalstaatlicher Ebene konzentriert, sondern in erster Linie berücksichtigt, dass Internationale Organisationen an bestimmte Reglements und Rollenzuschreibungen aus ihrem „organisationalen Feld" und an kulturelle Vorgaben aus ihrer „institutionellen Umwelt" gebunden sind und insofern, obgleich sie gemeinhin nicht als „lokale" Akteure gelten, konzeptionell ebenso als „scripted" angenommen werden müssten.[152] Die vorliegende Arbeit baut mit anderen Worten auf der Grundannahme auf, dass der vermeintlich unitarische Charakter Internationaler Organisationen als fragmentiert angenommen werden muss. Insofern wird davon ausgegangen, dass jene Wissensbestände, die von Beobachtungsstandpunkten in nationalstaatlichen Kontexten als „von weit her kommend" wahrgenommen (aber für gewöhnlich nicht am Ort ihres Entstehens bzw. ihrer Aushandlung analysiert) werden, in der Regel bereits vielfach gebrochene Bedeutungen mit sich bringen, wenn sie „theoretisiert" in Nationalstaaten ankommen.

In Bezug auf das in der vorliegenden Arbeit behandelte Thema ist an dieser Stelle der Hinweis wichtig, dass es dieser Sichtweise auf Internationale Organisationen zufolge nicht die UNESCO selbst ist, die *diktiert*, es müsse Inclusive Education als „neues Denken" in der Special Needs Education veranlasst werden, sondern dass die UNESCO hier – ganz im Sinne der oben angeführten „[International] Organizations in an Institutional Environments"-Perspektive (Jepperson 2001, S. 11ff.) – in erster Linie als *mit Erwartungen konfrontiert* eingeschätzt werden muss. Entgegen der in der Literatur gängigen Sichtweise auf Internationale Organisationen, wonach deren Rolle bei der Entwicklung pädagogischer Modelle, Konzepte und Ideen in erster Linie darin besteht, diese zu initiieren und zu verbreiten, hat die UNESCO zwar das *Salamanca Statement* und das *Framework for Action* autorisiert und publiziert (zitiert werden die Dokumente als „UNESCO 1994"), ist gleichwohl aber *Hauptadressatin* dieser Dokumente. So geht die *Autorenschaft* auf sämtliche bei der Weltkonferenz in Salamanca teilnehmenden Akteure (UNESCO eingeschlossen) zurück, bei den

---

152 Vgl. in diesem Zusammenhang das theoretische Konzept der „bounded intentionality" bei Thornton et al. 2012, S. 78–83.

Schlüsseldokumenten handelt es sich mit anderen Worten um Kompromisse verschiedener Positionen.[153]

Neues Raumverständnis: der Macro/Micro Nexus

Untersuchungen aus der Globalisierungsforschung in der Vergleichenden Erziehungswissenschaft nehmen sich der konzeptionell schwer gelingenden Verknüpfung von „scriptedness" und „agency" in der Regel durch die Unterscheidung von „globalen" und „lokalen" Kontexten, also mit Hilfe von geographischen Grenzziehungen und mit Fokus auf Nationalstaaten an (vgl. u.a. Schriewer 2012, S. 414). Diese Tendenz einer analytischen Unterscheidung von räumlich-geographischen Ebenen begründet sich in der Tradition der Teildisziplin, international-vergleichende Forschungen zu umfassen. Auch bestimmte Forschungsstränge der Organization Studies, insbesondere des *Organizational Institutionalism*, beziehen sich auf eine grundsätzlich ähnliche, ebenfalls bei Interrelationen zwischen Analyseebenen ansetzende Problemlage. Dieser zufolge ist konzeptionell zu klären, wie sich die Strukturen, das Handeln sowie die Entscheidungsfindung von Akteuren auf der *Mikroebene* unter Berücksichtigung sowohl ihrer Einbettung in eine als *Makroebene* analysierte, im weitesten Sinne durch Institutionen bestimmte gesellschaftliche Umwelt als auch der jeweils kontextspezifischen, sie unmittelbar umgebenden institutionellen Bedingungen (*Mesoebene*) konzeptionell erfassen lassen.[154]

Ungeachtet der Frage, ob eine „interaktive Mikro-Situation" oder globale Prozesse im Fokus einer Analyse stünden, so schreibt Thomas Schwinn:

> [...] in both cases one is confronted with the question of what constitutes an adequate analytical unit and how it is interconnected with its surrounding contexts (2012, S. 526 ff.).

Schwinn führt weiterhin aus,

---

153 Vgl. hierzu Dyson 1999.

154 Vgl. die Ebenen, die Francisco O. Ramirez unterscheidet: „(macro or societal, meso or organizational, and micro or individual levels)", Ramirez 2012, S. 425. Vgl. hierzu auch jene typischerweise in der Organisationsforschung vorgenommenen Unterscheidungen, wonach „micro" in der Regel organisationale und individuelle Ebenen umfasst und „macro" gemeinhin die gesellschaftliche und die Feld-Ebenen meint.

„[that] the adequate level or unit of analyses cannot be theoretically or methodologically predetermined, but […] is dependent on the central research problem" (ebd.).

Für die in der vorliegenden Arbeit behandelten Fragen, warum, wie und wann es bei der Entwicklung der Idee für Inclusive Education zum Wandel der Bedeutungen und Lesarten dieses Konzepts kam und welche Rolle die UNESCO dabei spielte, wird eine Analyseperspektive eingenommen, die den Global/Local Nexus zwangsläufig *ad absurdum* führt: Das zur Analyse stehende Phänomen der Einbettung von Akteuren stellt sich hier ja in Bezug auf eine Organisationseinheit der UNESCO und somit auf einen in der Vergleichenden Erziehungswissenschaft typischerweise als „global" eingeordneten Akteur dar – es wäre also unsinnig bzw. verwirrend, die untersuchte Organisationseinheit als „lokalen" Kontext zu definieren, bloß weil er im Fokus der Analyse steht und die Untersuchung in einer Teildiszplin durchgeführt wurde, in der für gewöhnlich (sub-) nationale Kontexte fokussiert und als „lokale" definiert werden.

Vor diesem Hintergrund wird plausibel, warum die vorliegende Studie an einer – mit der von Jürgen Schriewer ausformulierten „Global/Local Problematique" (Schriewer 2012, S. 414) eng verwandten – theoretisch-konzeptionellen Problemstellung in der neo-institutionalistischen Organisationsforschung ausgerichtet wurde, die sich als „Macro/Micro Problematique" bezeichnen lässt. Sowohl jene Problematique als auch der in der vorliegenden Arbeit heuristisch als Leitdifferenz eingeführte Macro/Micro Nexus setzen bei der bisher schwer gelingenden konzeptionellen Verknüpfung des Zusammenhangs zwischen Institutionen (auf der Makro- bzw. globalen Ebene) und Wissen (auf der Mikro- bzw. lokalen Ebene) an.[155] Um diesen Macro/Micro Nexus – nämlich das Verhalten innerhalb der Organisation und ihrer Einheiten und ihre Interaktionen mit externen Organisationsumwelten einerseits und das Verhalten der Organisation als von außen wahrgenommene international agierende Einheit mit einer gewichtigen symbolischen Autorität andererseits – empirisch fassen zu können, wird im Folgenden ein eigenständiger und innovativer Zugang entwickelt, der sich methodisch durch ein qualitativ-hermeneutisches Vorgehen auszeichnet, das im dritten Kapitel ausführlich methodologisch begründet wird.

Wie auch die globale und lokale Ebene analytisch trennbar sind, jedoch in der Realität historisch-sozialer Interaktionsprozesse häufig und mit wechselnden Gewichtungen ineinandergreifen,[156] verhält es sich mit der Makro- und der

---

155 Vgl. z. B. Zilber et al. 2013.
156 Vgl. hierzu Fuchs & Schriewer 2007, S. 146.

Mikro-Ebene. Allerdings unterscheidet sich der Macro/Micro Nexus in einem wichtigen Punkt vom Global/Local Nexus: Er basiert nicht auf einer geographischen Unterscheidung, die – unabhängig von einer jeweiligen Fragestellung – vom *Standort oder der Lage des untersuchten Akteurs* abhängt, sondern auf einer Unterscheidung von Analyseebenen, die an die jeweilige *Fragestellung und an den Analysestandpunkt bzw. die Perspektive der Forscherin oder des Forschers* gebunden ist.[157] Demnach bezeichnet die Mikro-Ebene jenen Kontext, der im Fokus einer jeweiligen Untersuchung steht. Während beispielsweise eine Internationale Organisation in einer Arbeit, die sich mit der Rekontextualisierung eines pädagogischen Modells in ausgewählten Ländern befasst,[158] auf der Makro-Ebene untersucht wird, sind es in der vorliegenden Untersuchung also die Mitgliedsländer der UNESCO, die auf dieser Ebene in Betracht gezogen werden, wohingegen die UNESCO – insbesondere ihre Organisationseinheit für Special Needs Education – als auf der Mikro-Ebene lokalisiert angenommen wird. Einem insofern alternativen Raumverständnis zufolge wird die bei der Analyse fokussierte Organisationseinheit der UNESCO also – unabhängig von ihrer geographischen Position – in ihrer *doppelten Einbettung* in einen Makro-Kontext analysiert: zum einen in ein „organisationales Feld" und zum anderen in eine „institutionelle Umwelt".[159] Entsprechend stellen die bei der Analyse fokussierte Organisationseinheit und das Kommunikationsgeflecht, in das sie bei der Entwicklung von Inclusive Education eingebunden ist, den fokussierten Mikrokontext der Untersuchung dar – ungeachtet der Tatsache, dass dieser in der Regel als „globale Ebene" angenommen wird.[160] Der Ersatz des Global/Local

---

157 In diesem Sinne führt Schwinn aus: „[…] it is the choice of the analytical […] perspective that determines which phenomena are arranged into more abstract types or levels and how they are related to each other" (2012, S. 527). Vgl. hierzu auch die Ausführungen zur (ebenfalls nicht geographisch verstandenen) Position von Akteuren in ihrem organisationalen Feld im dritten Kapitel, wo eine theoriegeleitete und kriteriengestützte Einschätzung der jeweiligen Feldposition einzelner Akteure und ihres Wandels erfolgt.

158 Vgl. z. B. Beech 2011.

159 An dieser Stelle ist wichtig festzuhalten, dass die oben eingeführte Makro/Mikro Problematique hier mit Hilfe von neo-institutionalistischen Konzepten bearbeitet wird, die ebenfalls auf einer nicht-geografisch definierten Raumkonzeption basieren. Räumlichkeit spielt z. B. beim Konzept des „organisationalen Feldes" insofern eine Rolle als sich anbietet, zwischen „center", „periphery" und „inbetween" zu unterscheiden, vgl. hierzu z. B. Wright & Zammuto 2013.

160 Dies bedeutet nicht, dass die Arbeit nicht dem Corpus der historischen Globalisierungsforschung zugerechnet werden sollte, zumal die forschungsstrategische Entscheidung, die bei der Analyse fokussierte UNESCO-Einheit als Mikrokontext zu analysieren, nicht ausschließt, die UNESCO als „globalen" Akteur zu verstehen.

Nexus durch den Macro/Micro Nexus eröffnet somit die Möglichkeit, für die innerhalb einer Internationalen Organisation ansetzende Studie dieselbe Analyseschärfe zu wählen wie etwa für die Analyse einer Organisation, die gemeinhin als „lokaler Akteur" bezeichnet wird, z. B. eine Schule.[161]

Während die Referenzliteratur aus der Globalisierungsforschung innerhalb der Vergleichenden Erziehungswissenschaft aktuell verschiedene Möglichkeiten zur Bewältigung der Global/Local Problematik mit Fokus auf Nationalstaaten (und in der Regel nicht unter Umgehung, sondern vielmehr unter Beibehaltung des Global/Local Nexus) diskutiert, spiegelt die vorliegende Untersuchung den Versuch wider, diesen Nexus insofern zu re-konzeptualisieren, als er hier – in Anlehnung an einschlägige Forschungsliteratur aus der neo-institutionalistischen Organisationsforschung – von der Unterscheidung der räumlich-geographischen Ebenen Global/Lokal in eine Unterscheidung der Analyse-Ebenen Makro/Mikro überführt wird. Diese insofern neue Unterscheidung hat für den Verlauf dieser Arbeit den Vorteil, dass der Fokus bei der Analyse auf Prozesse interorganisationaler Kommunikation gerichtet werden kann, ohne dass dem für das Erkenntnisinteresse relativ unerheblichen Aspekt der Standorte der beteiligten Akteure und ihrer – im geografischen Sinne verstandenen – „lokalen" gesellschaftlichen Umwelt Gewicht beigemessen werden muss.[162]

---

161 Den bei der Untersuchung im Fokus stehenden Kontext – dem Standort der UNESCO entsprechend – als „globalen" zu bezeichnen, würde Schwierigkeiten bei der Konzeptionalisierung seiner Einbettung mit sich bringen. Ihn als „lokalen" zu bezeichnen, wäre irreführend.

162 Arbeiten in den Organization Studies, in denen (*geographisch* gesehen) dem „lokalen" Umfeld Internationaler Organisationen vergleichsweise große Bedeutung beigemessen wird, sind vor allem im Kontext von Forschungen zu „Multinational Corporations" (MNCs) zu finden, vgl. u. a. Kostova et al. 2009. Diese Literatur ist für die vorliegende Arbeit insofern aufschlussreich, als auch sie solche Organisationen im Lichte neo-institutionalistischer Theorien untersucht, die mit multiplen, mitunter widersprüchlichen institutionellen Anforderungen konfrontiert sind und dabei der wichtigen Frage nachgeht, inwieweit zentrale Konzepte (wie z. B. „loose coupling") bei der Analyse von entsprechend „komplexen" Organisationen revidiert werden müssten, zumal man es bei der Analyse von MNCs (wie auch bei der UNESCO) mit mehreren Ebenen der institutionellen Einbettung – wenn nicht sogar mit der Einbettung singulärer Organisationen in multiple Umwelten – zu tun hat. Hierzu auch Kostova et al. 2008: „MNCs enjoy a rich institutional landscape, being exposed to a multitude of diverse practices and patterns of activity. This allows them the discretion to choose patterns that they think fit them best" (ebd., S. 999). Hier wird deutlich, dass je komplexer eine Organisation ist, desto mehr von der Idee abgesehen werden müsste, dass es sich bei Organisationshandlungen entweder um „isomorphism" oder um „loose coupling" handelt. Wenn wir, wie in der Vergleichenden Erziehungswissenschaft üblich, den Standpunkt als Außenste-

Im nächsten Abschnitt erfolgt die Einführung jener neo-institutionalistischen Grundannahmen und Konzepte, die für das Verständnis der im empirischen Teil der vorliegenden Studie dargestellten Analyse zu kennen erforderlich sind. Es handelt sich dabei sowohl um Konzepte, die auch in der „Weltkultur"-Theorie angewandt werden (z. B. „organizational field") als auch um Theoriemittel, die vor allem in der Organisationsforschung (bisher aber nicht in den Erziehungswissenschaften) herangezogen werden (z. B. „Decision-making under Ambiguity" und „Logic of Appropriateness"). Im Rahmen der Präsentation der für die Studie wichtigsten Konzepte wird die Theoriefigur der „institutional logics" – obwohl diese als Komponenten von „institutionellen Umwelten" („institutional environments") verstanden werden – nicht in die Reihe der wichtigsten neo-institutionalistischen Konzepte, sondern in einem gesonderten Teil eingeführt,[163] denn neuere Publikationen gehen bei der „Institutional Logic Perspective" (Thornton et al. 2012) von einem distinkten und insofern theoretisch außerhalb des Neo-Institutionalismus einzuordnenden Theorieentwurf aus, der komplementär anzuwenden sei.[164]

Skandinavischer Institutionalismus

Beim Skandinavischen Institutionalismus handelt es sich um eine Theorievariante des Neo-Institutionalismus in der Organisationsforschung, mit der Mikro-Kontexte – in der Regel im Rahmen prozessorientierter Fallstudien – unter besonderer Berücksichtigung der Aspekte der Entscheidungsfindung und, damit verbunden, von entsprechend abgewogenem Handeln organisationaler Akteure untersucht werden können. Dieser Ansatz eignet sich zum einen als Mittel, den nach geographischen Gesichtspunkten begründeten Global/Local Nexus zu um-

hende einnehmen und aus dieser Perspektive beurteilen, ob eine jeweilige Organisation einer bestimmten sich institutionell darbietenden Anforderung entspricht oder nicht, kann die Entscheidung nicht so einfach (entweder/oder) getroffen werden. So könnte z. B., wenn theoretisch von einer Einbettung der UNESCO in multiple institutionelle Umwelten ausgegangen wird, „loose coupling" ein Organisationshandeln zur Folge haben, das einer Anforderung auf einer anderen Ebene entspricht. Was somit auf einer Ebene als Zuwiderhandlung institutioneller Vorgaben interpretiert werden könnte, würde auf einer anderen Ebene als Entsprechung von institutionellen Vorgaben zu verstehen sein.

163 Vgl. hierzu u. a. Scott et al. 2000, S. 171.
164 In diesem Sinne wird ausgeführt, diese theoretische Perspektive „*distinguishes* [...] from neo-institutional theory [and] builds on, yet departs from neo-institutional theory" (Thornton et al. 2012, S. 1, Hervorhebung: FK).

gehen. Zum anderen dient er dazu, den „Weltkultur"-Ansatz um die Möglichkeit kontextspezifischer, auf konkrete Fälle bezogener Analysen zu erweitern. Die Arbeiten aus dem Skandinavischen Institutionalismus basieren, wie auch jene der ersten Generation der „Weltkultur"-Theorie, auf der phänomenologischen Wissenssoziologie von Peter L. Berger und Thomas Luckmann, sowie auf den Arbeiten von Alfred Schütz.[165] Auf der Analyseebene der „institutionellen Umwelten" legen sie ihren Schwerpunkt auf die Fragen, wie Wissen sich entwickelt, übertragen wird und sich in gesellschaftlichen Situationen verfestigt (vgl. hierzu Berger & Luckmann 1966). Auf zentralen Annahmen der Wissenssoziologie bauen besonders jene Aspekte des Skandinavischen Institutionalismus auf, die in der anglo-amerikanischen Fachliteratur als „ideational" bezeichnet werden.[166]

Der Skandinavische Institutionalismus wurde in erster Linie von Arbeiten der Organisationstheoretiker Johan Olsen und Nils Brunsson[167] sowie vom Stanford-Professor James March abgeleitet,[168] und er entwickelte sich vor allem auf der Basis von theoretischen Schriften, die diese Theoretiker gemeinsam verfassten.[169] Einen Schwerpunkt dieser Studien bilden die beiden Fragen, wie Organisationen in solchen Situationen, in denen sie – vermittelt über ihre „institutionellen Umwelten" – mit mehrdeutigen Logiken konfrontiert sind, zum einen Entscheidungen treffen[170] – und zum anderen wie sie Handlungen nach Angemessenheitskriterien entsprechend der jeweiligen eigene Rolle und Situation ausrichten.[171]

---

165 Vgl. hierzu R. Meyer 2008; 2006.
166 Zur Unterscheidung der „structural" und der „ideational components of institutional theory" vgl. Suddaby et al. 2010, S. 1236. In diesem Zusammenhang ist die Quelle Mohr 2005 aufschlussreich, in der der Hinweis erfolgt, institutionalistische Theorien hätten sich in zwei Richtungen entwickelt: erstens zu Analysen von Netzwerken und Interaktionen zwischen organisationalen Akteuren und zweitens zu auf Bedeutungen bezogenen Analysen, vgl. hierzu auch Greenwood et al. 2008, S. 34. Zur Möglichkeit, diese Richtungen methodisch unter einen Hut zu bringen, vgl. insbesondere Hollstein 2006, S. 12 f.
167 Zum einen vgl. z. B. Olsen 1992, zum anderen Brunsson 1989. Die Arbeiten von Nils Brunsson spielen im empirischen Teil der vorliegenden Arbeit eine hervorgehobene Rolle, denn hier wird die Analyse nach Kriterien strukturiert, die in dem von Brunsson entwickelten Verhältnis von „Talk", „Decisions" und „Actions" zugrundegelegt sind (ebd.).
168 Vgl. March 1978; 1981; 1994.
169 Vgl. u. a. March & Olsen 1984; 1998; Brunsson & Olsen 1998.
170 Vgl. in erster Linie March & Olsen 1976. Vgl. auch den Abschnitt zu „Decision making under ambiguity".
171 Vgl. in erster Linie March & Olsen 2004. Vgl. auch den Abschnitt zur „Logic of appropriateness".

Bei der Heranziehung von theoretischen Einsichten aus dem Skandinavischen Institutionalismus geht es in der vorliegenden Arbeit nicht primär um die Nutzung des Konzeptes „translation", das gemeinhin in erster Linie mit dieser Theorie assoziiert wird. Vielmehr sind es z. B. die *Grundannahme der Uneindeutigkeit „institutioneller Logiken"* sowie die beiden zentralen konzeptionellen Annahmen *„decision-making under ambiguity"* und *„logic of appropriateness"*, die sich als theoretischer Hintergrund für die vorliegende Studie als besonders wertvoll erweisen. Die eigentlichen Stärken des Skandinavischen Institutionalismus werden mit anderen Worten darin gesehen, dass sich mit den hier zugrundegelegten Theoriemitteln sowohl „embeddedness" als auch „agency" *in ihrer zeitgleichen Erscheinung* erklären lassen und, zumal in Kombination mit der „institutional logics"-Perspektive und der im folgenden Abschnitt dargelegten theoretischen Grundannahme der Uneindeutigkeit und Widersprüchlichkeit „institutioneller Logiken": „contestation" sowie „institutional heterogeneity, and change" (Thornton et al. 2012, S. vi).[172] Besondere Aufmerksamkeit kommt dem vom schwedischen Organisationssoziologen Nils Brunsson entwickelten Verhältnis von „Talk", „Decisions" und „Actions" zu (Brunsson 1993; 1989). In Anlehnung hieran richtet sich der empirische Schwerpunkt der vorliegenden Untersuchung auf die Arbeit der Special Education Unit der UNESCO und somit auf jene Organisationseinheit, die für die Nachbereitung der Weltkonferenz in Salamanca offiziell die Hauptverantwortung trug.

Grundannahme der Uneindeutigkeit und Widersprüchlichkeit institutioneller Vorgaben

Neo-institutionalistisch beurteilt, wird an dem in der vorliegenden Studie behandelten Fall deutlich erkennbar, dass die UNESCO auf der einen Seite ein von ihr erwartetes „neues Denken" in der Special Needs Education zu begründen beginnt (zumal hiermit erwartungsgemäß der Zugewinn an Legitimität verbunden ist), sich auf der anderen Seite aber ihre „institutionelle Umwelt" als uneindeutig darstellt und es somit – im Sinne der oben eingeführten Unterscheidung von Nils Brunsson – zu Diskrepanzen zwischen den Ebenen des „Policy Talk", der Entscheidungen und Handlungen der UNESCO kommt.

Eine zentrale Grundannahme aus dem Skandinavischen Institutionalismus und von hieran anschließenden Arbeiten besteht darin, dass Organisationen ihre Legitimität durch die Koordination *inkonsistenter Anforderungen* sichern

---

172 Vgl. hierzu auch den Band von Katzenstein et al. 1999.

müssen. In diesem Punkt ist der Schlüssel für die Analyse von Wandlungsprozessen sowohl auf institutioneller als auch organisationaler Ebene zu sehen. Denn zunächst sind, wie Jürgen Schriewer ausführt,

> actors [...] confronted with, and have to overcome, a multitude of ‚myths‘, accounts, and narratives; of collective memories, social meanings, and group-specific symbolic structures, as well as of attendant role expectations and action patterns at the same time. (2012, S. 420)

Im empirischen Teil der vorliegenden Untersuchung wird darüber hinaus am Fall der UNESCO aufgezeigt, wie sie im Zuge der Nachbereitung der Weltkonferenz von 1994 in Salamanca über ihre „institutionelle Umwelt“ mit *widersprüchlichen* institutionellen Vorgaben konfrontiert ist und mit anderen Akteuren (sowohl aus ihrem „organisationalen Feld“ als auch aus der Peripherie) in Auseinandersetzung über verschiedene Begriffsverwendungen, Bedeutungszuweisungen und Lesarten zu Inclusive Education und Special Needs Education tritt. Hier wird deutlich, dass nicht die *Vielzahl* („multitude“) der institutionellen Vorgaben die Organisation herausfordert, sondern vielmehr deren *Ambiguität*. Schriewer (ebd.) hat in diesem theoretischen Zusammenhang den Begriff der „meaning constellations“ aus der Soziologie aufgegriffen,[173] „shaped by context and history“, den Aspekt der Ambiguität institutioneller Vorgaben jedoch nicht explizit ausgeführt. Hierzu Jörg Broschek (2014, S. 1):

> Because institutional rules are often fraught with considerable ambiguity, such meaning constellations are crucial as they provide political agents with powerful resources to either challenge or stabilize an established political order.

Erst durch die Annahme der *Uneindeutigkeit von Anforderungen* lassen sich Prozesse des institutionellen und organisationalen Wandels mit neo-institutionalistischen Theoriemitteln adäquat konzeptionalisieren. In diesem Zusammenhang bieten Arbeiten aus dem Skandinavischen Institutionalismus Lösungsmöglichkeiten an, wie sich im Lichte neo-institutionalistischer Konzepte erklären lässt, dass Akteure aktiv daran beteiligt sind, wenn neue Institutionen entstehen und bereits bestehende in Aushandlungs- und Abstimmungsprozessen transformiert oder abgeschafft werden, wo sie doch – der „Weltkultur“-Theorie zufolge – weitgehend in Konformität mit den sich ihnen darbietenden Institutionen handeln müssten.

---

173 Vgl. u. a. Seidman 1985.

In diesem Sinne ist – und hierin liegen für die hier behandelte Fragestellung die Vorzüge des Skandinavischen Institutionalismus und der „institutional logics"-Perspektive[174] – davon auszugehen, dass sich die institutionellen Vorgaben, denen Akteure mit ihren Entscheidungen und Handlungen zu entsprechen haben, bisweilen *inkonsistent* darstellen, weshalb Akteure zuweilen in Situationen zu agieren haben, die durch *institutionelle Heterogenität* bestimmt sind.[175]

Diese theoretischen Annahmen bringen nicht nur Widersprüche bzw. konzeptionelle Unklarheiten im Zusammenspiel unterschiedlicher neo-institutionalistischer Ansätze ans Licht, sondern konfrontieren mikroanalytisch arbeitende Anwender/-innen der Theorien mit Schwierigkeiten. Ein Beispiel für eine empirisch schwer zu bewältigende Imponderabilität ist die gängige neo-institutionalistische Annahme, wonach Akteure, die sich Anforderungen aus ihrer Umwelt gegenüber konform verhalten, als legitimer gelten als andere. Im Kontext einer neo-institutionalistischen Theorievariante wie der skandinavischen, die typischerweise beleuchtet, wie Organisationen ihre Legitimität durch die Koordination *inkonsistenter Anforderungen* sichern, lässt sich mitunter empirisch schwer nachvollziehen, welche Entscheidungen und Handlungen mit institutionellen Vorgaben konform gehen und welche nicht. Phänomene wie z. B. Konformität mit institutionellen Vorgaben oder Legitimität stellen sich hier als theoretische Konstrukte heraus, die empirisch unklärbar sind, solange perzeptuelle Aspekte bei einer Untersuchung außen vor bleiben.[176] Zudem hängt die Beurteilung dieser Phänomene in solchen Arbeiten, die das Konzept des „organizational field" heranziehen, stark von der Position bestimmter Akteure im zu untersuchenden Feld ab. Und nicht immer sind es die „Dominants", denen in höchstem Maße Legitimität zukommt. In Zeiten institutionellen Wandels werden unter bestimmten Umständen gerade solche Akteure legitim, die *nicht*

---

174 Vgl. den nächsten Abschnitt.

175 Vgl. hierzu in erster Linie March & Olsen 1976.

176 In der Literatur wird davon ausgegangen, dass „[i]nstitutional logics [...] have a perceptual component that operates cognitively at the level of individuals" (Suddaby 2010, S. 17). Somit bliebe analytisch zu ermitteln, „how institutional logics are understood and influence at the individual level of analysis" (ebd.). Vgl. auch March & Olsen, die ausführen: „Given ambiguity and cognitive limitation on executive decision making, organizations cannot attend to every aspect of their environments" (1976, S. 13). Zu den hiermit eng zusammenhängenden Aspekten der „processes of attention" und „perceptual readiness" vgl. Czarniawska-Joerges & Joerges 1996, S. 26 f. Vgl. hierzu auch den Exkurs zum Konzept des Loose Coupling in diesem Kapitel.

die jeweils vorherrschende bzw. im Feld etablierte „institutionelle Logik" voranzutreiben gedenken, sondern eine emergente.[177]

Bei der Auswertung der Dokumente stellte sich als schwierig heraus, das von
Brunsson angeführte Verhältnis von Akteursentscheidungen und -handlungen
durch die gewählte Methodologie empirisch aufzuschlüsseln. Dennoch wurde
vor dem Hintergrund der Annahme der Uneindeutigkeit und Widersprüchlichkeit institutioneller Vorgaben entschieden, analytisch bei der Unterscheidung
von z. B. der Bekundung von Idealen, Absichtserklärungen (ggf. mit Bereitstel-
lung von Budget) und Änderungen von Programm- und Organisationsstrukturen von drei Ebenen auszugehen und im Zweifelsfall Zusatzinformationen
von Gesprächspartnerinnen und -partnern und „Informanten" einzuholen, um
Verständnislücken zu schließen. Somit war zu gewährleisten, das Wechselspiel
zwischen Entscheidungen und Handlungen klar und differenziert abzubilden.

Zur Unterscheidung zwischen primärer und sekundärer „institutioneller Logik"

„Institutional history", so heißt es in einem aufschlussreichen Artikel der U.S.-
amerikanischen Soziologen Marc Schneiberg und Elisabeth S. Clemens, „[…]
is conceptualized as a sequence of periods" (2006, S. 206). Diese Perioden seien
u. a. charakterisiert durch qualitativen Wandel in *Logiken*, der sich durch Diskontinuitäten auszeichne.[178]

Unter „institutionellen Logiken" werden analytisch voneinander abgrenz-
bare Komponenten institutioneller Umwelten verstanden, die im direkten
Zusammenhang mit zentralen Institutionen (zu nennen sind hier z. B. der ka-
pitalistische Markt; der bürokratische Staat; Demokratie; oder Familie) stehen
und in welche einzelne Institutionen eingebettet sind.[179] Von den Urvätern der
„institutional logics"-Perspektive, Roger Friedland und Robert R. Alford, werden institutionelle Logiken beschrieben als

---

177 In diesem Zusammenhang sind wissens- und organisationssoziologische Analysen
zum Phänomen *Mode* aufschlussreich: während ihr gefolgt wird, wird sie verändert
und derweil sowohl tradiert als auch immer wieder neu konstruiert und geringfü-
gig variiert. „To imitate, then, is not just to copy, but also to change and innovate"
(Sahlin & Wedlin 2008, S. 219). Zur Rede von Inklusion als Modeerscheinung vgl.
Ellger-Rüttgardt 2002.
178 Schneiberg & Clemens 2006, S. 206.
179 Friedland & Alford 1991, S. 248. Zu institutionellen Logiken als Komponenten von
institutionellen Umwelten vgl. Scott et al. 2000.

[...] sets of material practices and symbolic constructions which constitute [a field's] organizing principles and which are available to organizations and individuals to elaborate. (1991, S. 248)

„Distinct spheres of society", so führen es Friedland & Alford ebenda aus, „have their own institutional logics for elaborating what is appropriate". Letztere seien, so W. Richard Scott, einer der bedeutendsten Vertreter der neo-institutionalistischen Organisationstheorie U.S.-amerikanischer Provenienz, und Kolleginnen „[...] the cognitive maps, the belief systems carried by participants in the field to guide and give meaning to their activities" (2000, S. 20).

Dementsprechend wird hier angenommen, dass institutionelle Logiken bestimmte Strategien legitimieren und somit – neo-institutionalistisch beurteilt – Auswirkungen auf die Entwicklung und die Persistenz bestimmter thematischer Ausrichtungen und Organisationsstrukturen haben. Die U.S.-amerikanische Soziologin Patricia Thornton bietet in diesem Zusammenhang die Formulierung an, institutional logics seien „the cultural determinants of organizational decisions" (Thornton 2004, S. xi), „[determining] which issues und problems to attend to [...]" (ebd., S. 13). Die den Logiken zu Grunde liegenden – bzw. diese konstituierenden – Annahmen, Werte, Glaubenssätze und Überzeugungen determinierten auch, so führt Thornton weiter aus, „what answers and solutions are available and appropriate" (ebd.). Demnach hinge Organisationshandeln in Bezug auf institutionelle Anforderungen von der Frage ab, „whether the prevailing institutional logics legitimate [...] answers and solutions as appropriate responses" (ebd.). Sowohl die Bedeutung als auch die Angemessenheit und die Legitimität organisationalen Handelns seien geformt von den Regeln allgemein geltender bzw. vorherrschender („prevailing") institutioneller Logiken (ebd.). Scott et al. erläutern in diesem Zusammenhang,

[institutional] logics specify what goals or values are to be pursued within a field or domain and indicate what means for pursuing them are appropriate. [They are] sometimes being carried by established participants, sometimes by outsiders who influence behaviour within the field. While there are often dominant logics that reflect the consensus of powerful institutional actors, secondary or repressed logics representing other, subordinated interests may over time become influential or even superordinate. (Scott et al. 2000, S. 171)

In der vorliegenden Studie wird, in Anlehnung an McAdam & Scott, von einer primary und secondary logic ausgegangen, die zueinander im Widerspruch stehen:[180]

> Logics may be *primary* – the ideas guiding and legitimating the actions of dominant actors – or *secondary* – the ideas associated with emerging or suppressed actors. Events occuring in fields and their environments are differentially interpreted by actors holding divergent logics, providing contrasting frames of reference. The extend of *alignment* among these frames signifies possible sources of support or opposition. (2005, S. 18)

Scott et al. führen hierzu weiter aus, „[s]econdary logics [...] often exist alongside dominant logics. Such logics act sometimes to support, sometimes to undermine primary logics." (2000, S. 183). In diesem Zusammenhang ist in der Literatur von „competing institutional logics" und somit von „multiple pressures from a single institutional environment" die Rede.[181]

In Situationen der *Ambiguität* handeln Organisationen und ihre Mitglieder – dem Skandinavischen Institutionalismus zufolge – nach Kriterien der *Angemessenheit jeweiliger Entscheidungen in bestimmten Situationen*. Der Aspekt der *Angemessenheit* ist wiederum nicht nur von der Situation abhängig, sondern unterscheidet sich, je nach geltender „institutioneller Logik", von Akteur zu Akteur, hängt also z. B. auch von Rollen und Identitäten ab. Doug McAdam & W. Richard Scott, die zwar nicht dem Skandinavischen Institutionalismus zugeordnet werden können, aber mit ihren Arbeiten zu den Zusammenhängen zwischen neo-institutionalistischen Organisationstheorien und Theorien Sozialer Bewegungen einen ähnlich motivierten Ansatz verfolgen, führen aus:

> Events occuring in fields and their environments are differentially interpreted by actors holding divergent logics, providing contrasting frames of reference. The extent of *alignment* among these frames signifies possible sources of support or opposition. (2005, S. 18, Hervorhebung im Original)[182]

---

180 Vgl. hierzu die erste Entwicklungsphase im vierten Kapitel.

181 Vgl. u. a. Thornton 2004; Thornton & Ocasio 1999; Nigam & Ocasio 2010. Zur Einbettung von Organisationen in *multiple institutionelle Umwelten* vgl. in erster Linie Forschungen zu „Multinational Corporations", z. B. Kostova et al. 2008; 2009.

182 Jene Arbeiten, in denen konzeptionell „Überbrückungen" zwischen dem Neo-Institutionalismus und Theorien Sozialer Bewegungen unternommen werden (vgl. z. B. McAdam & Scott 2005), bergen m. E. das Potenzial, bei der Bewältigung der Global/Local bzw. Macro/Micro Problematique hilfreich zu sein, halten sie häufig theoretische Lösungsvorschläge bereit, die sowohl (neo-institutionalistisch) Aufschluss über die Einbettung von Akteuren in im weitesten Sinne kulturelle Umwelten geben als auch (im Sinne von Theorien Sozialer Bewegungen) z. B. Interessen

Vor diesem theoretischen Hintergrund legt sich die Untersuchung, in Heranziehung der Einsichten aus der „institutional logics"-Perspektive, die Differenzierung von Inclusive Education in zwei unterschiedlichen Diskursebenen zugrunde, wonach dieses Konzept zum einen – in der Tradition des Special Needs Education-Programms der UNESCO – vorrangig im Kontext von *Behinderung* imaginiert wird (primäre institutionelle Logik) und zum anderen im Zusammenhang mit der im Jahr 1994 in Salamanca stattfindenden „World Conference on Special Needs Education" – inspiriert vor allem durch sogenannte *Short Term Contractors* (gelegentlich von der UNESCO engagierte Beraterinnen und Berater aus einem britischen akademischen Kontext) – in einem nicht-kategorialen Sinne als *Herausforderung für Diversität* verstanden wird (sekundäre institutionelle Logik). Diese Unterscheidung eröffnet sowohl den Rahmen für die Verortung der Archivmaterialien als auch der Diskurse insgesamt.

In Entsprechung mit jener Grundannahme des Skandinavischen Institutionalismus, wonach sich institutionelle Anforderungen jeweiligen organisationalen Akteuren als uneindeutig darstellen, wird in dieser Arbeit auch die „institutional logics"-Perspektive in einer Weise verstanden, derzufolge in Anlehnung an das oben stehende Zitat von Jürgen Schriewer auszuführen wäre, dass Akteure in der Regel mit einer Mehrzahl von *zueinander im Widerspruch stehenden „institutionellen Logiken"* konfrontiert sind, denen sie in *von Ambiguität geprägten Situationen, ihrer Identität und Rolle angemessen,* zu entsprechen haben.

Durch die Grundannahme, dass Organisationen ihre Legitimität durch die Koordination *inkonsistenter Anforderungen* sichern müssen, eröffnet der Skandinavische Institutionalismus neue Möglichkeiten für die Bewältigung der Global/ Local bzw. Macro/Micro Problematique. Diese Annahme macht nicht nur notwendig, Aspekte der *Identität* und der Rolle von Organisationen in die Analyse einzubeziehen. Sie bietet darüber hinaus die Möglichkeit, auch solche Aspekte zu berücksichtigen, die aktuell im Rahmen der Globalisierungsforschung in der Vergleichenden Erziehungswissenschaft zwar zur Debatte stehen, hier bisher aber von Vertretern des Neo-Institutionalismus nicht aufgegriffen wurden: z. B. „personality" und „audience" (Steiner-Khamsi 2012, S. 468);[183] „coercion" und

---

und Strategien von Akteuren, die ebenfalls als kulturell konstruiert angenommen werden, mitbedenken. Vgl. hierzu u. a. die im vierten Kapitel (erste Entwicklungsphase) aufgeführten Leitfragen (Stichwort „strategic alignment").

183 In diesem Zusammenhang sei auf einen sehr aufschlussreichen Aufsatz des Soziologen Mark C. Suchman verwiesen, der in einem Beitrag zur Management-Literatur, in dem es in erster Linie um verschiedene Aspekte der Legitimität organisationaler Akteure geht, das Konzept der „collective audience" einführt, das charakterisiert

„power" (Carney et al. 2012, S. 370), oder auch Interessen von Akteuren sowie „contestation" (Schriewer 2012) und „negotiations" (Robertson et al. 2002).

Die wichtigsten neo-institutionalistischen Grundkonzepte

Im Folgenden werden die in dieser Arbeit herangezogenen zentralen neo-institutionalistischen Annahmen und Schlüsselkonzepte vorgestellt.[184] Unter besonderer Berücksichtigung des Aspekts der „sozialen und institutionellen Einbettung in kulturelle und historische Kontexte" (Brinton & Nee 1998, S. xviii_Übersetzung: FK) wird zunächst zusammengefasst, mit welchen theoretischen Konzepten sich ihre Umwelt analytisch erschließen lässt („organizational field" und „institutional environment"). Daran anschließend werden jene Schlüsselkonzepte präsentiert, die vor allem mit dem Aspekt der „agency" von Organisationen zusammenhängen.

Die theoretische Sichtweise auf Akteure und auf ihre Einbettung in „organisationale Felder" und „gesellschaftliche Umwelten" sind großteils mit denen des „Weltkultur"-Ansatzes identisch.[185] Dies liegt daran, dass die Ursprünge des soziologischen Neo-Institutionalismus in der U.S.-amerikanischen Organisationsforschung liegen.[186] So kommt es, dass hier einige jener Grundkonzepte

---

wird als: „… [is] entitled to assess the appropriateness and endorse legitimacy, in short, whose presumed perspective is used by an actor as the frame of reference in the organization of his perpetual field" (Suchman 1995, S. 574).

184 Die Bezeichnungen der theoretischen Konzepte wurden aus dem englischsprachigen Original übernommen, weil sich für einige keine geeigneten Übersetzungen in die deutsche Sprache finden ließen.

185 Somit werden hier Konzepte im Kontext des Skandinavischen Institutionalismus vorgestellt, die auch in anderen neo-institutionalistischen Theorieansätzen vorkommen. Auf grundlegende Annahmen des Neo-Institutionalismus – z.B. das Argument, dass sich Organisationen nicht aus zweckrationalen Gründen (z.B. Erhöhung der Effizienz) an den über ihre Umwelt an sie herangetragenen Erwartungen orientieren, sondern vielmehr nach Erlangung beziehungsweise Sicherung ihrer Legitimität gegenüber ihrer Umwelt streben – kann hier nicht ausführlich eingegangen werden. Zum „Weltkultur"-Ansatz, über den der Neo-Institutionalismus in der historischen Globalisierungsforschung in der Vergleichenden Erziehungswissenschaft bekannt geworden ist, vgl. in erster Linie Krücken & Drori 2009, die mit jenem Band die zentralen Artikel von John W. Meyer bereitstellen. Vgl. darüber hinaus folgende, für die Vergleichende Erziehungswissenschaft wichtige Beiträge: Ramirez & Boli 1987; Meyer et al. 1997; Kamens et al. 1996; Benavot et al. 1991.

186 Vgl. Krücken & Hasse 1999, S. 5. Vgl. hierzu auch Jepperson: „The institutionalist contribution to organizational analysis followed directly from the 1970s research on school organizations" (2001, S. 6).

herangezogen (und mitunter der neo-institutionalistischen *Organisationsfor-schung* zugerechnet) werden, die in der Vergleichenden Erziehungswissenschaft aus Arbeiten bekannt sind, in denen der „Weltkultur"-Ansatz angewandt oder diskutiert wird.[187]

Organizational Field

In Anlehnung an einschlägige Literatur aus den Organization Studies, ist dem empirischen Teil der vorliegenden Studie nicht eine singulär herausgestellte Organisation, sondern vielmehr ein „organisationales Feld" als Analyseeinheit zu Grunde gelegt. Insofern kann die Arbeit, obgleich das organisationale Feld aus der Warte der UNESCO überblickt wird, als komplexe Fallstudie gelesen werden, auch wenn ihr theoretischer Anteil relativ umfangreich ausfällt.[188]

Mit dem Konzept des „organizational field", das auch Bestandteil der „Weltkultur"-Theorie ist, lassen sich die Einbettung von Organisationen in ihre gesellschaftliche Umwelt und die sich darin abspielenden Kommunikationen und Wechselwirkungen analysieren.[189] Die Studie basiert auf einer Lesart dieses Konzepts, derzufolge nicht nur strukturähnliche Organisationen als zu einem solchen Feld zugehörig verstanden werden, sondern all jene Akteure, die „in the aggregate, constitute a recognized area of institutional life" (DiMaggio & Powell 1983, S. 148).[190] „Organizational fields encompass both populations of competing organizations and interorganizational relationships", so heißt es hierzu entsprechend im Kontext von Forschungen zu Multinational Corporations (Kostova

---

187 Mit den folgenden Ausführungen ist nicht der Anspruch einer um Vollständigkeit bemühten Einführung in die neo-institutionalistische Organisationstheorie (Europäischer Provenienz) verbunden, sondern vielmehr das Anliegen, die bei der Analyse und theoriegeleiteten Interpretation der Daten herangezogenen Konzepte selektiv hervorzuheben und in ihrem theoretischen Kontext zu präsentieren. Hier werden die Konzepte in einer Weise vorgestellt, wie sie aus der hier eingenommenen „[International] Organizations in Institutional Environments"-Perspektive verstanden werden. Zu dieser im Vergleich zur „Nation-States in a World Culture"-Perspektive vgl. Jepperson 2001 sowie den Abschnitt: „Gemeinsamer Nenner" in der Theoriedebatte: der Global/Local Nexus.
188 Neben dem Folgenden vgl. auch die Ausführungen im Abschnitt: Klassifizierung der Akteure (im dritten Kapitel).
189 Vgl. u. a. Chabbott 2003.
190 Bei dem zitierten Text handelt es sich um einen der drei gemeinhin für am wichtigsten befundenen frühen Texte der neo-institutionalistischen Organisationsforschung (neben Meyer & Rowan 1977 und Zucker 1977). Vgl. hierzu auch die entsprechenden Ausführungen in Fligstein & McAdam 2012, S. 211 f.

et al. 2008, S. 997).[191] Bei W. Richard Scott heißt es: „Organizational fields are defined and shaped by the presence of particular belief systems" (1994a, S. 208). Die *kulturellen* Elemente organisationaler Felder beziehen sich, so Scott, auf

> the meaning systems and symbolic frameworks that define and give coherence to a set of behaviors, together with the constitutive rules than [sic!] define the utilities and capabilities of actors and the normative rules that specify appropriate forms of conduct: the rules of the game. (ebd., S. 207).

Von Scott wird unterstrichen, dass Organisationen zu demselben organisationalen Feld gehören können, wenn die Grundvoraussetzung erfüllt sei, „[that] they take one another into account, regardless of geographical propinquity" (ebd., S. 206). Organisationale Felder grenzen sich folglich nicht geographisch, sondern „kulturell" voneinander ab.

Im Zusammenhang mit der Frage, nach welchen Kriterien Organisationen als zu einem Feld zugehörig verstanden werden, haben sich für die vorliegende Untersuchung die Arbeiten des U.S.-amerikanischen Nachhaltigkeitsforschers Andrew J. Hoffman als hilfreich erwiesen, wonach sich die Formierung von organisationalen Feldern nicht etwa an Märkten, Waren, Dienstleistungen oder Technologien und Industrien orientiert, sondern an Problemen und Sachverhalten („issues") ausrichtet; in seinem Fall hängen diese mit dem Thema „corporate environmentalism" zusammen und im hier behandelten Fall mit dem aufkommenden Problembereich einer Umorientierung der Special Needs Education.[192] In Anlehnung an Hoffman werden organisationale Felder hier verstanden als auf „issues" basierend und diese interpretierend (Hoffman 1999, S. 356), mit anderen Worten als „centers of debates in which competing interests negotiate over issue interpretation" (ebd., S. 351).

Beim Konzept des organisationalen Feldes wird zwischen zentralen und peripheren Akteuren unterschieden, wobei es sich – wie oben bei der Textstelle von DiMaggio & Powell deutlich wird – nicht um geographische Positionen handelt, sondern, frei nach Edward Shils, um die relative Nähe von Akteuren zum zentralen Wertesystem des Feldes und ihre Position in der Autoritätshierarchie bei der Formulierung von Regeln und der Bestimmung ihrer Gültigkeit.[193]

---

191 Vgl. hierzu auch die Ausführungen zu „peers and competitors" in Scott 1994b, S. 43.
192 In diesem Zusammenhang sei auf den Begriff der „problem domain" im Kontext des „linked solutions"-Ansatzes aus der politikwissenschaftlichen Variante des Neo-Institutionalismus verwiesen, vgl. hierzu den Abschnitt: Periodisierung (im dritten Kapitel).
193 Vgl. Shils 1961, sowie Wright & Zammuto 2013.

Für die Analyse von Prozessen der Wissenszirkulation zwischen Organisationen besteht die Schwierigkeit, eindeutig zu bestimmen, welche Akteure zu jenem organisationalen Feld gehören, auf das sich eine jeweilige Untersuchung bezieht. Im Unterschied zum Konzept der *industry*, bei dem davon ausgegangen wird, dass eine Organisationspopulation sich über jeweilige Tätigkeiten in demselben Bereich definiert (sich das Gemeinsame also durch die Ähnlichkeit von Angeboten und Produkten ergibt),[194] werden beim Konzept des organisationalen Feldes neben dieser „focal population" auch solche Organisationen in die Analyse einbezogen, die einem anderen „Kerngeschäft" und folglich auch anderen organisationalen Feldern angehören.[195] Insofern kann „die Struktur eines organisationalen Feldes [...] nicht *a priori* bestimmt werden, sondern muss auf der Basis empirischer Untersuchung definiert werden" (DiMaggio & Powell 1983, S. 148_Übersetzung: FK).

Für die Analyse operationalisierbar wird das Konzept des organisationalen Feldes in Verbindung mit der auf Anthony Giddens zurückgehenden Annahme der Strukturierung („structuration") von organisationalen Feldern.[196] In Verknüpfung mit dem Konzept des „issue-based fields" bei Hoffman lässt sich als Strukturierung des Feldes bezeichnen, wenn Akteure sich gewahr werden, dass sie in einen gemeinsamen Tätigkeitsbereich involviert bzw. mit demselben „issue" befasst sind und sich an demselben „Bedeutungssystem" beteiligen, in dem es klar definierte Bündnisse und Aktivitätsmuster gibt.[197] Diese gegenseitige Wahrnehmung lässt sich auch als „field consciousness" bezeichnen, „an awareness among [field-]participants that they belong together" (Czarniawska-Joerges & Joerges 1996, S. 38). Für die Strukturierung organisationaler Felder gilt, so Scott und Kolleginnen, dass neue Akteurstypen nur daran teilhaben können, wenn sie sich durch eine „unterstützende ideologische Basis" für einen jeweiligen Bereich „institutionellen Lebens" als relevant erweisen (Scott et al. 2008, S. 208_Übersetzung: FK). Daher bringt das Konzept des organisationalen Feldes

---

194 Vgl. Scott 1994a, S. 206.
195 Vgl. hierzu die Ausführungen zu „different practices, same community" bei Strang & Soule 1998, S. 281 f.
196 Vgl. Giddens 1984.
197 Vgl. hierzu Kostova et al. 2008, S. 997 f. Eine solche Situation stellt sich im vierten Kapitel z. B. in der zweiten Entwicklungsphase dar: im Jahr 1996, als die UNESCO die Weltbank und UNICEF in den Themenbereich „inclusive early childhood education" einbindet.

für die Analyse die Möglichkeit mit sich, dass eine theoriegeleitete Eingrenzung der beteiligten Akteure vorgenommen werden kann.[198]

Wenn John W. Meyer in einem – den Neo-Institutionalismus mitbegründenden – Artikel aus dem Jahr 1977 ausführt, die Kausalität von sozialen Regeln und Mythen bestehe „not in the fact that individuals believe them, but in the fact that they ‚know' everybody else does …" (1977, S. 75), so ist hiermit sowohl die „field consciousness" jener Akteure angedeutet, die zu einem Feld gehören als auch deren Gewißheit, unter Beobachtung durch eine „collective audience" zu stehen (Suchman 1995, S. 574). Ronald Jepperson führt in diesem Zusammenhang – allerdings nicht in direktem Bezug zur Organisationsforschung – aus, dass

> [...] the truly fundamental beliefs for reproducing a social order are people's beliefs about *other's* behavior and beliefs. The basic ‚myths' of society operate primarily by establishing beliefs about what others think and expectations about how others will behave. (2001, S. 5_Hervorhebung: im Original)[199]

Das Konzept der „collective audience" vermag diesen Aspekt der „field consciousness" im Zusammenhang mit *Legimität* (wobei es sich um eine der Schlüsselkategorien neo-institutionalistischer Organisationsforschung handelt) vielleicht noch besser zu rahmen als das Konzept der „relevant others" (Schriewer 2009, S. 33) – und wird bei Suchman wie folgt eingeführt:

> Legitimacy is socially constructed in that it reflects a congruence between the behaviors of the legitimated entity and the shared (or assumedly shared) beliefs of some social group; thus, legitimacy is dependent on a collective audience, yet independent of particular observers. (1995, S. 574).

„Relevant others" wiederum bezieht sich als Konzept auf die zielgerichtete Aufmerksamkeit, die einzelne Akteure auf Dritte richten. In diesem Zusammenhang führen Davis & Greve aus,

> [...] decision makers in organizations look to what those that are proximate to them – socially or spatially – are doing, as well as what the most central or visible actors in the system are doing" (1997, S. 8).

---

198 Vgl. hierzu jenen Abschnitt im dritten Kapitel, in dem die Akteure vorgestellt werden.

199 Wie das Konzept des organisationalen Feldes bei der empirischen Arbeit genutzt wurde, verdeutlicht der Abschnitt: Klassifizierung der Akteure (im dritten Kapitel).

Über die Festlegung einer jeweiligen Position von Akteuren in einem organisationalen Feld hinaus, wird in den für die Datenanalyse herangezogenen Arbeiten die Einbettung von Organisationen in eine „sie interpenetrierende" (Zucker 1987, S. 451_Übersetzung: FK) institutionelle Umwelt angenommen, die sich aus „widespread social conceptions of appropriate organizational form and behavior" (Tolbert 1985, S. 2) konstituiert.[200] Über diese Umwelt sind Akteure in kulturell konstruierte Vorstellungswelten, Orientierungsmuster, Anforderungen und Erwartungen eingebunden, die sowohl sozialem Handeln mögliche Richtungen vorschreiben als auch die Form und Ausgestaltung von Strukturen nahelegen. Was eine „Institution" im Einzelfall ist, so lehren uns vor allem Arbeiten aus dem Historischen Institutionalismus, definiert sich durch:

> [...] continuous interaction between rule makers and rule takers during which ever new interpretations of the rule will be discovered, invented, suggested, rejected, or for the time being, adopted. The real meaning of an institution, that is to say, is inevitably and because of the very nature of social order subject to evolution driven, if by nothing else, by its necessarily imperfect enactment on the ground, in directions that are often unpredictable (Streeck & Thelen 2005, S. 16).

Dass Akteure mit institutionellen Vorgaben konform zu gehen motiviert sind, begründet sich – dem Neo-Institutionalismus zufolge – durch ihr Streben nach Legitimität.[201] Dabei aber, und hierin liegt eine wertvolle Einsicht des Skandinavischen Institutionalismus, *befolgen* Organisationen nicht nur die über ihre institutionelle Umwelt an sie *gestellten* Vorgaben und *empfangen* diese nicht passiv und *reagieren* entsprechend, sondern sie übertragen und *befördern* auch normbesetzte regelsetzende Leitideen, die für andere Akteure wiederum als Vorgaben für angemessenes Verhalten gelten. Aus der neo-institutionalistischen Organisa-

---

200 Das Konzept des „institutional environment" ist ebenfalls in der „Weltkultur"-Theorie gebräuchlich. Mitunter sind in der Literatur verschiedene Begriffe zu finden, mit denen die institutionelle Einbettung von Akteuren beschrieben wird, z.B. „institutional context", verstanden als „the rules, norms, and ideologies of the wider society" (Meyer & Rowan 1993, S. 84) oder als „common understandings of what is appropriate and, fundamentally, meaningful behavior" (Zucker 1983, S. 105). Der Begriff der Umwelt wird in der vorliegenden Arbeit dem Begriff des Kontexts vorgezogen, da aus jenem Teil der Literatur, die in diesem Zusammenhang den Begriff des Kontexts anführt, nicht widerspruchsfrei hervorgeht, ob er sich auf symbolische bzw. kulturelle Aspekte bezieht (vgl. z.B. Tolbert 1985, S. 2) oder auf regulatorische Aspekte z.B. von staatlicher Seite (vgl. z.B. Scott & Meyer 1983).
201 Vgl. u.a. Schriewer 2012, S. 413.

tionsforschung im Kontext von Management Studies heißt es hierzu: „[…] how organizations respond to [but also] interact with institutions and institutional pressures" (Suddaby et al. 2010, S. 1237) – wobei zu Gunsten eines richtigen Verständnisses der Wahl des Titels der vorliegenden Untersuchung und des ihr zu Grunde liegenden konzeptionellen Paradoxons der „embedded agency" zu betonen wichtig ist, dass bei der Annahme der Einbettung von Akteuren in ihre „institutionelle Umwelt" nicht klar von einem Innen und Außen ausgegangen wird.[202] Insofern könnte der Titelbestandteil „[…] im Kontext Internationaler Organisationen" insofern falsch verstanden werden als schlussgefolgert werden könnte, die UNESCO hätte an der Entwicklung der zur Analyse stehenden Konzepte keinen Anteil gehabt.

Einer der zentralen Grundannahmen des Neo-Institutionalismus zufolge sind sowohl die Strukturen als auch das Handeln von Organisationen *kulturell determiniert*. Entsprechend sind, vermittelt über ihre jeweiligen institutionellen Umwelten, die Akteure selbst und auch ihre Interessen sowie die „Formierung ihrer Präferenzen" (Friedland & Alford 1991, S. 234_Übersetzung: FK) *kulturell konstruiert*.[203] „Determiniert" meint aber nicht – und hierin unterscheiden sich z. B. die Annahmen des Skandinavischen Institutionalismus von jenen des „Weltkultur"-Ansatzes –, dass Organisationen nur zwischen einer bestimmten Handlungsoption und Nichtbefolgung (oder „loose coupling" bzw. nur vermeintlicher Konformität mit institutionellen Vorgaben, im Sinne von „ceremonial conformity")[204] entscheiden können. Die in diesem Zusammenhang mitunter angeführte Metapher des „Drehbuchs" („script") weiter gedacht, be-

---

202 Vgl. hierzu z. B. Ramirez: „The institutional environment […] is not just an *external* influence on the actors, but rather, it is the cultural matrix which provides the actors with a sense of who they are, what their world is, and what their perspective ought to be. The actors depend on the cultural matrix for their entitivity and their legitimacy" (2012, S. 8 f._Hervorhebung: FK).

203 Vgl. hierzu Scott 1994, S. 210; Thornton 2004, S. xi. In der Literatur ist umstritten ob in diesem Zusammenhang von „Determinierung" oder vielmehr von „Anleitung" oder „Lenkung" (also von *guiding* statt *determining*) die Rede sein sollte, vgl. Suddaby et al. 2010, S. 1234.

204 Vgl. u. a. March & Olsen 1984; Olsen 2001; Boxenbaum & Jonsson 2008. Das theoretische Konzept des „loose coupling" bzw. „ceremonial conformity" ist, Greenwood und Kollegen zufolge, „achieved by deliberately decoupling symbolic practices from the organization's technical core. Decoupling occurs, in other words, if the prescriptions of institutional contexts are contradictory to the exigencies of technical contexts" (2008, S. 4). Lynne Zucker (1987) führt im Zusammenhang mit „loose coupling" bzw. „ceremonial conformity" den Begriff des „surface isomorphism" im Sinne einer von Seiten organisationaler Akteure nur augenscheinlichen Entsprechung institutioneller Vorgaben ein.

inhaltet die institutionelle Umwelt Vorlagen bzw. *schreibt Erwartungen vor*, an denen sich die Organisationen im Feld orientieren müssen, die aber eine Spanne von Interpretationen und insofern *multiple Inszenierungen* zulassen. Im Lichte des Skandinavischen Institutionalismus, mit Bezug auf das darin mitunter mehr metaphorisch denn konzeptionell herangezogene Theorieelement der „Übersetzung", führen Barbara Czarniawska-Joerges und Bernward Joerges hierzu aus: „Scripts encode what is expected of field participants and actors translate them into action by interpreting and reinterpreting the abstract logics they encode" (Czarniawska-Joerges & Joerges 1996, S. 16). „Übersetzung" würde in diesem Zusammenhang angemessen definiert werden können als:

> [a] mechanism through which scripts are replicated or reinterpreted in human action at the organizational level. At the organizational level, pressure for institutional change arises as organizations *translate* scripts into action inconsistent with the rule. This results in new patterns of human action that, over time, *revise* the original script and may lead to new rules *institutionalized* at the field level. (Wright & Zammuto 2013, S. 312)

Konzeptionell ist anzunehmen, dass die über die institutionelle Umwelt vermittelten „Drehbücher" eine Vielzahl von „Mythen" und Erzählungen, kollektiven Erinnerungen und Bedeutungen umfassen,[205] die von Akteuren, denen das jeweilige „Drehbuch" *vor-geschrieben* wurde, verstanden, interpretiert und eingeordnet werden müssen, damit sich in Orientierung daran Entscheidungen treffen und Handlungen – sowie, auf der Ebene des „Policy Talk", Stellungnahmen dazu – vornehmen lassen. Der empirischen Forschung kommt in diesem Kontext die Aufgabe zu, „[to] explore how organizations [like UNESCO_FK] adapt in a variety of ways to changes in their environments: adding services, forming alliances, joining systems, and merging" (Scott et al. 2000, S. 4). Darüber hinaus geht es um „examining organizational adaptation to changing institutional environments " (Davis & Greve 1997, S. 1).

Decision-making under Ambiguity

Thematisch eng mit der Uneindeutigkeit und Widersprüchlichkeit „institutioneller Logiken" verknüpft, dient die theoretische Annahme des „decision-making under ambiguity" dem Verständnis des „Policy Talk", der Entscheidungen und

---

205 Vgl. u. a. Schriewer 2012, S. 420.

der Handlungen auf Seiten der zur Analyse stehenden Organisationen. Konfrontiert mit Ambiguitäten sind Akteure in der Lage, Prozesse institutionellen Wandels anzustoßen (z. B. durch partielles Befolgen institutioneller Vorgaben):

> Change can emanate from inherent ambiguities and ‚gaps‘ that [...] emerge over time between formal institutions and their actual implementation or enforcement,

so führen es Wolfgang Streeck und Kathleen Thelen aus (2005, S. 19). Die Inkongruenzen, von denen hier die Rede ist, stellen sich in empirischen Untersuchungen unter Umständen als Schlüsselsituationen (politischer) Auseinandersetzungen heraus, in denen Institutionen zwischen Akteuren ausgehandelt werden und institutioneller Wandel begründet liegt.[206] Im Verständnis der Widersprüche zwischen institutionellen Vorgaben und der Spezifizierung der Bedingungen, unter denen sie organisationales und individuelles Handeln formen, liegt – so wiederum die Begründer des Konzepts der „institutionellen Logiken“ – eine Schlüsselaufgabe sozialwissenschaftlicher Analysen (Friedland & Alford 1991, S. 256).

W. Richard Scott zufolge sind Mitglieder von Organisationen generell „confronted not by a clear, unambiguous institutional imperative but rather by contested models, alternative interpretations and strategic options“ (Scott 1994a, S. 212).[207] Insofern könnte konzeptionell entweder von multiplen „Drehbüchern“ ausgegangen werden oder von der Annahme, dass sich „Drehbücher“ jeweiligen Akteuren als nicht-kohärent darbieten. Angemessen wäre somit, im Zusammenhang mit Akteurshandlungen statt von der *Befolgung* von Vorgaben von einer *Entsprechung* von Vorgaben auszugehen. Die Annahme der Uneindeutigkeit institutioneller Anforderungen legt somit nahe,

> dass in Vorgaben mehrere *gleichsam legitime* Handlungsmöglichkeiten angelegt sind, die – je nach Situation und Identität sowie Rolle eines Akteurs – nach

---

206 Vgl. hierzu u. a. auch Thelen 1999 sowie Gamson & Meyer 1996.

207 Diese Annahme hat Auswirkungen auf die Interpretation der *Determiniertheit* von Akteurshandlungen, so z. B. bei der Anwendung des Konzepts des „loose coupling“. Diesem Konzept kommt – ebenso wie „isomorphism“ (der anderen in der Vergleichenden Erziehungswissenschaft geläufigen strukturtheoretisch ausgerichteten Komponente des soziologischen Neo-Institutionalismus) – in dieser Arbeit relativ wenig Bedeutung zu, erweisen sich bei der hier vorgelegten Analyse vielmehr jene Theoriekomponenten als relevant, die Scott (1994a) als „ideational“ bezeichnet, z. B. „legitimacy“. Zur Unterscheidung der „structural“ von den „ideational components of institutional theory“ vgl. Suddaby et al. 2010, S. 1236.

Angemessenheitskriterien beurteilt und abgewogen werden müssen, bevor es zu Entscheidungen und Handlungen kommt.[208]

In diesem Zusammenhang erweisen sich jene Teile der Literatur für die Konzeptionalisierung institutioneller Umwelten als aufschlussreich, in der die institutionellen Vorgaben und Anforderungen, die sich Organisationen darbieten, in Verbindung *mit zueinander im Widerspruch – oder gar Konkurrenz – stehenden „institutionellen Logiken"* interpretiert werden.[209] Die „institutional logics perspective" geht auf einen metatheoretischen Entwurf von Roger Friedland und Robert R. Alford zurück.[210] Patricia Thornton und William Ocasio buchstabierten diesen Ansatz Ende der 1990er Jahre für mikroanalytische Studien aus und definierten „institutional logics" als

---

208 Vgl. March & Olsen 2004. An dieser Stelle werden Fälle ausgeblendet, in denen legitime Handlungsmöglichkeiten bestehen, aber von Akteuren nicht erkannt werden. Insofern gilt für die hier vorgelegte Arbeit, dass „[i]nstitutional pressures exist only to the degree that [institutions are perceived and_FK] internal and external participants believe in them and engage in the institutional work necessary to perpetuate them" (Suddaby et al. 2010, S. 1235). In diesem Zusammenhang sei auf die Wissenssoziologie von Peter Berger und Thomas Luckmann verwiesen, derzufolge die „Logik" von Institutionen „nicht in den Institutionen und ihrer äußeren Funktionalität [steckt], sondern in der Art, in der über sie reflektiert wird (Berger & Luckmann 1966), bzw., wie Florian Waldow es ausführt, „die Handlungsebene gesellschaftlicher Akteure ohne die Sinnebene, d. h. ohne den Sinn, den die Akteure ihrem Handeln zu geben versuchen, nicht verstanden werden kann" (Waldow 2007). Allerdings besteht hier das Problem, dass sich der Sinn, den Akteure ihrem Handeln geben, nicht ohne Weiteres analytisch erschließen lässt. Hierbei spielen Max Webers Ausführungen zu einem „gemeinten Sinn" und „erklärendem Verstehen" eine bedeutende Rolle. Im Zusammenhang mit den Begriffen des „verständlichen Sinnzusammenhangs" im Rahmen „rationalen Motivationsverstehens" führt er beispielsweise aus: „Wir ‚verstehen' motivationsmäßig, welchen Sinn derjenige, der den Satz 2 X 2 = 4 ausspricht, oder niedergeschrieben hat, damit verband, daß er dies gerade jetzt und in diesem Zusammenhang tat [...]" (Weber 2005, S. 6). Das Verstehen verständlicher Sinnzusammenhänge bezeichnet Weber ebenda als ein Erklären des tatsächlichen Ablaufs des Handelns. „Erklären bedeutet also für eine mit dem Sinn des Handelns befaßte Wissenschaft soviel wie: Erfassung eines Sinnzusammenhangs, in den, seinem subjektiv gemeinten Sinn nach, ein aktuell verständliches Handeln hineingehört." (S. 7). Verstehen heiße in all diesen Fällen: deutende Erfassung des im Einzelfall real Gemeinten (ebd.).
209 Vgl. hierzu in erster Linie Friedland & Alford 1991, sodann Thornton et al. 2012; sowie Thornton 2004; Scott et al. 2000; McAdam & Scott 2005, S. 17 f. Vgl. darüber hinaus die Abschnitte: Grundannahme der Uneindeutigkeit und Widersprüchlichkeit institutioneller Vorgaben; Zur Unterscheidung zwischen primärer und sekundärer „institutioneller Logik".
210 Vgl. Friedland & Alford 1991.

the socially constructed, historical patterns of cultural symbols and material
practices, including assumptions, values and beliefs, by which individuals and
organizations provide meaning to their daily activity, organize time and space,
and reproduce their lives and experiences (1999, S. 804).[211]

Die Annahme der *Inkonsistenz* von institutionellen Vorgaben, die über „institutionelle Logiken" vermittelt werden, war in klassischen Texten des soziologischen Neo-Institutionalismus bereits angelegt;[212] für die hier vorgelegte Analyse
bringt sie jedenfalls das Erfordernis mit sich, zentrale Grundannahmen der
Theorie und ihre Anwendung in der Vergleichenden Erziehungswissenschaft
zu überdenken. Dass nämlich, anders als etwa von der „Weltkultur"-Theorie
angenommen, Organisationen über ihre institutionellen Umwelten nicht nahezu alternativlos in bestimmte kulturelle Vorgaben eingebunden sind, sondern
ihnen *mehrere Handlungsoptionen* – die jeweils einer der konkurrierenden
„institutionellen Logiken" entsprechen – *als legitime* offenstehen, macht eine
Differenzierung der Annahme der binären Option Befolgung/Nicht-Befolgung
institutioneller Vorgaben notwendig.[213] Über die Einsicht hinaus, dass „scriptedness" nicht gleichbedeutend ist mit alternativloser Einbindung von Akteuren in kulturelle Vorgaben, deuten Arbeiten aus dem Umfeld der „institutional
logics"-Forschung – und hier sind besonders jene zu *organizational attention*
und *perception* zu nennen[214] – auf die Schwierigkeit hin, bei der Analyse von
organisationalen Entscheidungen und Handlungen eindeutig festzulegen, ob
Mitgliedern von Organisationen bewusst wird, wenn – aus Sicht der Forscherin
oder des Forschers – eine neue „institutionelle Logik" Einzug in das als „issue-
based" definierte organisationale Feld erhält.

---

211 Vgl. hierzu auch Thornton & Ocasio 2008; Thornton et al. 2012, S. 2.
212 Vgl. z. B. Scott 1983, S. 161; Meyer & Rowan 1977, S. 356.
213 Die Frage, ob die institutionelle Umwelt einer in einem jeweiligen Forschungs-
projekt im Fokus stehenden Organisation durch eine Mehrzahl von sich (partiell)
widersprechenden „scripts" oder durch in sich widersprüchliche „scripts" charakterisiert wird, hängt von der Fragestellung und der Datenlage ab und kann konzeptionell nicht a priori festgelegt werden. Ebenso verhält es sich mit der Entscheidung,
ob „Ambiguität" sich z. B. darauf bezieht, dass „scripts" nicht immer eindeutig sind;
dass es konfligierende „scripts" gibt; oder dass eindeutige „scripts" verschiedene
Handlungsoptionen zulassen.
214 Vgl. u. a. Hoffman & Ocasio 2001; Nigam & Ocasio 2010.

*   *   *

Exkurs zum Konzept des „loose coupling“

Wenn in der Forschung das neo-institutionalistische „loose coupling“-Argument vorgebracht wird – sei es von Vertretern der „Weltkultur“-Theorie oder von Kritikerinnen und Kritikern[215] –, meinen die Autoren oder Autorinnen in der Regel zu wissen, welche Akteurshandlung als Befolgung institutioneller Vorgaben interpretiert werden muss und welche als „loose coupling“. Wenn sich aber in jeweiligen Daten eine Situation feststellen lässt, in der ein Akteur zwar behauptet, einer bestimmten institutionellen Vorgabe zu folgen, aber eine Akteurshandlung feststellbar ist, die aus Sicht der Forscherin oder des Forschers nicht einer jeweiligen institutionellen Vorgabe entspricht, so dürfte unter Berücksichtigung des Aspekts der Inkonsistenz bzw. *Mehrdeutigkeit* von Anforderungen zum einen nicht vorschnell auf „loose coupling“ geschlossen werden. Zum anderen stünde der analytischen Beurteilung einer solchen Situation im Wege, dass aus Sicht der Forscher/-innen nicht mit Sicherheit davon ausgegangen werden könnte, dass die Mitglieder einer jeweiligen untersuchten Organisation „dasselbe sehen“ wie sie selbst aufgrund der Datenlage.[216] Den im „Weltkultur“-Ansatz konzeptionell vorgesehenen Handlungsmöglichkeiten a) der Entsprechung institutioneller Vorgaben und b) des „loose coupling“ wäre im Lichte der Annahme des „decision-making under ambiguity“ bzw. des theoretischen Ansatzes der „competing institutional logics“ hinzuzufügen, dass sich ein jeweiliger Akteur in Situationen der Ambiguität für Handlungen entscheiden kann, die Anforderungen *partiell* entsprechen bzw. dass es sich um eine Befolgung von Vorgaben handelt, die einer „institutionellen Logik“ von mehreren entspricht und dennoch als *Befolgung institutioneller Vorgaben* interpretiert werden müsste. Für das Konzept des „loose coupling“ dürfte z. B. unter Berücksichtigung der Widersprüche zwischen institutionellen Vorgaben gelten, dass Forscherinnen und Forscher nicht selbst festlegen können, was die institutionelle Anforderung ist und dann vom Ergebnis einer ausgeführten Akteurshandlung aus beurteilen, ob sie mit der Vorgabe übereinstimmt oder nicht. Schneiberg & Clemens führen hierzu Folgendes aus:

---

215 Vgl. auf der einen Seite u. a. Wiseman & Baker 2006, S. 16 f.; auf der anderen Seite z. B. Silova & Abdushukurova 2009.
216 Hierzu vgl. z. B. Annelise Riles' Buch *Documents*, in dem sie zwischen der Sichtweise der „bureaucrats“, mit denen wir es bei unserer Analyse zu tun haben, und unserer Sicht als „academic observer“ unterscheidet (2006, S. 72 ff.).

> [T]he decision to examine loose coupling shouldn't rest on researchers' judgements concerning the categories of relevance for those organizations included in the analysis (2006, S. 202).

Mit Blick auf jeweilige Daten können Forscher/-innen in der Regel weder wissen, über welche „menus of choice" (Jepperson 2001, S. 31) Akteure in jeweiligen Situationen verfügen noch einschätzen, inwieweit Entscheidungsprozesse und Handlungen institutionellen Vorgaben entsprechen. Ohne perzeptuelle Aspekte zu untersuchen, bietet sich das Konzept des „loose coupling" als empirisches Werkzeug also eigentlich gar nicht an.

* * *

Das Verständnis der Widersprüche zwischen institutionellen Vorgaben ist grundlegend für die Konzeptionalisierung von *institutionellem Wandel*, kann sich dieser – den theoretischen Grundprinzipien nach – erst dann einstellen, wenn Organisationen Widersprüche, die sie in ihrer institutionellen Umwelt vorfinden, dazu nutzen, „to reflect on the limits of existing institutional arrangements and to inspire ideas for new ones" (Campbell 2005, S. 41 ff.). Insofern ist theoretisch davon auszugehen, dass Akteure und ihr Handeln durch institutionelle Vorgaben nicht nur *eingeschränkt* sind, sondern sie in ihrer „embedded agency" auch *befähigt* werden, an der Veränderung ihrer (institutionellen) Umwelt tatkräftig mitzuwirken und ggf. diese Änderung selbst zu initiieren.[217] Für die Analyse dieses Wechselspiels zwischen Einschränkung und Befähigung stellt sich also die Frage,

> [...] how institutional arrangements create various inconsistencies and tensions within and between social systems (contradictions), how those contradictions transform the embedded social actors into the change agents of the very institutional arrangements, and how those contradictions further enable and foster the subsequent change processes" (Seo & Creed 2002, S. 223).

Empirisch bleibt in diesem Zusammenhang am hier behandelten Fall zu klären, warum, wie und wann es bei der Weiterentwicklung der Idee für Inclusive Education zu einem imaginierten Konzept im organisationalen Feld zum Wandel der Bedeutungen und Lesarten und zur Veränderung des Verständnisses von Sachverhalten und folglich der thematischen Schwerpunktsetzung der Special

---

217 Zu diesem Doppelcharakter von Institutionen sowohl als „constraining" als auch „enabling" vgl. Giddens 1984.

Needs Education kam und welche Rolle die für das Special Needs Education-Programm zuständige Organisationseinheit der UNESCO dabei spielte. Die Kommunikationen im Feld werden dabei theoretisch als „collective sense-giving" (Fiss & Zajak 2006) verstanden bzw. sowohl als Prozesse kollektiver „Sinn-Produktion" (Schriewer 2005b, S. 419) und kollektiver „Konstruktion von Bedeutung" (Czarniawska & Sevón 2005, S. 5) bzw. „contested processes of meaning making" (Wright 1998, S. 9) als auch kollektiver Interpretation „which involves the attachment of meaning to events and the infusion of value into organizational processes and outcomes" (Suddaby 2010, S. 18).

Logic of Appropriateness

Organisationen werden im Skandinavischen Institutionalismus als Akteure verstanden, deren „agency" sich nicht in erster Linie durch Handlungen und die Änderung von Strukturen ausdrückt, sondern zuallererst in dem Akt der Interpretation ihrer institutionellen Umwelt.[218] Diese im oben ausgeführten Sinne als *uneindeutig* zu verstehen, setzt voraus, die in ihr eingebetteten Akteure entsprechend als *interpretierende* zu konzeptionalisieren.[219] Die hier herangezogene Variante neo-institutionalistischer Organisationstheorie baut ihr Verständnis einer „embedded agency" auf dem Konzept der von James March und Johan Olsen formulierten „logic of appropriateness" auf,[220] das die Berücksichtigung der Identität von Akteuren, der im organisationalen Feld geltenden Regeln und der Rolle von Akteuren bei der Analyse erforderlich macht. Diesem Konzept zufolge beurteilen Akteure in Situationen der *Ambiguität*, also wenn sie mit uneindeutigen institutionellen Vorgaben konfrontiert sind, welche der ihnen offenstehenden Optionen in der jeweiligen Situation *mehr oder weniger angemessen* sind. Dabei wägen sie ab, an welchem Akteur in ihrem organisationalen Feld sie sich bei der Frage nach der Angemessenheit jeweiliger Entscheidungs- und Handlungsoptionen orientieren. Organisationen müssen sich, dem Konzept der „logic of appropriateness" zufolge, hierfür nicht nur über die eigene *Identität*

---

218 Vgl. Suddaby et al. 2010, S. 1239.
219 Vgl. in diesem Zusammenhang auch das Konzept des „sense-making" von Organisationen, u. a. bei Daft & Weick 1984. Im Kontext der Arbeiten aus der Literatur zu „institutional logics" sind besonders die Beiträge von William Ocasio von Interesse, in denen es um die Verbindungen zwischen „attention", „sense-making", „vocabularies" und „changing institutional logics" geht, vgl. u. a. Nigam & Ocasio 2010; Thornton & Ocasio 1999; sowie Thornton et al. 2012, S. v.
220 Vgl. March 1978, S. 228 ff.

(genauer: über ihre sozial konstruierten *Identitäten*)[221] bewusst sein, sondern darüber hinaus auch um die im organisationalen Feld geltenden *Regeln* wissen, die es bei Entscheidungsprozessen zu befolgen gilt. James March beschreibt diesen engen Zusammenhang zwischen Identitäten und Regeln wie folgt: „… organizations fulfill or enact *identities* by following *rules* and procedures that they imagine as appropriate to the situations they are facing" (1994, S. 57).[222] Über die Aspekte der Identität und Regeln hinaus ist theoretisch anzunehmen, dass sich Akteure bei ihren Entscheidungen und Handlungen auch an der Frage orientieren, welche jeweils zur Wahl stehenden Optionen, unter Berücksichtigung der eigenen *Rolle* im organisationalen Feld, in einer bestimmten Situation *angemessen* – das heißt mit anderen Worten: *den Erwartungen der „collective audience" entsprechend* sind.

Bei der Analyse von Prozessen der *Abwägung* von Entscheidungen und Handlungsoptionen *nach Kriterien der Angemessenheit* ist im Skandinavischen Institutionalismus, anders als im „Weltkultur"-Ansatz, auch die Einbeziehung von Konflikten und Widersprüchen zwischen jenen Organisationen konzeptionell vorgesehen, die Situationen nicht übereinstimmend einschätzen bzw. Entscheidungen treffen oder Handlungen vornehmen, die *umstritten* sind.[223] Der hier vorgestellten theoretischen Grundannahme zufolge, wonach Akteure aus einem Spektrum legitimer Möglichkeiten von Entsprechungen zu institutionellen Vorgaben abwägend wählen können, sind sie in ihrem organisationalen Feld aktiv in die Aushandlung institutioneller Logiken involviert.[224]

---

221 Vgl. March & Olsen 2004.

222 Regeln werden von March & Olsen, und hierin liegt ein Schwachpunkt der theoretischen Grundlagen des Skandinavischen Institutionalismus, relativ unpräzise als „routines, procedures, conventions, roles, strategies, organizational forms, and technologies", jeweils in Verbindung mit „beliefs, paradigms, codes, cultures, and knowledge" zusammengefasst, die wiederum Rollen und Routinen umgeben, unterstützen, elaborieren, oder im Widerspruch zu ihnen stehen, vgl. March & Olsen 1989, S. 22. Vgl. hierzu Christensen & Røvik 1999, S. 161, wobei es sich um einen Artikel handelt, der sich kritisch mit den theoretischen Grundlagen des Skandinavischen Institutionalismus („decision-making under ambiguity"; „logic of appropriateness") auseinandersetzt.

223 Hierin liegt ein Grund, weshalb in diesem Zusammenhang Arbeiten aus den Überschneidungsbereichen von Social Movements und Organization Theory herangezogen werden, vgl. u. a. McAdam & Scott 2005; Campbell 2005.

224 Vgl. Scott 1994a, S. 212.

Auch das „theorization"-Konzept von David Strang & John W. Meyer erweist sich für die vorliegende Arbeit als wichtiges Argument für die konzeptgeleitete Rekonstruktion von Wandlungsprozessen.[225] Dieses wird in Arbeiten aus dem Skandinavischen Institutionalismus für gewöhnlich nicht herangezogen, obgleich es mit den grundlegenden Annahmen dieser Theorierichtung durchaus kompatibel wäre und sich vorzüglich dazu eignen würde, die kontinuierliche Umgestaltung von Modellen und Konzepten theoriegeleitet zu erfassen.[226] So besagt es, dass ein wichtiger Mechanismus für die Verbreitung von Modellen, Konzepten und Ideen deren „theorization" ist, womit in Anlehnung an Strang & Meyer (1993) für den hier behandelten Fall verschiedene Prozessverläufe impliziert sind:

a) Verschriftlichung von Erfahrungen mit der Umsetzung integrativer Pädagogik („old thinking in special needs education") und von antizipierten Vorstellungen zu „inklusiver" Pädagogik auf (sub)nationaler Ebene;

b) Dekontextualisierende Modellbildung und insofern primäre Systematisierung der Idee für Inclusive Education, wobei Konstruktionen vollzogen werden, die aus den in diversen lokalen Kontexten konkret praktizierten, abstrahierten und dekontextualisierten Vorbildern generiert wurden;

c) Fortlaufende Umgestaltung der Idee bzw. Variation des imaginierten Konzepts im Kontext neuer Anforderungen, z. B. Abwägung von Universalisierunganspruch (gemeinsame Erziehung aller Kinder) und Partikularisierungserfordernissen (besondere Berücksichtung von Bedürfnissen bzw. Berücksichtigung besonderer Bedürfnisse bestimmter Kinder);

d) Wandel der Rolle von an der (Weiter-)Entwicklung des Konzepts der Inclusive Education beteiligten Akteuren sowie ihrer Position im zur Analyse stehenden organisationalen Feld;

e) Umorientierungen auf der Umsetzungsebene, entsprechend neuer Vorstellungen zu Ausgestaltungen von Inclusive Education („new thinking in Special Needs Education").

Im Lichte der hier eingeführten theoretischen Bezüge untersucht die Studie in ihrem empirischen Teil das sich in den Quellen widerspiegelnde Kommunikationsgeflecht zwischen der für die Analyse ausgewählten Organisationseinheit der

---

225 Vgl. Strang & Meyer 1998.
226 Vgl. hierzu z. B. Ressler 2009.

UNESCO und den anderen an der Entwicklung und Verbreitung von Inclusive Education beteiligten Akteuren für den Zeitraum 1994–2000. Dabei helfen die hervorgehobenen neo-institutionalistischen Grundkonzepte zu verstehen, wie Inclusive Education im Verlauf der oben aufgeführten Prozessverläufe als pädagogisches Konzept „transferiert" und zugleich „transformiert" (Gherardi & Nicolini 2000, S. 329) wird, obgleich es entsprechend *theoretisierte* Wissensbestände sind, die im Umlauf sind und nicht die damit assoziierten Erziehungspraktiken selbst.

3. Quellen, Akteure, Methoden und Periodisierung

In diesem Kapitel wird ein Narrativ präsentiert,[227] das Einblick in den Quellenbestand und die Methoden sowie Informationen zum Analyseverlauf bietet.[228] Der Aufbau dieses Kapitels spiegelt nicht die Reihenfolge der im Rahmen der Analyse vollzogenen methodischen Schritte wider, sondern folgt dem Anspruch, das theoretische zweite Kapitel mit dem empirischen vierten in einer Weise zu verknüpfen, die sowohl transparent als auch plausibel macht, warum welche Entscheidungen im Verlauf des Projekts getroffen wurden.

Zunächst erfolgt eine Veranschaulichung des Prozesses der Datenerhebung sowie eine Darstellung der Quellenlage. Anschließend werden – und dies ist bereits Teil der Datenauswertung – die Akteure vorgestellt und Einsichten zum methodischen Vorgehen bei der Ermittlung ihrer Position im zur Analyse stehenden organisationalen Feld geboten. Danach kann anhand eines Überblicks der bei der Datenanalyse herangezogenen methodologischen Ansätze nachvollzogen werden, welche Theoriemittel im engeren Sinne (also „Werkzeuge" bzw. „conceptual tools") sich für die Analyse von Bedeutungen anboten.[229] Dann wird das methodische Vorgehen bei der Datenauswertung erläutert. Abgerundet wird das Narrativ schließlich mit der Periodisierung und überblicksweise mit einer knappen historischen Einordung des empirischen Teils der Arbeit. Hier erklärt sich die Wahl der Fokuszeiträume und es wird begründet, warum im darauffolgenden empirischen Teil der Studie der Zeitraum zwischen den Jahren 1994 und 2000 als signifikante Periode hervorgehoben wird.

Datenerhebung und Quellenbestand

Die Quellen der Studie stammen in erster Linie aus den Archiven der UNESCO in Paris. Der Beginn meiner Recherche verlief mit Hilfe der „UNESDOC"-Onlinedatenbank, über die – qua Suche nach Stichworten – in einem ersten Schritt vor allem publizierte Dokumente bezogen wurden. Die erste Kontaktaufnahme mit der UNESCO erfolgte per E-Mail im Mai 2008. Zu dieser Zeit entwickelte sich meine Idee, an der „International Conference on Education" teilzunehmen

---

227 Vgl. Isaac 1997; sowie Abbott 1992; 1988.
228 In Anlehnung an Hill 1993 werden sämtliche im dritten und vor allem im vierten Kapitel herangezogenen Primärquellen als Endnoten aufgeführt.
229 Vgl. hierzu auch Schneiberg & Clemens 2006.

– einer Bildungsministerkonferenz, die im November 2008 zum Thema „Inclusive Education: The Way of the Future" in Genf stattfand. Dort konnte ich bereits einen Teil jener Expertinnen und Experten (in der Danksagung Gesprächspartnerinnen und -partner und „Informanten" genannt) zur Konsultation heranziehen, die an der Ausarbeitung der sukzessiven Versionen des Konzepts der Inclusive Education beteiligt waren.[230]

Während der ersten Archivaufenthalte in Paris (im Jahr 2009) konzentrierte sich die Recherche zunächst auf die Lektüre der offiziellen Dokumente aus dem Bestand des Lesesaals der Archive der UNESCO. Die Datenerhebung wurde über die RECMAN-Onlinedatenbank fortgeführt, in der auch Quellen gelistet sind, die von der UNESCO unter Verschluss gehalten werden. Diese Quellen sind entweder nicht zugänglich weil sie, als „restricted" bzw. „confidential" markiert, besonders sensitive Informationen beinhalten oder weil sie einer – auch für andere UN-Organisationen gültigen – Sperrfrist unterliegen, derzufolge die sogenannten „Correspondence" und „Administrative Files" erst 20 Jahre nach ihrer Archivierung für Forschungszwecke freigegeben werden.[231] Dass diese Sperrfrist auch für jene Dossiers gilt, in denen nur ein Teil der Dokumente jünger ist als 20 Jahre, drohte die systematische Datenerhebung zu erschweren.[232] Deshalb beantragte ich eine Sondergenehmigung für die Sichtung ausgewählter Dossiers, die sowohl von den Archivarinnen und Archivaren als auch von Seiten der entsprechenden Sektion, aus der die Akten stammten, im August 2010 erteilt wurde.

Bei den folgenden Archivaufenthalten wurde sukzessive Anträgen stattgegeben, in denen ich mein Interesse artikulierte, auch solche Dokumente sichten zu wollen, aus denen im Zusammenhang mit dem gewählten Thema Informationen zu Verhältnissen zwischen der UNESCO und ihren Mitgliedsländern und der

---

230 Zur theoretischen Einordnung solcher Informationsquellen vgl. Stehr & Grundmann 2010 sowie Suárez 2007; Grek 2013. Zu dieser Konferenz und dem dort beobachteten vermeintlichen Konsens in der Frage nach der Bedeutung von Inclusive Education vgl. Kiuppis 2011.

231 Vgl. hierzu die „Access rules" im *UNESCO Administrative Manual*, Appendix 9.5 A), 5. Procedures and Processes [online über die UNESCO-Website verfügbar, nicht in der Literaturübersicht aufgeführt). Vor dem Hintergrund der geschilderten Sondergenehmigungen, auch Daten sichten zu dürfen, die normalerweise unter Verschluss gehalten werden, fiel – nach Rücksprache mit den Archivarinnen und Archivaren – die Entscheidung, dass ich zwar die Funktion der zitierten Personen nenne, nicht aber ihre Namen, und dass ich weitestgehend darauf verzichte, Hinweise auf ihre Identität zu geben.

232 Z.B. werden bestimmte Dossiers zur „United Nations Decade of Disabled Persons (1983–1992)" unter Verschluss gehalten, weil sich in ihnen *auch* Dokumente befinden, die aus der Zeit nach 1989 stammen.

UN sowie Nicht-Regierungsorganisationen und zwischenstaatlichen Organisationen hervorgehen. Letztendlich, nach Bewilligung mehrerer Gesuche auf Sichtung ausgewählter, für gewöhnlich unter Verschluss gehaltener Daten, standen mir alle gewünschten Dossiers des komplett archivierten Dokumentenbestands der Special Needs Education Unit der UNESCO für den Zeitraum bis zum Jahr 2001 zur Verfügung. Dabei handelte es sich um 17 Ordner mit insgesamt 3.540 Bilddateien, die ich in sieben Kategorien unterteilte: Sitzungen (z. B. Protokolle) und informelle Zusammenkünfte; Kongresse und andere Veranstaltungen (für breitere Öffentlichkeit); Programmatik, z. B. antizipierte Entwicklung; Verträge, Stellenbeschreibungen, Aufgabenzuweisungen; Berichte, Leitfäden (inkl. Protokolle von Reisen, „missions", etc.); Presse (z. B. Ankündigungen, Mitteilungen, „Werbung"); Fachartikel (inkl. Entwürfe, Korrekturen, Kritik, Rückmeldungen).

Die hier herangezogenen Archivmaterialen spiegeln die Gesamtheit der „schriftlichen Spuren" (Mayntz 2005, S. 8) der Kommunikationen zwischen der ausgewählten Organisationseinheit und jenen Akteuren in ihrem organisationalen Feld und seiner Peripherie wider, die an der Entwicklung der Idee für Inclusive Education zu einem imaginierten Konzept, an ihrer Zirkulation und an Prozessen ihrer Transformation mitbeteiligt waren.[233] Aus diesem Quellenfundus erweisen sich insbesondere jene Dokumente als aufschlussreich, aus denen Positionen der UNESCO bzw. ihrer Special Needs Education Unit hervorgehen.[234] Darüber hinaus enthält der Fundus sowohl zahlreiche Korrespondenzen zwischen Mitgliedern dieser Einheit und anderer Einheiten innerhalb der UNESCO als auch vereinzelt Dokumente, die weder direkt an die UNESCO gerichtet waren noch von der UNESCO stammten. So sind hier mitunter auch Korrespondenzen zwischen Dritten zu finden, die der UNESCO als Kopien zugestellt wurden.

Die klar identifizierbaren und analytisch trennbaren Unterschiede zwischen organisationsinternen Mitteilungskanälen und der Einbettung der Special Needs Education Unit in Kommunikationsprozesse mit externen Akteuren

---

233 „Gesamtheit" bezieht sich hier auf die Archivierungspflicht, wonach die Angestellten der UNESCO dazu angehalten sind, ihren Schriftverkehr (inclusive E-Mails) lückenlos zu archivieren.

234 So ist z. B. eine von der Leiterin dieser Organisationseinheit geschriebene Reaktion auf eine Einladung zu einem Treffen in der Regel aussagekräftiger als das Einladungsschreiben von Dritten. Die Archive spiegeln eine Vielzahl von Anfragen wider, die zwar an die UNESCO gerichtet sind, aber letztendlich wenig über ihre Rolle aussagen. Hilfreich waren solche Dokumente hingegen für die Sondierung der an den zur Untersuchung stehenden Prozessen beteiligten Akteure und der Bestimmung ihrer Position im organisationalen Feld, vgl. hierzu den folgenden Abschnitt zur Klassifizierung der Akteure.

erwiesen sich bei der Analyse der *konfligierenden Anforderungen,* denen die Mitarbeiterinnen der UNESCO zu entsprechen hatten, als sehr hilfreich. Aus den Quellen lässt sich mit anderen Worten ein solches komplexes Kommunikations- und Interaktionsgefüge – bestehend aus individuellen Akteuren und Expertinnen und Experten, nationalen Regierungen und ihren Vertreterinnen und Vertretern, internationalen Regierungs- und Nichtregierungsorganisationen sowie inter- und transnationalen Strukturen – rekonstruieren, von dem Eckhardt Fuchs und Jürgen Schriewer im Zusammenhang mit „Internationalen Organisationen als Global Players in Bildungspolitik und Pädagogik" ausführen, es bringe nicht nur die Konstruktion von Modellen [und von Konzepten, wie z. B. Inclusive Education, FK] hervor, sondern begleite, legitimiere und verstärke überdies entsprechende Implementierungsprozesse (Fuchs & Schriewer 2007, S. 146 f.). Anhand der Quellen lässt sich nachvollziehen, in welchen Situationen es in diesem Gefüge im Verlauf der Nachbereitung der Weltkonferenz in Salamanca zwischen den Ebenen des „Policy Talk" und der Entscheidungen und des Handelns der im Fokus der Analyse stehenden Organisationseinheit der UNESCO zu Diskrepanzen kam. Die Quellen spiegeln ein komplexes Bild miteinander verwobener Abstimmungs-, Abwägungs- und Entscheidungsprozesse wider, deren Auswirkungen auf den genannten Analyseebenen untersucht und diskutiert werden.[235]

Klassifizierung der Akteure

Für die Analyse des sich in den Quellen widerspiegelnden komplexen Kommunikations- und Interaktionsgefüges bedarf es einer systematischen Sondierung der an den zur Untersuchung stehenden Prozessen beteiligten Akteure sowie der Bestimmung ihrer Position im organisationalen Feld. Die Feldposition von Akteuren hängt nicht von ihrem physischen Standort ab. Insofern geht es hier nicht um geographische Nähen oder Distanzen, sondern um kulturelle. Bei diesem Teil der Datenanalyse wurde also eine Klassifikation der Feldposition von Akteuren vorgenommen, ohne dass der geographische Standort der jeweiligen Organisation eine Rolle spielte.[236]

---

235 „Komplex" meint hier, dass das untersuchte Verhältnis „aus vielen Einzelteilen [besteht], die miteinander über ein vielfältiges Beziehungsgeflecht verbunden sind und dabei Eigenschaften erwerben, die aus den Einzelteilen heraus nicht erkennbar oder verständlich sind", vgl. Winnacker 1998 (zitiert in Mayntz 1999, S. 1).
236 Vgl. hierzu auch die Ausführungen zum Konzept des organisationalen Feldes im zweiten Kapitel.

Im Zusammenhang mit der Frage, nach welchen Kriterien Organisationen als zu einem organisationalen Feld zugehörig verstanden werden, haben sich für die empirische Operationalisierung des theoretischen Konzepts des organisationalen Feldes insbesondere die Arbeiten des U.S.-amerikanischen Nachhaltigkeitsforschers Andrew J. Hoffman als hilfreich erwiesen, wonach sich die Formierung von organisationalen Feldern nicht etwa an Märkten, Waren, Dienstleistungen oder Technologien und Industrien orientiert, sondern *sich an Problemen und Sachverhalten („issues“) ausrichtet* – in seinem Fall an „corporate environmentalism“ und im in der vorliegenden Studie behandelten Fall am aufkommenden Problembereich einer Umorientierung der Special Needs Education.[237] In Anlehnung an Hoffmans organisationstheoretische Arbeiten lassen sich organisationale Felder für den empirischen Teil der Arbeit also als *auf Sachverhalten basierend* („issue-based“) verstehen und insofern als „centers of debates in which competing interests negotiate over issue interpretation“ (Hoffman 1999, S. 351).

Inspiriert durch Arbeiten von W. Richard Scott und Kolleginnen, wird hier bei der Bestimmung der Zusammensetzung des auf dem Problembereich einer Umorientierung der Special Needs Education basierenden organisationalen Feldes zwischen *Akteurstypen* und *Akteursgruppen* unterschieden. *Akteurstypen* sind z. B. individuelle Akteure, Expertinnen und Experten, nationale Regierungen und ihre Vertreterinnen und Vertreter sowie internationale Regierungs- und Nichtregierungsorganisationen. Die Einordnung der in den Quellen identifizierten Akteure in *Akteursgruppen* erfolgte durch Beurteilung ihrer Position *im* Feld bzw., im Fall von „peripheren Akteuren“ (Sahlin & Wedlin 2008, S. 224) bzw. „marginalen Akteuren“ (Strang & Sine 2002, S. 501), *zum* Feld.[238]

Die Entscheidung (nach Datenlage), welche relative Position den Mitgliedern eines „issue-based field“ jeweils analytisch zugewiesen wird, wurde in Orientierung an die im zweiten Kapitel (insbesondere im Zusammenhang mit der Einführung des Konzepts des organisationalen Feldes) eingeführten Arbeiten aus der neo-institutionalistischen Organisationsforschung vorgenommen.[239]

---

237 In diesem Zusammenhang sei auf den Begriff der „problem domain“ im Kontext des „linked solutions“-Ansatzes aus dem politikwissenschaftlichen Neo-Institutionalismus verwiesen, vgl. hierzu den Abschnitt zur Periodisierung.

238 Zu „marginal actors […] who look […] and cultivate obligations“ vgl. auch Stichweh 1998, S. 314; sowie Krücken & Meier 2006, S. 245.

239 Vgl. DiMaggio & Powell 1983; Scott 1994; Jepperson 2001; Chabbott 2003. In Hinblick auf die methodische Umsetzung der Ermittlung der Feldposition der Akteure vgl. in erster Linie Shils 1961, gut veranschaulicht in Wright & Zammuto 2013; sowie Rao et al. 2000.

Demnach hängt – auch in Anlehnung an die klassische Arbeit „Centre and Periphery" (1961) des U.S.-amerikanischen Soziologen Edward Shils – die Position von Akteuren im oder zum Feld, *ideell* (nicht geographisch) gesehen,[240]

a) von der „Nähe" eines jeweiligen Akteurs zu den im Zentrum des Feldes verhandelten *Werten* und Überzeugungen; und
b) vom Maß seiner *Autorität* ab, bei der Auslegung und Veränderung der im Feld geltenden Regeln mitbestimmen zu können.[241]

Etablierte, die Kommunikationen im Feld maßgeblich mitbestimmende und insofern „tonangebende" Akteure wurden – in Anlehnung an McAdam & Scott – als (1) *Dominants* klassifiziert.[242] Sie unterscheiden sich von jenen Akteursgruppen, die innerhalb des organisationalen Feldes am Rand (also von zentralen Werten und Überzeugungen im Feld ideell relativ „entfernt") oder die außerhalb des Feldes agieren und sich nur vereinzelt in bestimmten Situationen in Korrespondenzen im Zentrum einbringen, etwa um Forderungen zu stellen oder Kritik zu üben.[243] Diese Akteure, die aus einer solchen „entfernteren" Position Entwicklungen im Feld entweder *unterstützen* oder *in Frage stellen*, wurden als (2) *Followers* eingeordnet, die wiederum theoretisch hätten differenziert werden können in *Supporters* bzw. *Challengers*. Hierbei handelt es sich um zwei Unterkategorien von Akteurstypen, die Entwicklungen im Feld verfolgen, aber kaum oder (noch) nicht an dem „particular belief system" des Feldes teilhaben (Scott 1994a, S. 208). Die zu diesen Untergruppen gehörenden Akteure verfügen im Feld zwar über wenig oder keine Autorität (haben also kaum Mitspracherechte),

---

240 Vgl. den Abschnitt zum dieser Arbeit zugrundegelegten Raumverständnis im zweiten Kapitel.
241 Vgl. hierzu die Unterscheidung zwischen „central value system" und „exercise authority" bei Shils 1961. Wright & Zammuto 2013 unterscheiden in diesem Zusammenhang, ebenfalls in Anlehnung an Shils, zwischen „relative closeness to the field's central value system" und „field's rule-making authority".
242 Vgl. McAdam & Scott 2005, S. 17. Die Bezeichnungen der Akteurstypen wurden aus dem englischsprachigen Original übernommen, weil sich keine geeigneten Übersetzungen in die deutsche Sprache finden ließen.
243 Vgl. McAdam & Scott 2005, S. 17 f. Aufschlussreich ist in diesem Zusammenhang der Beitrag von Strang & Soule, die das Konzept der „change agents" einführen „that spread new practices and facilitate particular lines of innovative action" (1998, S. 271). Vgl. hierzu auch „the notion of connectedness and clique" in DiMaggio & Powell 1983, S. 148 – dies sind Begriffe, die im Kontext der historischen Globalisierungsforschung innerhalb der Vergleichenden Erziehungswissenschaft im Zusammenhang mit netzwerktheoretischen Arbeiten herangezogen werden, vgl. in erster Linie Schriewer & Caruso 2005; Roldán-Vera & Schupp 2006.

agieren aber insofern als *Unterstützer* oder *Herausforderer* der *Dominants*, als sie mitunter versuchen, die im Feld dominierenden Bedeutungen mit eigenen Impulsen zu stärken bzw. anzufechten und in Frage zu stellen und eigene – aus Sicht des Zentrums *neue* – Vorstellungen (ergänzend bzw. als Widerspruch) darin einzubringen. Den Gruppen der *Supporters* und *Challengers* gehören typischerweise Akteure an, die als „social visionaries" bezeichnet werden könnten, also Akteure

> [who] create new possibilities: new designs for structures and new ways of acting. They propose new templates or archetypes for roles, groups and organizations ... (Scott et al. 2000, S. 174).[244]

Dominants lassen sich als „Gemeinschaft" zusammenfassen

> with its own more-or-less shared understandings (ideologies, assumptions, scripts, norms) that form a background for constructing [...] strategies and goals and that determine what will count as *appropriate* or deviant" (Davis & Greve 1997, S. 8_ Hervorhebung: FK).[245]

Sie sind bei der Definierung von Werten und Überzeugungen im Feld die zentralen Akteure und gelten als legitimiert – und insofern mit Autorität ausgestattet –, bei der Auslegung und Veränderung der im Feld geltenden Regeln den Ton anzugeben.

Supporters lassen sich charakterisieren als Akteure, die mit den zentralen Werten und Überzeugungen im Feld konform gehen, diese prinzipiell gutheißen

---

244 An dieser Stelle sind die Hinweise wichtig, dass die Entscheidung, ob ein jeweiliger Akteur der Gruppe der *Supporters* oder der *Challengers* zugeordnet werden müsste, analytisch nur selten eindeutig zu treffen möglich ist. Dieser theoretischen Differenzierung kann empirisch also nicht so einfach entsprochen werden, zumal insbesondere in Situationen, in denen es – im Brunssonschen Sinne, vgl. den Abschnitt: Skandinavischer Institutionalismus (im zweiten Kapitel) – zwischen den Ebenen des „Policy Talk", der Entscheidungen und der Handlungen von Akteuren zu Diskrepanzen kommt, häufig davon auszugehen wäre, dass Akteure gleichzeitig als *Supporters* und *Challengers* agieren (so z. B. festgestellt beim Vorstoß eines Wissenschaftlers der *University of Cambridge*, unmittelbar im Anschluss an die Weltkonferenz in Salamanca, vgl. die Ausführungen zur ersten Entwicklungsphase im vierten Kapitel). Eine weitere Schwierigkeit bestand bei der Entscheidung, ob jene sich als *Challengers* herausstellenden Akteure *innerhalb* des Feldrandes eingeordnet werden müssen oder *außerhalb* – und insofern als periphere Akteure verstanden werden müssten.

245 Vgl. Hirsch 1986 sowie den Abschnitt: Logic of appropriateness (im zweiten Kapitel).

und insofern vom Rand des Feldes aus festigen.[246] Sie wirken auf die im Feld verhandelten Werte und Ideen stabilisierend ein, z. B. in Situationen, die mit den Worten des U.S.-Amerikanischen Politikwissenschaftlers John Zysman als „institutional settlement" (1994, S. 283 ff.) beschrieben werden können und mit den Worten von McAdam & Scott zu charakterisieren wären als:

> an agreement negotiated primarily by the efforts of field dominants (and their internal and external allies) to preserve a status quo that generally serves their interests (McAdam & Scott 2005, S. 18).

Challengers wären somit zu verstehen als „seeking to challenge the advantaged position of dominants or fundamental structural-procedural features of the field" (ebd., S. 17).[247]

Bei der Sondierung der an den zur Untersuchung stehenden Prozessen beteiligten Akteure in der Umwelt der UNESCO und der Bestimmung ihrer Position im organisationalen Feld wurde eine methodische Herangehensweise gewählt, die einzelne Elemente aus verschiedenen der genannten Arbeiten mit jenen von W. Richard Scott und Kolleginnen kombiniert.[248] Im Laufe der empirischen Arbeit entschied ich, verschiedene Ansätze anzuwenden, da in der Literatur kein Klassifikationsschema auffindbar war, das zur sich hier darbietenden Datenlage passte bzw. differenziert genug erschien. So spiegeln z. B. die – an und für sich für die vorliegende Arbeit sehr gut brauchbaren – „analytic conventions" bei McAdam & Scott (2005, S. 17 ff.) keine Lösung für das Problem wider, dass im organisationalen Feld mitunter Akteure aktiv sind, die aus ähnlicher Position wie die *Challengers* die *Dominants* unterstützen, aber nicht zu ihnen gehören (in der vorliegenden Arbeit als *Supporters* eingeordnet). Oder beispielsweise Wright & Zammuto (2013) bedenken nicht jene Akteure mit, die sozusagen im Hintergrund beobachten und insofern für zentrale Akteure im Feld die Anwesenheit einer Kontrollinstanz darstellen, die zwar nicht aktiv im Feld oder umzu tätig ist, aber ggf. regulierend interveniert – etwa für den Fall, dass Entwicklungen (nicht) einen bestimmten Lauf nehmen. Wiederum bot die Unterscheidung zwischen

---

246 Vgl. z. B. Rao et al. 2000; Campbell 2005; Strang & Soule 1998. Rao et al. 2000 führen aus, dass *Supporters* sich mitunter zu organisationalen Feldern innerhalb von Feldern („subfields", S. 263) formieren, wodurch letztendlich – trotz bzw. aufgrund von Handlungen, die die Werte und Überzeugungen im Feld unterstützten – Konkurrenzsituationen zu den *Dominants* entstehen können.

247 Vgl. hierzu auch Scott et al. 2000: „Agency is not evenly and uniformly distributed among social actors but varies substantially by the actor's *location* in the social structure" (S. 36_Hervorhebung: FK).

248 Vgl. in erster Linie McAdam & Scott 2005 sowie Scott et al. 2000.

„established participants" und „outsiders" bei Scott et al. (2000, S. 171) keine zufriedenstellende Möglichkeit an, z. B. die Position von sogenannten *Short Term Contractors* zu bestimmen (wobei es sich im hier analysierten Fall um gelegentlich von der UNESCO engagierte Berater aus akademischen Kontexten in Großbritannien handelt). Deshalb zog ich, über die Differenzierung der Akteurstypen in *Dominants, Supporters* und *Challengers* hinaus, bei der Datenauswertung das Konzept der „collective audience" (Suchman 1995, S. 574) heran,[249] das die Gesamtheit der aus Sicht jeweiliger Akteure als „relevant others" (Schriewer 2009, S. 33) zu bezeichnenden Akteure umfasst.[250]

Die Zusammensetzung des organisationalen Feldes zum Zeitpunkt der Weltkonferenz in Salamanca (Juni 1994) habe ich nach den oben eingeführten Shils'schen Kriterien (1961) wie folgt beurteilt:

a) „Nähe" eines jeweiligen Akteurs zu den im Zentrum des Feldes verhandelten *Werten* und Überzeugungen;
b) Maß der *Autorität* eines jeweiligen Akteurs, bei der Auslegung und Veränderung der im Feld geltenden Regeln mitbestimmen zu können.

Für die Bestimmung der Feldposition der Akteure bzw. für die Entscheidung, welchem Akteurstypus ein in den Quellen auftauchender Akteur für die Zeit vor der Weltkonferenz in Salamanca zugewiesen werden muss, habe ich die folgenden drei Aspekte herangezogen:

1) ob und in welchem Zeitraum sich der Akteur schon vor dem Jahr 1994 mit der Einbeziehung von marginalisierten Minderheiten in Prozesse Allgemeiner Pädagogik bzw. mit der Erreichung der „EFA Goals" durch gemeinsame Erziehung und Bildung aller Kinder befasst hat;
2) in welche Diskussionszusammenhänge (z. B. Veröffentlichungen, Projekte) zum Sachverhalt („issue") des aufkommenden Problembereichs einer Umorientierung der „Special Needs Education" der Akteur eingebunden war;
3) über welche Ressourcen der Akteur verfügte.

Das zentrale Wertesystem des zur Analyse stehenden organisationalen Feldes wird zeitlich vor dem – unten als „signifikante Periode" herausgestellten – Fokuszeitraum 1994–2000 von jenen Akteuren bestimmt, die Special Needs aus-

---

249 Vgl. hierzu die Ausführungen zur dritten Entwicklungsphase im vierten Kapitel.
250 Hierzu vgl. George Herbert Meads Konzept des „generalized other" (Mead 1922, S. 161 f.). Anders als das „collective audience"-Konzept impliziert dies allerdings nicht eine (imaginierte) Gerichtetheit der Aufmerksamkeit anderer.

schließlich auf Behinderung beziehen und daher im Zusammenhang mit der Idee für Inclusive Education einen *engen Adressatenkreis* im Blick haben. Für den empirischen Teil der Studie stellte sich also die Frage, wie die Entwicklung und Verbreitung von Inclusive Education mit dem Wandel der Positionen der daran beteiligten Akteure in ihrem organisationalen Feld zusammenhängen. Die hier präsentierte Herangehensweise bei der Bestimmung der Positionen der Akteure im Feld stellt zunächst eine „Bestandsaufnahme" der Akteure dar. Insofern sind jene Akteure, die erst im Verlauf des Fokuszeitraums 1994–2000 Mitglieder des Feldes wurden, hier noch nicht aufgeführt.[251]

Dominants

Insgesamt wurden in den Quellen 39 Akteure als für den Problembereich einer Umorientierung der Special Needs Education und die in diesem Kontext entwickelte Fragestellung relevant identifiziert, wovon sich zum Zeitpunkt der Weltkonferenz in Salamanca 16 als *Dominants* herausstellen (UN, UNESCO, ILO, WHO, UNDP, UNHCR, UN/DPI, SIDA, DANIDA sowie folgende NGOs: ILSMH, WFD, WBU, WVF, DPI, R.I., ICOD), also eine zentrale Feldposition zu erkennen geben. Auf sie trifft also sowohl zu, dass ihre Stellungnahmen und Aktivitäten als sehr nah an im Feld verhandelten zentralen Werten und Überzeugungen einzuschätzen sind als auch ihnen ein hohes Maß an Autorität bei der Bestimmung von Regeln zugerechnet werden kann. Die vor dem Jahr 1994 im Feld vorherrschenden zentralen Werte und Überzeugungen drehen sich um *die Frage nach optimalen Wegen und Möglichkeiten der Einbeziehung von Kindern mit Behinderungen in Schulen, in die sie auch gehen würden, wenn sie ohne Behinderungen* wären. Für den Kern der hier zusammengefassten Akteure gilt, dass sie sich bereits im Vorfeld zur Weltkonferenz – z. B. im Kontext einer „interagency cooperation" – *mit der Situation von Menschen mit Behinderungen im Kontext von Erziehung und Bildung* befasst haben und sich entweder im Zusammenhang mit sonderpädagogischen oder mit integrationspädagogischen Themen aktiv und maßgeblich einbrachten. Sie gelten in Anbetracht der Quellenlage mit anderen Worten als etablierte Vertreter einer *auf Behinderung bezogenen Special Needs Education* (im Sinne des „old thinking": Sonderpädagogik bzw. Integrationspädagogik) und sind zum Zeitpunkt der Weltkonferenz

---

251 Vgl. hierzu insbesondere die im vierten Kapitel dargelegte zweite Entwicklungsphase, in der UNICEF und die Weltbank – nach Anwerben von UNESCO – Einzug in das organisationale Feld erhalten.

dadurch charakterisierbar, dass sie sich im Zusammenhang mit dem „issue" eines aufkommenden Problembereichs einer Umorientierung der Special Needs Education als Stammgruppe im Feld mit Möglichkeiten und Wegen befassen, wie gemeinsames Lernen aller Kinder einer Altersstufe *unter besonderer Berücksichtigung der Situation von Kindern mit Behinderungen* organisiert werden könne. Die für Special Needs Education zuständige Organisationseinheit der UNESCO nimmt dabei die Rolle des Hauptakteurs ein.

Mit dem Begriffsrepertoire klassischer Organisationstheorien ausgedrückt,[252] gilt die UNESCO bzw. ihre bei der Analyse fokussierte Einheit in der vorliegenden Arbeit als „the organization set".

> The organization set is defined as encompassing a given organization of interest – the focal organization – together with its relations to other organizations that are critical to its functioning and survival (Scott et al. 2000, S. 10).

So stand es schon in für den *Organizational Institutionalism* wegbereitenden Studien aus den 1960er Jahren.[253] Die Umwelt bzw. das Um-Feld einer jeweiligen Organisation ist aus dieser theoretischen Perspektive, so heißt es ebenda weiter,

> [...] seen from the vantage point of the focal organization, and attention is directed to how it views its environment, how its relations with other organizations influence its structure and performance, and how it strategically manages these relations.

An anderer Stelle führt Scott hierzu aus:

> This focus stressed the importance of the specific linkages and flows between a particular organization – the focal organization – and others, including suppliers, buyers, regulaters, and competitors, with whom it is interdependent (Scott 1994a, S. 204).

Die Identifizierung der UNESCO als „the organization set" bezieht sich auf ihre doppelte Einbettung in ihr organisationales Feld und in ihre institutionelle Umwelt und begründet sich im hier behandelten Fall auf ihrer zentralen Rolle im Feld bei der Institutionalisierung von Inclusive Education, nicht aber etwa darauf, dass sie als ein „heroischer Akteur" (Suddaby et al. 2010, S. 1237_Über-

---

252 Vgl. u. a. Evans 1966.
253 Vgl. Blau & Scott 1962. „Organization set" wurde vom Konzept der „role set" bei Robert Merton abgeleitet, vgl. Merton 1957.

setzung: FK) zu verstehen wäre. Gemeint ist hier der Sachverhalt, dass die UNESCO bei der Analyse im Fokus steht und somit zum zentralen Akteur erklärt wird; es wird also im Gegensatz zu klassischen, das Konzept der „organization set" heranziehenden Arbeiten zunächst keine Aussage darüber getroffen, als wie *wichtig* die fokussierte Organisation gilt bzw. für wie *mächtig* sie von „peers and competitors" (Scott 1994b, S. 43) gehalten wird.[254] Diese Aspekte müssen aus den Quellen ermittelt werden, ergeben sich also erst während der Analyse und werden nicht theoretisch vorangenommen.[255]

Die Quellen spiegeln Prozesse wider, die im Großen und Ganzen jenen Aspekten der *Einbindung* von Internationalen Organisationen in diskursive Interaktionen auf unterschiedlichen – lokalen, nationalen, inter- und transnationalen – Ebenen entsprechen, die Colette Chabbott und Francisco O. Ramirez als ein mehrstufig verflochtenes Kommunikationsgefüge theoretisch ausformuliert und graphisch illustriert haben.[256] In Anlehnung hieran lassen sich Weltkonferenzen als „bridging activities" einordnen, die dadurch charakterisiert werden können, dass „[they] can bring the field together to establish common standards to which all organizations can be held accountable" (Chabbott & Ramirez 2006, S. 176). In Heranziehung der UNESCO als „the organization set" lassen sich anhand der Quellen folglich Aktivitäten identifizieren, die theoretisch als „buffering" eingeordnet werden können, wonach „professionals can help organizations buffer important activities from the changing whims of outside funders [or other actors, FK] by altering discourse or structures but leaving the core activities in tact." (ebd.).[257]

---

254 Vgl. hierzu u. a. die Beiträge zu einem Group Panel bei der Jahreskonferenz der CIES 2013 in New Orleans mit dem Titel „UNESCO without U.S. Funding? Implications for Education Worldwide", das u. a. Vorträge von Nicholas Burnett („A missed opportunity to reform UNESCO … or could renewed U.S. funding trigger it?") und Steven Klees („UNESCO vs. World Bank: The struggle over leadership in education") umfasste. Vgl. hierzu auch einen aufschlussreichen Artikel von Aaron Benavot (2011) – eine geradezu scharfe Kritik an der UNESCO, die der Autor (der ein ehemaliger Mitarbeiter der UNESCO ist) im Rahmen der CIES-Konferenz 2010 in Chicago vortrug. Darin kommt u. a. zum Ausdruck, dass die UNESCO Diskurse produziere, die laut Benavot folgenlos blieben.

255 An dieser Stelle ist wichtig zu bedenken, dass das organisationale Feld anders aussehen würde, wenn ein anderer Akteur als „organization set" fokussiert werden würde.

256 Vgl. Chabbott 2003; Chabbott & Ramirez 2006.

257 Vgl. hierzu in erster Linie die Ausführungen zur ersten Entwicklungsphase im vierten Kapitel, in der von Seiten britischer Wissenschaftler, die sich bereits in den 1980er Jahren im Kontext von Studien zur Schulentwicklung mit Special Needs Education befassten, eine neue „institutionelle Logik" in das „issue-based field" eingebracht wird, die UNESCO sich in dieser Phase aber unbeeindruckt zeigt und ihre zuvor verfolgte Ausrichtung weiterverfolgt.

In Entsprechung mit dem *Salamanca Statement and Framework for Action* (UNESCO 1994)[258] übernimmt die UNESCO in dem hier untersuchten Fall die Hauptverantwortung für die Verbreitung von Inclusive Education im Kontext einer Umorientierung der Special Needs Education im Sinne eines „neuen Denkens",

> [...] to mobilize the support of organizations of the teaching profession in matters related to enhancing teacher education as regards provision for special educational needs; to stimulate the academic community to strengthen research and networking and to establish regional centres of information and documentation; also to serve as a clearinghouse for such activities and for disseminating the specific results and progress achieved at country level in pursuance of this Statement; to mobilize funds through the creation within its next Medium-Term Plan (1996–2002) of an expanded programme for inclusive schools and community support programmes, which would enable the launching of pilot projects that showcase new approaches for dissemination, and to develop indicators concerning the need for and provision of special needs education (UNESCO 1994, S. xi).

Diese Palette an Aufgaben wurde im Rahmen der Weltkonferenz der Special Education Unit der UNESCO zugewiesen – einem Organisationsteil, dessen Leiterin mit wenig Mitteln ausgestattet war, um die Bereiche „planning, monitoring, evaluating educational provision" (ebd., S. ix) zu schultern.[i] Ihre Arbeit in der UNESCO, so führt es einer ihrer Wegbegleiter aus dem im Kontext der Weltkonferenz in Salamanca aufkommenden Problembereich einer Umorientierung der Special Needs Education in seinen Memoiren aus,

> [...] was beset by financial and organisational obstacles and her achievements correspondingly impressive. Working with rarely more than one or two interns, she organised a stream of publications, training programmes and consultations. She attended conferences all over the world where she always spoke with conviction and expertise about what could be achieved, however limited the resources (Mittler 2010, S. 352).[259]

Bei der Analyse der von der Special Needs Education Unit gespielten Rolle bei der (Weiter-)Entwicklung der Idee für Inclusive Education zu einem imaginierten

---

258 Vgl. hierzu den Abschnitt: Schlüsseldokumente der „World Conference on Special Needs Education", 1994 in Salamanca (im vierten Kapitel).
259 Vgl. hierzu auch Vargas-Barón 2014.

Konzept sind anhand der Quellen fünf Tätigkeitsbereiche zu unterscheiden, durch die sich die Arbeit der UNESCO zusammenfassend charakterisieren lässt:[260]

> [P]rospective studies and leadership for tomorrow; the advancement, transfer and sharing of knowledge; standard-setting actions; technical cooperation and sharing of expertise; exchange of specialized info.[ii]

Für die Nachbereitung von Weltkonferenzen lässt sich das Aufgabenprofil, das sich die UNESCO selbst zuschreibt, im Allgemeinen wie folgt ergänzen: „mobilization of support; co-operation with member states; diffusion of documents".[iii]

Followers (Supporters & Challengers)

23 jener im Problembereich der Umorientierung der Special Needs Education tätigen Akteure stellen sich zum Zeitpunkt der Weltkonferenz in Salamanca als *Followers* und insofern – in Scott's oben angeführten Worten – entweder als „peers" oder „competitors" heraus.[261] Für Akteure innerhalb dieser Gruppe, deren Feldposition marginal oder peripher ist, zeigt sich entweder eine relative Nähe zum zentralen Wertesystem des Feldes und entsprechend eine verhältnismäßig kleine Rolle in der Autoritätshierarchie bei der Formulierung von Regeln und der Bestimmung ihrer Gültigkeit, z. B. als von den *Dominants* erhörte Ideengeber (aufgrund dieser Aspekte würden sie der Untergruppe der *Supporters* zugerechnet werden). Diese Akteure nehmen z. B. unregelmäßig an Treffen im Rahmen einer „interagency cooperation" teil und verfügen – den zum Teil weni-

---

260 Vgl. hierzu u. a. auch Coleman & Jones 2004 sowie Singh 2011.

261 Mir ist bewusst, dass die Analyse von in erster Linie schriftlichen Stellungnahmen möglicherweise einen Verzerrungseffekt der Sachlage und somit ein Bias bedeutet, kann z. B. aus fehlenden schriftlichen Äußerungen nicht einfach der Schluss abgeleitet werden, es handele sich bei einem jeweiligen Akteur um einen *Supporter*. Vor diesem Hintergrund habe ich für diese „Bestandsaufnahme" der sich in den Quellen widerspiegelnden Akteure die Entscheidung getroffen, die Followers nicht im einzelnen in Supporters und Challengers zu differenzieren. Nichtsdestotrotz halte ich die Klassifizierung von Akteuren in *Dominants, Supporters und Challengers* – zumal in Einzelfällen, z. B. wenn sich bei Akteuren eine jeweilige Rolle deutlich zeigt – für sinnvoll, da sich somit im Zeitverlauf Änderungen von Positionen im Feld nachvollziehen und illustrieren lassen. Durchführbar auf Basis schriftlicher Stellungnahmen dürfte die Unterscheidung schon deshalb sein, weil sich sowohl *Dominants* als auch *Challengers* eindeutig äußern. Für die Gruppe der *Supporters* bleiben die genannten möglichen Verzerrungen eine kleine Gefahr, da sich aufgrund fehlender Äußerungen eigentlich keine Rollenzuschreibung ableiten lassen dürfte.

gen schriftlichen Stellungnahmen nach zu urteilen – über hohes Bekenntnis zu diesen Fragen. Oder es zeigt sich, dass sie vielmehr Aussagen treffen oder Handlungen ausüben, die zwar vom zentralen Wertesystem des Feldes relativ weit entfernt sind (und die entsprechenden Akteure somit keine Rolle bei der Formulierung von Regeln und der Bestimmung ihrer Gültigkeit spielen), dennoch aber bei der Analyse als kritische Beiträge zur Debatte gezählt werden können.[262]

Theoriemittel für die Analyse von Bedeutungen

„Bedeutungen" werden in der vorliegenden Studie in Anlehnung an die Spätphilosophie Wittgensteins als der „Gebrauch [eines jeweiligen Wortes] in der Sprache" verstanden.

> „Man kann für eine große Klasse von Fällen der Benützung des Wortes „Bedeutung" – wenn auch nicht für a l l e Fälle seiner Benützung – dieses Wort so erklären: Die Bedeutung eines Wortes ist sein Gebrauch in der Sprache. /.../. Vielleicht wäre es richtiger zu sagen: Eine Bedeutung eines Wortes ist eine Art seines Gebrauchs in der Sprache. Hier ist die Frage offen gelassen, was wir einen einheitlichen Gebrauch, und was etwa zwei Arten des Gebrauchs nennen werden. Ich glaube es wird sich zeigen, daß sich dafür keine scharf geschnittenen Regeln angeben lassen" (Wittgenstein 2001 [1936–1946], S. 596_Hervorhebungen im Original).

Um untersuchen zu können, welche Rolle die für das Special Needs Education-Programm zuständige Einheit der UNESCO bei der (Weiter-)Entwicklung der Idee für Inclusive Education zu einem imaginierten Konzept spielt, bedarf es der Kenntnis und einer konkreten Definition einer früheren Form derselben als Kontrastfolie für die Entscheidung, ob eine in den Daten auftauchende spätere Idee zu der früheren als veränderte auf derselben Verbindungslinie „passt" oder es sich um eine andere Idee handelt. Spätestens bei der Interpretation der Daten muss

---

262 Ähnlich wie bei der Frage, ob ein jeweiliger Akteur das im Fokus der Analyse stehende Wissen in erster Linie *diffundiert* (bzw. übersetzt) oder *rezipiert* (vgl. hierzu den Abschnitt: Verortung der Untersuchung innerhalb der Vergleichenden Erziehungswissenschaft [im ersten Kapitel]) wurde bei der Klassifizierung der Akteure deutlich, dass sich die analytische Entscheidung, ob bestimmte relevante Akteure im Feld, die aufgrund der oben dargestellten Kriterien nicht zur Gruppe der *Dominants* gezählt werden können, *Supporters oder Challengers* sind, nicht in jedem Fall eindeutig treffen lässt; vgl. die entsprechenden Ausführungen zur ersten Entwicklungsphase (im vierten Kapitel).

gewährleistet sein, dass eine *kriteriengeleitete Unterscheidung* getroffen werden kann, ob sich in einem jeweiligen Fall die Idee verändert hat oder ob vielmehr von der Co-Existenz verwandter Ideen bzw. von einer Diversifizierung von Ideen – im vorliegenden Fall etwa der Inhalte, die mit dem Wort „inclusion" assoziiert werden[263]– ausgegangen werden muss. Dasselbe gilt für die Feststellung von institutionellem Wandel: Es bedarf Kriterien, die im Zweifelsfall darüber entscheiden, ob man es mit neuen Institutionen oder mit alten im Wandel zu tun hat.

Da es in der vorliegenden Studie, im Kontext zentraler Annahmen aus dem organisationssoziologischen Neo-Institutionalismus, in erster Linie um jene Aspekte von Institutionen geht, die in der theoretischen Literatur als „ideational" bzw. „symbolic" bezeichnet werden (Zilber 2008, S. 152),[264] wurde bei der Auswertung der Daten auf sozialwissenschaftliche Ansätze zurückgegriffen, die sich mit der *Untersuchung von Bedeutungen* befassen und daher beim Prozess der Quellenanalyse als Orientierung genutzt wurden. Im Folgenden werden die drei wichtigsten Zugänge vorgestellt:

a) In methodologischer Hinsicht erwies sich der Ansatz von Colin Lankshear für die hier bearbeitete Problemstellung als aufschlussreicher Ausgangspunkt. Seine Arbeiten, in denen er unterschiedliche Bedeutungen von *literacy* in Reformvorhaben analysiert, verweisen auf eine Tendenz, derzufolge – jenseits aller Unterschiede zwischen verschiedenen Konstruktionen zu einem Begriff – zwischen sich widersprechenden Dokumenten bestimmte Übereinstimmungen („common features") auszumachen seien (Lankshear 1998, S. 357).[265] So ist auch mit Blick auf die hier zu analysierenden Quellen zu mutmaßen, dass sich in ihnen unterschiedliche *Bedeutungen* von Inclusive Education widerspiegeln. Es stellt sich heraus, dass sich auch hier, hinter der Uneinigkeit bei der Bestimmung des Adressatenkreises von Inclusive Education sowie damit assoziierter Schulformen und Unterrichtsgestaltungen,[266] grundlegende Übereinstimmungen verbergen: zum Beispiel Verweise auf die *gemeinsame Erziehung und Bildung aller Kinder*; auf die *Aufhebung der Zweiteilung von Special Education und General Education*; oder auf *„integration", verstanden als Leitidee, die durch „inclusion"*

---

263 Vgl. hierzu Biewer 2009a, S. 125.
264 Vgl. die Ausführungen im Abschnitt: Alternative Sicht auf Internationale Organisationen – das konzeptionelle Paradoxon der „embedded agency" (im zweiten Kapitel). Zur Unterscheidung zwischen „ideational" oder „symbolic" und „material aspects of institutions" im Zusammenhang mit Bedeutungen vgl. darüber hinaus Hatch & Zilber 2012.
265 Vgl. auch Lankshear 1997.
266 Vgl. den Abschnitt: Thematischer Kontext (im ersten Kapitel).

ersetzt werden solle.[267] Insofern regte Lankshears Ansatz dazu an, die Quellen zunächst mit Blick auf die *Gemeinsamkeiten* zu studieren, die den sich in ihnen widerspiegelnden unterschiedlichen und widersprüchlichen Verwendungen des Begriffs der Inclusive Education zugrundeliegen.

Allerdings sind Lankshears Arbeiten nicht historisch angelegt, sodass sie sich hier nicht anboten, weit über einen Ausgangspunkt hinaus für die systematische Erschließung der Quellen hilfreich zu sein, ist in ihnen die Dimension der Herkunft von Bedeutungen zwar mitbedacht, bieten sie aber keinen methodischen Ansatz für die Untersuchung „prozessproduzierter Daten" (Mayntz 2005, S. 8). Lankshears Analyse beschränkt sich ohnehin auf einen Begriff (literacy), *ergründet* seine Bedeutungen aber nicht im Sinne einer *Untersuchung bis zu ihrem Ursprung*.

b) In diesem Sinne richtet sich eine Analyse von Bedeutungen aus, die an Grundsätze einer „sociology of associations" angelehnt ist. So wurde bei der Datenanalyse, komplementär zu Lankshears Annahmen, auf Elemente aus dem theoretischen Ansatz von Bruno Latour zurückgegriffen.[268] In Anlehnung an Arbeiten von Latour ließen sich die Daten durch eine *Redefinition* des Wortes Inclusive Education erschließen,

---

267 In der Literatur zu Inclusive Education kristallisiert sich als „gemeinsamer Nenner" heraus, dass bei der Frage nach der *Herkunft* des Konzepts in der Regel auf die „World Conference on Special Needs Education" verwiesen wird, die im Jahr 1994 in Salamanca stattfand und dass in diesem Zusammenhang häufig von einem „Paradigmenwechsel" die Rede ist, der vereinfacht als Entwicklung von der durch das Leitprinzip der *Segregation* bestimmten Sonderpädagogik – über die *Integration* – zur *Inklusion* beschrieben wird.

268 Einige der zentralen Annahmen von Bruno Latour aus dem als „Actor-Network-Theory" (ANT) bekannt gewordenen Ansatz seiner „sociology of associations" erwiesen sich für die vorliegende Arbeit als hilfreich, so z.B. die Annahmen, (i) Forscherinnen und Forscher, die einer Originalbedeutung auf der Spur seien, haben es nicht mit einem ursprünglichen Original, sondern mit vielen Originalen zu tun (vgl. Latour 2005, S. 88); (ii) es gebe keine Makro-Akteure bzw. Makro-Akteure seien Mikro-Akteure (vgl. Callon & Latour 1981, S. 280); (iii) bei der Klassifizierung von Akteuren müsse zwischen „intermediaries" (Zwischengliedern) und „mediators" (Mittlern) unterschieden werden (2005, S. 38 ff.). Manche Annahmen wiederum sind für diese Arbeit nicht brauchbar, z.B. die Ausführungen zum Thema „material agency", etwa die Betrachtung von Tieren und Sachen als Akteure mit Sinn und Verstand (ebd., S. 196 ff.). Vgl. hierzu auch den legendären, die ANT mitbegründenden Artikel von Michel Callon in dem von John Law herausgegebenen Band zu einer im engsten Sinne „New Sociology of Knowledge" (Callon 1986). Eine Gegenposition hierzu lässt sich bei Niklas Luhmann herauslesen, der für „soziale Operationen" Handlungen und Kommunikationen als charakteristische Bedingungen aufführt (1995b, S. 7).

by going back to its original meaning and making it able to trace connections again (Latour 2005, S. 1).

Seit Begründung einer Originalbedeutung, so führt Latour an anderer Stelle aus,

[the origins] were ever-present and constantly open to question in scientific or political debates (1986, S. 271f.).

Insofern ist für den hier behandelten Fall anzunehmen, dass sämtliche Versionen und Interpretationen von Inclusive Education *zurückführbar* sind auf frühere Formen. Mit Latours Worten:

they arose out of the modifications that were made to the developing definition of what [Inclusive Education_FK] is about,

so führt es Latour in Bezug auf „the powers of association" aus (ebd).

Ein zentrales Element aus Latours Arbeiten bietet sich für die Analyse von Bedeutungen als hilfreich an: die Idee der „Übersetzung" (*translation*).[269] Mit diesem – dem Werk des französischen Philosophen Michel Serres (1974) entlehnten – Leitgedanken stellt Latour ein Theoriemittel bereit, das in seiner von Barbara Czarniawska in die neo-institutionalistische Organisationsforschung eingebrachten Variante (Czarniawska 2008; Czarniawska-Joerges & Joerges 1996) eine wichtige Rolle in vielen jener Arbeiten spielt, die dem Skandinavischen Institutionalismus zugeordnet werden. In diesem Kontext ist von „kollektiver Übersetzung" die Rede:

---

269 Es gibt zwei Gründe, weshalb „translation" nicht bereits ausführlicher im zweiten Kapitel eingeführt wurde: Erstens eignet es sich für die Vergleichende Erziehungswissenschaft m.E. nicht – wie von Latour (1986) angeregt – *als Ersatz des Konzepts der Diffusion,* sondern bestenfalls als Komplementärkonzept für die Mikro-Analyse von Ausschnitten von Diffusionsverläufen. Vgl. hierzu entsprechende Ausführungen in den Abschnitten: Thematische Verortung der Untersuchung in der Vergleichenden Erziehungswissenschaft (im ersten Kapitel); Skandinavischer Institutionalismus (im zweiten Kapitel). Demnach erhält „translation" seine analytische Kraft erst durch die *Verknüpfung* mit dem Konzept der Diffusion. Zweitens wäre mit der Nutzung von „translation" in der Vergleichenden Erziehungswissenschaft ohnehin nicht mehr gewonnen als nicht schon von Jürgen Schriewer unter der Bezeichnung „abweichungsgenerierende Rekontextualisierung" entwickelt wurde (Schriewer 2005a) und nicht durch entsprechend kombinierte Heranziehung der Hybridmetapher (vgl. u. a. Schwinn 2006) ausgeführt werden könnte.

The perceived attributes of an idea, the perceived characteristics of a problem and the match between them are all created, negotiated or imposed during the collective translation process (Czarniawska-Joerges & Joerges 1996, S. 25).

Folglich ist anzunehmen, dass die Entwicklung und Verbreitung der Idee für Inclusive Education im Laufe ihrer Diffusion und Zirkulation mit Veränderungen zusammenhingen, die durch eine ganze Reihe verschiedener Akteure an dieser Idee vorgenommen wurden.[270] Allerdings geht „translation" aus den Arbeiten des Skandinavischen Institutionalismus in der Regel weniger als analytisches Konzept denn als Metapher hervor. Im Anschluss an die Metapher des „Drehbuchs" („script")[271] und in Verbindung mit dem metaphorisch kompatiblen Leitgedanken des „editing", mit dem sich das modifizierende *Umschreiben* von „scripts" begrifflich fassen lässt,[272] lassen sich die Konzepte „decision-making under ambiguity" und „logic of appropriateness" in Bilder kleiden, wonach in den „Drehbüchern" enthaltene Ideen von einer jeweiligen „inszenierenden" Organisation nach ihrer Klarheit und Angemessenheit beurteilt und gegebenenfalls nur in Teilen berücksichtigt, rearrangiert oder ausgesondert werden. Dem Leitgedanken des „editing" zufolge muss eine Organisation zwar einem „script" entsprechend handeln, kann dieses aber entsprechend der für sie selbst geltenden „institutionellen Logiken" – qua editing – abändern.[273] Eine entsprechend kombinierte Nutzung der Metaphern „global players" (Fuchs & Schriewer 2007), „theatrical world" (Frank & Meyer 2002) oder auch „world stage" (Arnove 2012) wäre hier naheliegend.

Obgleich sich die Arbeit theoretisch am Skandinavischen Institutionalismus orientiert, erfolgt diese Referenznahme – wie oben bereits angedeutet – mehr aufgrund des in dieser Theorietradition typischen Fokus auf mikroanalytische, qualitative Fallstudien und seiner Basiskonzepte (z. B. „decision-making under

---

270 Bei Latour ist in diesem Zusammenhang die Rede von „chains of action" (2005, S. 216).

271 Vgl. den Abschnitt: Institutional Environment (im zweiten Kapitel).

272 Vgl. u. a. Czarniawska-Joerges & Joerges 1996; Sahlin & Wedlin 2008. Inspiriert von John W. Meyer, wurde der Leitgedanke des „editing" von Kerstin Sahlin-Andersson (1996) in die neo-institutionalistische Organisationsforschung eingeführt und später wie folgt eingeordnet: „[…] to demonstrate that the circulation of knowledge by means of translation-processes does not happen in a meandering, directionless way and open-endedly, but rather follows editing rules and differing logics of various editors that belong to the chain of agents translating ideas" (Sahlin-Andersson & Engwall 2002, S. 25).

273 In diesem Sinne Czarniawska-Joerges & Joerges 1996: „… ideas must be fitted into already existing action patterns" (S. 15).

ambiguity"; „logic of appropriateness") denn aufgrund der darin widergespiegelten Anwendung der zweifellos prominenteren Idee der „Übersetzung".

c) Als nützlich für den empirischen Teil der Arbeit – insbesondere für die Datenauswertung – erwies sich „Übersetzung" eigentlich erst in jener Variante, die der norwegische Politologe Kjell Arne Røvik in die neo-institutionalistische Organisationsforschung eingebracht hat.[274] Røvik hat jene Annahme von Latour und von Vertreterinnen und Vertretern des Skandinavischen Institutionalismus,[275] wonach „translation" sich bei der Reise jeweiligen Wissens auf die *Weitergabe* von Akteur zu Akteur bezieht, für Mikroanalysen zugänglich gemacht, indem er „Übersetzung" (Norweg.: oversettelse) auf Prozesse des Bedeutungswandels *innerhalb* von Organisationen anwendet.[276] Passend zu der zugleich *wissens-* und *organisationssoziologischen* Schwerpunktsetzung des empirischen Teils der vorliegenden Studie befasst Røvik sich in seinen Arbeiten in erster Linie mit den Fragen,

> 1) was mit Ideen passiert nachdem sie „gereist" und in Organisationen „angekommen" sind; und 2) wie sich Organisationen mit diesen Ideen befassen.[277]

Dabei bezieht Røvik sich – im Sinne von „interpersonal diffusion" (Strang & Soule 1998, S. 268) innerhalb von Organisationen – auf Transformationen von Wissen, die er als „more or less deliberate" (Røvik 2011, S. 642) bezeichnet.[278] Den Beitrag von Organisationen im Rahmen der Entwicklung von Ideen, auf den Latour nicht weiter eingeht, fasst Røvik wie folgt zusammen:

---

274 Vgl. z. B. Røvik 2007; 1998.

275 Vgl. u. a. Czarniawska-Joerges & Sevón 1996; Czarniawska-Joerges & Joerges 1996; Czarniawska & Sevón 2005; Czarniawska 2008; Sahlin & Wedlin 2008; Sahlin-Andersson & Engwall 2002.

276 Vgl. hierzu auch Campbell: „What is required [...] is a specification of the mechanisms whereby models [...] that diffuse through a field are translated into practice on a case-by-case basis. By translation I mean the process by which practices that travel from one side to another are modified and implemented by adopters in different ways so that they will blend into and fit the local and institutional context." (2005, S. 55).

277 Vgl. Røvik 2011, S. 632.

278 Die Charakterisierung von Transformationen von Wissen als „more or less deliberate" eröffnet die Möglichkeit, in Heranziehung von Røviks Arbeiten auch jene Prozesse als „Übersetzungen" von Ideen zu klassifizieren, bei denen die Datenlage keinen Aufschluss darüber gibt, inwieweit sie sich absichtlich, bewusst oder willentlich vollziehen.

[Organisations] actively translate and transform [ideas], sometimes making them more suitable as problem-solving tools (ebd., S. 637).[279]

Den Fokus bei der Analyse der „Übersetzungen" von Wissen – wie Røvik, mit Blick auf Kommunikationsprozesse innerhalb von Organisationen – auf die Art und Weise des *Umgangs einzelner Organisationen mit Ideen* zu richten statt – wie Latour, von außerhalb – auf die *Weitergabe von Ideen von Akteur zu Akteur*, entspricht im Großen und Ganzen der empirischen Schwerpunktsetzung in der vorliegenden Studie. Røviks Arbeiten zum sogenannten „organizational idea-handling" (Røvik 2011, S. 631)[280] bieten für die hier eingenommene „[International] Organizations in an Institutional Environments"-Perspektive wichtige Hilfsmittel an, um die Daten mit Blick auf die Frage erschließen zu können, wie Organisationen mit bestimmten Ideen umgehen und diese *bearbeiten* (2011, S. 637).

Wie Scheuer (2006) unter Verweis auf von Røvik in norwegischer Sprache verfasste Arbeiten andeutet, lassen sich in Heranziehung seines Ansatzes „Übersetzungen" von Ideen *nicht nur feststellen, sondern auch analytisch kategorisieren.* Somit liegt die Stärke von Røviks Arbeiten darin, dass sich ihnen Hilfsmittel für die Strukturierung der Daten entnehmen lassen. So bieten sie z. B. eine Möglichkeit an, „Übersetzungen" einer Idee in Hinblick auf das Kriterium der Veränderungen gegenüber eines jeweiligen Originals zu kategorisieren, wobei Røvik beispielsweise die Unterscheidung einführt, „an idea may be concretized, partly imitated, combined or remelted" (Røvik 1992, zit. in Scheuer 2006, S. 4), oder indem er z. B. „reisende Ideen" charakterisiert als

authorized socially (recognized by important organizations in the field); theorized; turned into a userfriendly product; presented as a new and better solution; harmonized by not offending or favorizing special interest groups;

---

279 Dass Røvik Übersetzung als Transformation definiert, hier aber eine Unterscheidung zwischen „translate" und „transform" vornimmt, ist nicht ganz stimmig. Scheuer weist bei seiner kritischen Würdigung von Røviks Ansatz darauf hin, „[that] when Røvik is pointing out that an idea might be imitated, combined or remelted, he is also implying that an idea may be translated in a way that is more or less in accordance with an original idea" (2006, S. 11).

280 „Handling" bezieht sich hier auf „[…] the various ways organizations relate to and act towards […] ideas." (Røvik 2011, S. 631). Røvik wirft in diesem Zusammenhang einige wichtige Fragen auf, die sich m.E. auch in vielen Rezeptionsanalysen innerhalb der Vergleichenden Erziehungswissenschaft stellen: „What happens to ideas after adoption – are they decoupled from or translated into practice, and to what extent do ideas „work" and have long-lasting effects on organizations?"(Røvik 2011, S. 631).

told in a dramatic way; individualized as an opportunity for development for organizational members (ebd., S. 10).

So ließe sich z. B. aus der in Røviks Arbeiten eingenommenen Perspektive sowohl erkennen als auch theoretisch ausformulieren, dass die Bezeichnung „integration" im Zeitverlauf immer weniger benutzt und insofern unpopulärer und durch das Wort „inclusion" ersetzt wird, obwohl der sich dahinter verbergende Inhalt derselbe bleibt.[281] In diesem Kontext erschwert sich die Analyse der dem „new thinking in Special Needs Education" zugewiesenen Bedeutungen, spiegelt sich in den verschiedenen Versionen der Verhältnisbestimmung zwischen „alt" und „neu" (bzw. „primär" und „sekundär") sowohl der Unterschied zwischen Sonderpädagogik und integrativer Pädagogik; zwischen integrativer Pädagogik und inklusiver Pädagogik; und zwischen Sonderpädagogik und als „inklusive Pädagogik" bezeichneter integrativer Pädagogik wider.

(d) In diesem Zusammenhang haben sich schließlich die Arbeiten der israelischen Organisationsforscherin Tammar Zilber als überaus hilfreich erwiesen, in denen beispielsweise im Zusammenhang mit Prozessen der *Infusion neuer Bedeutungen* untersucht wird, wie – aus Sicht der Mitglieder eines jeweiligen Feldes beurteilt – neue Akteure auf im Feld tradierte Praktiken einwirken, oder welche Rolle Mitglieder von Organisationen bei der *Beförderung von Institutionen* spielen, die bis dahin im jeweiligen Feld keine oder eine untergeordnete Bedeutung hatten.[282] In den hier zitierten Arbeiten geht es um Widersprüche zwischen „institutionellen Logiken" und um die Art und Weise, wie Akteure in den entsprechenden Kontexten agieren. Zilber macht in diesem Zusammenhang deutlich, dass sich Prozesse des „infusing [of] actions with meanings" durch *Interpretationen* vollziehen und dass Bedeutungen Akteure mit ihren Handlungen verbinden („meanings connect actors with actions", ebd.). Besonders kompatibel mit dem in der vorliegenden Arbeit behandelten Fall wird ihr theoretischer Ansatz zumal durch die Konzentration auf „ideational" und auf „micro-level dynamics of institutional processes" im Zusammenhang mit Bedeutungen.[283]

---

281 Vgl. Røvik 2011, S. 643; Røvik 1998. „What might seem to be new", so heißt es in einem ähnlichen Zusammenhang in der Einleitung eines hervorragenden Buches mit Arbeiten aus dem Historischen Institutionalismus, „[is] just another version of the old" (Streeck & Thelen 2005, S. 1). Vgl. hierzu auch die Ausführungen zum Ansatz der „conceptual analysis" (Carley 1990) im folgenden Abschnitt: Methodisches Vorgehen bei der Datenauswertung.
282 Vgl. hierzu Zilber 2002, S. 234.
283 Vgl. u. a. Zilber 2008.

Zudem spiegeln Zilbers Arbeiten interessante Querverweise auf verwandte Arbeiten wider, die ähnliche Fragestellungen verfolgen wie die vorliegende Studie – in denen im Allgemeinen z. B. auch „various meanings of institutionalized myths and their effects on the process of institutionalization" untersucht werden und im Besonderen – ebenfalls gestützt auf Archivmaterialien und Interviews – die Frage, wie die Einführung neuer Modelle in Organisationen von jenen Bedeutungen abhängen, die relevante Akteure ihnen zuweisen.[284]

Methodisches Vorgehen bei der Datenauswertung

Die Auswertung der Daten erfolgte in enger Orientierung an solche Arbeiten aus der Organisationsforschung, die sich mit institutionellen Wandlungsprozessen befassen, obgleich sowohl mit anderen Themen als auch mit anderen teildisziplinären Zugängen.[285] Vor dem Hintergrund der im vorigen Abschnitt ausgeführten methodologischen Annahmen wird im Folgenden das methodische Vorgehen bei der Datenauswertung vorgestellt. Die Überlegungen für die Analyse der Bedeutungen von Ideen und des Prozesses ihres Wandels vorausgesetzt, hat sich als Auswertungsmethode die Inhaltsanalyse – insbesondere die „conceptual analysis" (Carley 1990; Bailey 1994) bzw. „concept analysis" (Krippendorff 2012, S. 62 ff.) – angeboten.

Dass, wie oben erwähnt, das Wort „integration" in den Quellen im Fokuszeitraum in abnehmender Häufigkeit auftaucht, wobei festzustellen ist, dass die „common features" (Lankshear 1998, S. 357), die mit „integration" verbunden sind (z. B. gemeinsame Bildung und Erziehung aller Kinder; Fokus auf Menschen mit Behinderungen; kategoriales Denken bei der Differenzierung dieser Gruppe), weiterhin den Diskurs dominieren, bringt die Tendenz mit sich, dass alternative Begriffe an die Stelle von „integration" treten. Während mit anderen Worten der sich hinter dem Begriff verbergende Inhalt weitgehend derselbe bleibt, lässt sich mit der Etablierung der Idee für Inclusive Education (nach dem Jahr 1996)[286] ein Wandel der Terminologie feststellen. Mit dem hier gewählten

---

284 Vgl. Zilber 2012.
285 Vgl. u. a. Wright & Zammuto 2013; Rao et al. 2000. Beispielsweise im Kontext der *Standing Working Group „Institutions and Knowledge"* innerhalb der *EGOS* lässt sich beobachten, dass in der neo-institutionalistischen Organisationsforschung theoretische Auseinandersetzungen zwischen Autorinnen und Autoren stattfinden, deren Arbeiten zwar konzeptionell ähnlich, aber disziplinär und thematisch weit voneinander entfernt sind.
286 Vgl. hierzu die Ausführungen zur zweiten Phase im vierten Kapitel.

Ansatz der „conceptual analysis" lässt sich auch das konträre Phänomen untersuchen,

> that texts with exactly the same [number of] specific concepts can easily have quite different meanings, once the relations among concepts are taken into account. Thus, a network analysis is required (Miles & Hubermann 1994, S. 49).

Carley führt hierzu aus:

> Simply stated, the presence of concepts may not be sufficient to denote meaning. People can use the same words or concepts with the same frequency and have very different meanings (1994, S. 727).

Mit der Konzeptanalyse lassen sich sowohl die Zuschreibung unterschiedlicher Begriffe zu ähnlichen Sachverhalten (z. B. „new thinking in Special Needs Education"; „integration in the wider sense") untersuchen als auch die Konjunktur von bestimmten Wörtern (z. B. „inclusion"), hinter denen sich unterschiedliche Bedeutungen verbergen. Die Datenauswertung wurde in Anlehnung an die Mustervorlage bei Kenneth D. Bailey vorgenommen (1994, S. 306 ff.). Die dort zugrundegelegte Vorgehensweise wurde leicht variiert, da hier – über die in den Quellen getroffenen Aussagen hinaus – folgende Aspekte mitberücksichtigt werden sollten: „the meanings they construct, reproduce, contest or maintain, the effects they have and the precise means by which these effects are achieved" (Langley & Abdallah 2011, S. 228).

Die Vorgehensweise bei der Datenanalyse lässt sich überblicksweise wie folgt zusammenfassen:

1. Zusammenstellung von Datensätzen und „Sampling" der Dokumente, unter Heranziehung des Kriteriums, ob sie für das „issue-based field" (Hoffman 1999), in dem es um Wege und Möglichkeiten für die Einbeziehung von marginalisierten Minderheiten in Bildungskontexte geht, relevant sind.[287]

2. Identifizierung von Regelmäßigkeiten in Argumentationen, Codierung von gemeinsamen Elementen in den Dokumenten (in Entsprechung zu den „common features" bei Lankshear 1998, S. 357) sowie Bestimmung des Inhalts von Kategorien und ihrer Verhältnisse zueinander. Im Anschluss hieran war

---

287 Vgl. Krippendorf 2012, S. 111–124; sowie Neuendorf 2002, S. 71–93.

wichtig zu gewährleisten, dass die Kategorien aus dem Quellenmaterial und nicht aus dem konzeptionellen Bezugsrahmen herausgearbeitet werden.[288]

Die Codierung von Quellensegmenten orientierte sich an den Fragen (a) um was es bei einer jeweiligen für relevant befundenen Textstelle ging (z.B. Anfrage; Stellungnahme; Reaktion auf Kritik; etc.); (b) welche Analyseebene eine Rolle spielt (z.B. Reaktion auf Kritik aus Mitgliedsland; Anfrage von außen an Mitglied im Feld; organisationsinterne Stellungnahme, z.B. gegenüber Vorgesetzten); (c) zu welchem Zeitpunkt die jeweiligen Kommunikationen stattfinden; und (d) welcher Akteur an der jeweiligen Kommunikation beteiligt ist sowie wer darin erwähnt wird bzw. implizit gemeint ist. Bei der Bearbeitung dieser in der Methoden-Literatur mitunter als „w-Fragen" aufgeführten Punkte (was, wo, wann und wer bzw. what, where, when und who) habe ich mich auf bestimmte Argumentationsketten konzentriert, die z.B. darauf hindeuten, dass Akteure einen Status Quo untergraben bzw. verteidigen; auf bestimmte Akteurshandlungen, die z.B. darauf hindeuten, dass sich Akteure um finanzielle Ressourcen bemühen oder um neue Kooperationspartner; oder auf neue Regeln oder Erlasse oder Formierung von Gruppen.[289]

3. Festlegung der Analyseeinheit und der Kontexteinheit. Hierbei stellte sich im Laufe der Quellenlektüre heraus, dass nicht „Inclusive Education", sondern „Special Needs Education" und die unterschiedlichen Verständnisse von „new thinking" in der „Special Needs Education" und „children with special educational needs" entscheidende Anhaltspunkte für die Inhaltsanalyse boten (vgl. Punkt 4). Besondere Aufmerksamkeit richtete ich auf Aussagen zu der Frage nach dem Adressatenkreis von „Inclusive Education" bzw. „Special Needs Education". So wurden z.B. Textstellen kodiert, aus denen Unstimmigkeiten zwischen Akteuren in der Frage hervorgingen, ob die Umsetzung von „Inclusive Education" im Sinne eines „new thinking in Special Needs Education" zwangsläufig mit einer Erweiterung der Fokusgruppe einhergehen müsse oder ob die Entwicklung vom alten zum neuen Denken in der „Special Needs Education" stattdessen vielmehr eine Frage des veränderten Umgangs mit demselben Adressatenkreis sei.[290] Als entscheidend für die Beantwortung der Frage, *von wem* „Inclusive Education" und „Special

---

288 Vgl. hierzu Holm 1995; Leblebici et al. 1991.
289 Vgl. Wright & Zammuto 2013.
290 Diese Uneinigkeit wurde im Abschnitt: Thematischer Kontext (im ersten Kapitel) mit den Fragen auf den Punkt gebracht, ob es bei dem Leitprinzip der Inklusion gegenüber der Integration darum gehe, einen pädagogischen Ansatz zu initiieren, *der sich der Gruppe der Menschen mit Behinderungen anders annimmt als integrative*

Needs Education" *wie* ausgelegt wird, stellte sich die Feststellung heraus, *wo* der normative Druck im organisationalen Feld lokalisiert ist, Inclusive Education weiterzuverfolgen und in einer bestimmten Weise zu verstehen – „[That] depended on whether the population was to be defined in terms of children in special schools or the wider population of children experiencing learning difficulties for any reason" (Mittler 2010, S. 26).[291]

4. Identifizierung von Regelmäßigkeiten jenseits der inhaltlichen Ebene (vgl. Punkt 2), die Aufschluss über das Wechselverhältnis zwischen verschiedenen Akteuren geben.[292] Hier ließen sich als „second order insights" Mechanismen ermitteln, die an die zuerst von Colette Chabbott ausgearbeitete Darstellung einer kommunikativ und iterativ erzeugten Diffusionsdynamik erinnern,[293] bei der eine Vielzahl von Akteuren – im Verlauf von sich kontinuierlich wiederholenden Zyklen von internationalen Konferenzen, Deklarationen und Absichtserklärungen – einen globalen bildungspolitischen Diskurs konstruieren.

Die bei der Auswertung der Daten eingenomme Perspektive ließe sich am passendsten als „processual analysis" (Langley & Abdallah 2011) beschreiben, bei der die Aufmerksamkeit auf Aspekte der Transformation und des Wandels der Bedeutung von Wissen und Strukturen im Zeitverlauf gerichtet ist und sich besonders auf die Frage konzentriert wird, wie die Akteure (insbesondere die UNESCO als „the organization set") ihre Umwelt und das darin verhandelte Wissen im thematischen Zusammenhang mit Inclusive Education verstehen.[294] Dabei ging es in erster Linie darum, nachzuvollziehen – und hier kommt Bruno Latours Diktum „going back to original meaning and making it able to trace connections again" wieder ins Spiel (2005, S. 1) – wie (und warum) sich, ausgehend von einer bestimmten Bedeutung, im Verständnis der Akteure zu denselben Sachverhalten Wandlungen einstellen. Indizien für solche Prozesse können

---

Pädagogik oder *der sich vielmehr auch anderen Menschen annimmt als jenen mit Behinderungen.*

291 Hier bietet sich auch Elsbach & Kramers (1996) Methode des „mapping of evidential patterns in organizational statements" an, vgl. hierzu Wright & Zammuto 2013.

292 Vgl. hierzu u. a. Gruber & Menz 2004.

293 Vgl. Chabbott 2003, S. 9; Chabbott & Ramirez 2006, S. 175; Kiuppis 2007, S. 74.

294 Vgl. Langley & Abdallah 2011, S. 213. In diesem Artikel wird plausibel, dass sich Bedeutungsveränderungen nicht als „freischwebende Semantik" (Langhof et al. 2004) vollziehen, sondern in „Kontexten". Vgl. hierzu auch den sogenannten „texts-in-contexts"-Ansatz bei Heracleous & Barret 2001 (zit. in Langley & Abdallah 2011, S. 228).

z. B. bei Finanzierungsfragen vorgenommene Änderungen oder ein Wechsel innerhalb der Gruppe jener Akteure sein, die im organisationalen Feld als legitim gelten.[295] Hier wurden anhand der Quellen Kategorien definiert, die bei der Analyse der Daten als Kriterien für die Entscheidung dienten, inwiefern wir es mit Varianten derselben Idee bzw. mit unterschiedlichen Ideen zu tun haben. In diesem Zusammenhang habe ich zu ergründen versucht, was unter „new thinking in Special Needs Education" und „Inclusive Education" verstanden wurde, wie sich das Verständnis zu diesem „neuen Denken" im Laufe des Betrachtungszeitraums änderte und wie es zur „Education for All"-Agenda abgegrenzt wurde.

Periodisierung

Gita Steiner-Khamsi hat im Zusammenhang mit der Wahl von Vergleichseinheiten für Länderstudien auf ein Problem bei räumlichen Grenzziehungen hingewiesen, wonach

> „[T]he greatest challenge is to avoid falling into the trap of first establishing national boundaries, only to demonstrate afterwards that these boundaries have indeed been transcended" (Steiner-Khamsi 2010, S. 327).[296]

Diese Gefahr besteht auch bei anderen „Grenzziehungen", so zum Beispiel bei der Festlegung eines Untersuchungszeitraums, bei der Darstellung seiner Einbettung in einen geschichtlichen Kontext und bei der hiermit verbundenen *Periodisierung* einer wissenschaftlichen Arbeit anhand der aus der Gesamtheit der Quellen hervorgehenden Daten. Dies gilt wohl insbesondere in einer Studie wie der vorliegenden, die – inspiriert von gleichermaßen wissens- und organisationssoziologischer Literatur – in ihrem empirischen Teil auf der Basis von Archivmaterialen, also „schriftlicher Spuren" (Mayntz 2005, S. 8), Transformationen von Wissen und damit einhergehende Veränderungen des Verständnisses von Sachverhalten und thematischer Schwerpunktsetzungen auf Seiten von Organisationen untersucht.[297] Schon qua der hier eingenommenen Untersuchungsperspektive und der gewählten Fragestellung zeichnet sich in der

---

295 Vgl. z. B. Scott et al. 2000, S. 171.
296 Vgl. hierzu auch Lamont & Molnar 2002.
297 Der Soziologe William Roy behauptet in diesem Zusammenhang sogar, dass „[T]he logic of defining periods [...] *discourages* the study of transformation because it encourages thinking in terms of discrete stages rather than dynamic processes, like snapshots rather than a motion picture" (Roy 1987, S. 56_Hervorhebung: FK). Vgl. hierzu auch Smith 1984, S. 183, sowie Clemens 2007.

vorliegenden Arbeit die Tendenz ab, dass sie wahrscheinlich nicht „im Rahmen bleibt", sondern Prozesse rekonstruiert, die über die bei der Periodisierung gezogenen Grenzen hinausgehen. Dass hier nichtsdestotrotz eine Periodisierung der Arbeit vorgenommen wird, obgleich es in der Untersuchung insbesondere um die Analyse von *Transformationsprozessen* geht und der Fokus zudem auf eine Idee gerichtet ist, deren Bedeutung bis heute kontinuierlich im Wandel begriffen ist, begründet sich durch mein Anliegen, durch die Binnengliederung insbesondere des vierten Kapitels, den Aufbau der Arbeit zu plausibilisieren und den Zeitraum zwischen den Jahren 1994 und 2000 als signifikante Periode hervorzuheben.

In Anlehnung an die Vorgehensweise in einer Studie von Florian Waldow (2007), in der ein einzelner Diskursstrang längsschnittartig nachgezeichnet wird, wurde für die vorliegende Arbeit aufgrund der Datenlage (zumal der sukzessive erteilten Sondergenehmigungen für die Sichtung von Dossiers, die normalerweise unter Verschluss gehalten werden)[298] die Entscheidung getroffen, kleine Zeiträume mit großer Quellendichte zu untersuchen anstatt eine minutiös, Jahr für Jahr berücksichtigende Betrachtung mit geringer Quellendichte zu wählen. Waldow verweist bei der Illustrierung seiner Daten auf das Beispiel eines Films, der trotz Hervorhebung einzelner Fokuszeiträume auch über den gesamten Untersuchungszeitraum nachvollzogen werden könne. So hat eine solche Vorgehensweise auch beim hier behandelten Fall den Vorteil, dass der Beginn der Bifurkation des Basic Education (ED/BAS)-Programms der UNESCO vor 50 Jahren als empirischer „Auftakt" behandelt werden kann, ohne dass damit der Anspruch verbunden sein müsste, die Entwicklungen seit 1964 lückenlos zu rekonstruieren.[299] Wie Florian Waldow in seiner Arbeit zusätzlich einzelne, außerhalb seiner „Betrachtungszeiträume" entstandene Berichte berücksichtigt hat, werden hier – über die Daten aus den Archivmaterialien hinaus – auch die Einsichten der Gesprächspartnerinnen und -partner und „Informanten" in die Interpretation der Daten einbezogen und zudem Quellen sowohl aus den Jahren vor 1994 als auch aus den Jahren nach Ende der letzten der untersuchten drei Entwicklungsphasen, die mit dem Jahr 2000 endet.

Konzeptionell unterstützt wurde die Periodisierung durch Ansätze aus dem politikwissenschaftlichen und Historischen Institutionalismus nach Elisabeth S. Clemens und Kathleen Thelen. Insbesondere solchen Texten, die sich mit Prozessen *institutionellen Wandels* befassen, konnten theoretische Hilfsmittel

---

298 Vgl. den Abschnitt: Datenerhebung und Quellenbestand.
299 Vgl. den Abschnitt: Wie es vor 50 Jahren begann …

für die Strukturierung der Studie entnommen werden.[300] In diesem methodologischen Kontext geht es im Folgenden um die Plausibilisierung der Wahl der Fokuszeiträume und insofern mittelbar um die Frage, warum im empirischen Teil der Studie der Zeitraum zwischen den Jahren 1994 und 2000 als signifikante Periode hervorgehoben und in drei Phasen unterteilt wird.

Identifizierung signifikanter Diskontinuitäten

Jede Erklärung von Wandel beginnt sowohl mit einem Konzept sozialer Diskontinuität als auch mit einer Methodologie, mit der Ähnlichkeiten und Unähnlichkeiten („resemblances and dissimilarities") zwischen Aktionslinien ausgemacht werden können – so führt die Chicagoer Soziologin Elisabeth S. Clemens die aus ihrer Sicht essentiellen Bestandteile der Periodisierung in die Literatur ein (Clemens 1999, S. 64). Hier erweist sich der Ansatz des kanadischen Soziologen Roy Suddaby als hilfreich – er führt aus, dass „institutions [...] tend to only reveal their inner workings during times of disruption or stress, when the social order is inverted" (Suddaby 2010, S. 17).

Da Inclusive Education im Jahr 1994 in einem Kontext eingeführt wird, der sich traditionell mit der Einbeziehung von Menschen mit Behinderungen in Bildungsangebote befasste, zielte die Quellenlektüre in Anlehnung an die theoretische Literatur auf die Identifizierung solcher *Diskontinuitäten* im Kontext von Debatten zu der Frage, *wie sich die Einbeziehung von Menschen mit Behinderungen in Bildungsangebote adäquat organisieren lasse.* Aus Quellen wie den hier herangezogenen gehen Diskontinuitäten in der Regel eindeutig hervor. So deuten z.B. Weltkonferenzen auf Einschnitte in Kontinuitäten hin,[301] obgleich sie analytisch nicht automatisch als Diskontinuitäten eingeordnet werden können. Vielmehr lenken die entsprechenden „schriftlichen Spuren" aus dem Kontext von Weltkonferenzen die Aufmerksamkeit einer Forschung wie dieser auf Diskontinuitäten, markieren somit den Kontext, in dem es zu Umbrüchen in Perioden kommt.[302]

---

300 Vgl. u.a. Leblebici et al. 1991; Rao & Giorgi 2006; Seo & Creed 2002; Wright & Zammuto 2013.

301 Vgl. u.a. Chabbott 1998.

302 So zeigt sich z.B. bei der Analyse des Bologna-Prozesses, dass offenbar nicht die Konferenz im Juni 1999 in Bologna den eigentlichen Umbruch ausmachte, sondern jenes Treffen, das aus Anlass der 800-Jahr-Feiern der Pariser Sorbonne im Jahr zuvor abgehalten wurde, bei dem die Bildungs- bzw. Hochschulminister Deutschlands, Frankreichs, Großbritanniens und Italiens die *Gemeinsame Erklärung über*

Linked solutions-Ansatz

Als empirisch handhabbar, im Sinne von „Werkzeugen" für die Identifizierung signifikanter Diskontinuitäten,[303] stellte sich aus der soziologischen Literatur besonders der sogenannte „linked solutions"-Ansatz heraus. Diesem Ansatz zufolge werden aus den jeweilig verfügbaren Daten Lösungen („linked solutions") zu bestimmten Problembereichen („problem domains") ermittelt, z. B. neu aufgelegte Programme infolge wachsenden Drucks, bestimmte Themen abzudecken;[304] oder geänderte Finanzierungspläne als Konsequenz neuer Erwartungen, die über die institutionelle Umwelt an eine jeweilige Organisation gestellt werden; oder abgehaltene Konferenzen als Reaktion auf als unzureichend empfundene Implementierung bestimmter Modelle und Konzepte.

Die Grundlegung des „linked solutions"-Ansatzes erfolgte in einem Klassiker des U.S.-amerikanischen Kunsthistorikers George Kubler (1962), in dem es heißt:

> [...] any solution points to the existence of some problem to which there have been other solutions, and that other solutions to this same problem will most likely be invented to follow the one now in view. As the solutions accumulate, the problem alters. The chain of solutions nevertheless discloses the problem. (Kubler 1962, S. 33, zitiert in Clemens 1999, S. 69 f.).[305]

Der aus den Quellen hervorgehende Problembereich ergibt sich durch die Debatten um die adäquate Organisation *der Einbeziehung von marginalisierten Minderheiten in Bildungsangebote.* Entsprechende „Lösungen" repräsentieren, so Clemens, „temporally specific combinations of schemas and resources that may be attributed to some actor or set of actors" (1999, S. 70 f.) – Lösungen, die mitunter den Wandel von ihnen zugrundeliegenden Problemen anzeigten.[306] Von Perioden kann die Rede sein, so formuliert es Elisabeth S. Clemens, „when

---

die Harmonisierung der Architektur des Europäischen Hochschulsystems verabschiedeten. Vgl. hierzu Schriewer 2005a.

303 Vgl. Schneiberg & Clemens 2006.

304 Vgl. z. B. im Folgenden, wie die Einrichtung des Special Education-Programms der UNESCO in den 1960er Jahren in Heranziehung des „linked solution"-Ansatzes interpretiert wird.

305 Vgl. in diesem Zusammenhang u. a. auch die Ausführungen zu „linked solutions to an emergent cultural problem" bei Hall 1990, S. 24 ff.; sowie das fünfte Kapitel in Stinchcombe 2005 [„Refining Concepts about Contexts"].

306 Aufschlussreich ist in diesem Zusammenhang jener Umstand, den der deutsche Bildungswissenschaftler Frank-Olaf Radtke am Beispiel von „best practices" so formuliert, es würden Lösungen erarbeitet, bei denen nicht klar sei, zu welchen lokalen Problemen sie passten (Radtke 2009, S. 161).

multiple lines of continuity cohere and coincide in space and time" (Clemens 1999, S. 64).

Der Beginn von Perioden sei, so Clemens weiter, typischerweise ein Wendepunkt („turning point"), an dem Diskontinuitäten angezeigt seien – mit anderen Worten Momente, „at which a relatively coherent set of narratives has been disrupted" (ebd.).

Wie es vor 50 Jahren begann …

Die Zeit, zu der die UNESCO vor 50 Jahren komplementär zu ihrem „General Education"-Programm ein „Special Education"-Programm in die Wege leitete, markiert den Beginn einer neuen Periode. Seit Anfang der 1960er Jahre kam den Lernsituationen von besonderen bzw. außergewöhnlichen Kindern („exceptional children") in globalen Bildungsdiskursen besondere Aufmerksamkeit zu:[307]

Es war der Direktor des „Mental Retardation Project" der *International Union for Child Welfare* in Genf, der im August 1964 in einem Brief an den Präsidenten des *Council for Exceptional Children* (CEC) feststellte,[iv] der „Report on the World Social Situation des Department of Economic and Social Affairs" der UN führe den Begriff der Special Education nicht auf.[v] Zwar finde sich an einer Stelle des knapp 200 Seiten umfassenden Buches folgender Verweis: „In North America, problems such as the ability grouping of students, teaching the gifted and the enrichment of the curriculum have come to the fore [...]" (S. 73_FK), jedoch sei diese Textstelle – unter der Voraussetzung, dass „gifted children [...] are considered exceptional and within the framework of special education" – der einzige und insofern unzureichende Bezug auf Special Education.[308] In dem zitierten Brief ist in diesem Zusammenhang von einem „unverzeihlichen Auslassen" („unexcusable omission") von Special Education die Rede.

Die Prioritätensetzung der Vereinten Nationen und der UNESCO wird in diesem Dokument aus dem Jahr 1964 in doppelter Hinsicht kritisiert, erstens aufgrund der Konzentration auf „unterentwickelte" Länder und zweitens wegen des dominierenden Fokus auf Armut in diesen Staaten. Der Brief proble-

---

307 Vgl. hierzu Ross 1964; Dash 2005, S. 1–17. In Anlehnung an Hill 1993 werden sämtliche im Folgenden herangezogenen Primärquellen als Endnoten aufgeführt.

308 Anders als im deutschsprachigen Raum ist Hochbegabung („giftedness") in der U.S.-amerikanischen Literatur der Special Education traditionell als Thema etabliert, vgl. hierzu u. a. Feldhusen & Sayler 1990. Zu den Zusammenhängen von Hochbegabtenförderung und inklusiver Pädagogik im deutschsprachigen Raum vgl. z. B. Seitz et al. 2012.

matisiert das Ausbleiben der Thematisierung der Situation von Kindern „with handicaps"[309] schon insofern, als Professionelle und Akademiker aus Staaten wie z. B. Indien oder Jugoslawien, die in Bezug auf diese große Gruppe (deren Mitglieder beispielsweise in Indien auf 180 Millionen Kinder unter 16 Jahren beziffert wird) in UN-Materialien nach Orientierung und Anleitungen („guidance") suchten, nicht fündig würden.

„How can we ask the UN to worry about special education when millions of the world's children are starving?" Der Autor des Briefes wirft diese Frage rhetorisch auf und rundet damit einen Absatz ab, in dem er klar in Zweifel stellt, dass die UN im Allgemeinen und die UNESCO im Besonderen sich mit den Problemen *außergewöhnlicher* („exceptional") Kinder und von Kindern „with handicaps" adäquat befasse, um dann fortzufahren:

> This is an entirely spurious argument which totally misrepresents the full meaning and objectives of the United Nations. This is NOTA [sic!] gigantic relief organization, an instrument of the benevolent „haves" for the benefit of the needy „have nots"!

In den darauffolgenden Absätzen des vier Seiten langen Briefes wird – in Heranziehung von statistischen Daten zu Kindern mit Hochbegabung und „handicaps" national und weltweit – zu bedenken gegeben, dass Special Education kein avanciertes Problem („advanced problem") darstelle, dem zu stellen sich manche Staaten verweigern dürften, solange sie sich um vermeintlich schwerwiegendere Probleme anderswo zu kümmern hätten, z. B.: „as long as India has starving children, lacking clothes and shoes".

Vor diesem Hintergrund fordert der Direktor des „Mental Retardation Project" der *International Union for Child Welfare* den Präsidenten des CEC auf, in Hinblick auf die Aufnahme von Special Education in das Aufgabenprofil der UN Position zu beziehen und gegen Widerstände (hier wird z. B. das *U.S. Office of Education* genannt) anzugehen. In diesem Zusammenhang wird in dem Brief angeregt, das CEC möge entsprechende Schritte veranlassen, dass den Repräsentanten der USA in den entsprechenden Positionen innerhalb der UNESCO und im *Social and Economic Council* der Vereinten Nationen dieses Problem

---

309 Während es im englischsprachigen Raum heutzutage üblich ist, im Zusammenhang mit Menschen mit Behinderungen von „people with disabilities" (z. B. in den Vereinigten Staaten von Amerika) bzw. von „disabled people" (z. B. im Vereinigten Königreich) zu sprechen, war in den 1960er Jahren die Wortwahl „with handicaps" als Bezeichnung für dieselbe Gruppe üblich (bis in die 1980er Jahre), vgl. hierzu u. a. Kiuppis 2007, S. 55 ff.; sowie Kiuppis 2013, S. 152 ff.

vorgehalten werde. Der Brief endet mit den Worten: „[and] nothing assures the continuing vitality of organizations as a good fight, well reasoned, effectively planned and persistently pursued."

In den 1960er Jahren war die UNESCO die erste Internationale Regierungsorganisation, die Special Education in ihr Programmrepertoire aufnahm. Dies geschah in einer Zeit, in der es noch durchaus üblich war, die Begriffe „educable" und „non-educable" als Unterscheidung zwischen „normal" und „retarded children" heranzuziehen (Saleh 2014). Zwar richtete die OECD damals schon einen ihrer bildungsprogrammatischen Schwerpunkte auf „differentiation",[310] aber die Initiativen und Projekte in diesem Zusammenhang bezogen nicht die Erziehung und Bildung von Kindern mit Behinderungen („handicaps") explizit mit ein.

Für den Fall der Bifurkation von UNESCOs Programmstruktur in General Education und Special Education ab Mitte der 1960er Jahre ist davon auszugehen, dass der oben zitierte Brief des Direktors des „Mental Retardation Project" der *International Union for Child Welfare* an den Präsidenten des CEC ausschlaggebend dafür war, dass sich die UNESCO dazu veranlasst sah, Special Education in ihre Programmstruktur aufzunehmen. Insofern lässt sich der Aufbau des Programmstrangs für Special Education theoretisch als „linked solution" einordnen. Aus den Daten geht hervor, dass die UNESCO im Jahr 1964 öffentlichem Druck nachgibt, der sich als Folge des angeführten Briefes aufbaute und die „Lösung" zu diesem Problem in der Bifurkation jener Sektion fand, die bis heute unter dem Namen „Basic Education" (ED/BAS) fortbesteht.

Evident wird die insofern folgenschwere Bedeutung des Briefes aus dem Jahr 1964 in einer Korrespondenz, die über 30 Jahre später zwischen dem Generaldirektor der UNESCO und dem ehemaligen Direktor des „Mental Retardation Project" der *International Union for Child Welfare* geführt wird: Im Jahr 1999 wird dem Verfasser des Briefes von 1964 von Seiten der UNESCO zu seinem 90. Geburtstag gratuliert.[vi] Aus einem Schreiben, das zu diesem Anlass verfasst, vom Generaldirektor der UNESCO autorisiert und als Kopie archiviert wurde, spiegelt sich die Würdigung wider, dass es eben jene Initiative in den 1960er Jahren gewesen sei, derzufolge „UNESCO has taken up the challenge of including special needs education within its education programme".[311] Zudem ist in diesem Schreiben des Generaldirektors, mit explizitem Fokus auf Menschen mit Behinderungen, folgende Aussage festgehalten: „I am pleased to report that the Organization's activities in this area have steadily continued to develop",[312] und im nächsten Absatz teilt der

---

310 Vgl. hierzu u. a. Vislie 2003, S. 19.
311 Hier müsste es korrekterweise „special education" heißen.
312 Mit „this area" ist Special Needs Education gemeint.

Generaldirektor der UNESCO mit: „I am proud to say that UNESCO has made much headway on the international scene in this area".

Vom Beginn und Aufschwung der auf Behinderung bezogenen bildungspolitischen Arbeit der UNESCO

Die beiden zitierten Briefe aus den Jahren 1964 und 1999 eignen sich vorzüglich für eine historische Einordnung des empirischen vierten Kapitels: Während das erste Dokument als Initialzündung für den Beginn der auf Special Education bezogenen Arbeit der UNESCO zu verstehen ist, steht das zweite – obgleich nicht ausdrücklich – im Kontext des allmählichen Abbaus der auf Menschen mit Behinderungen fokussierten Arbeit und entsprechender Programmstrukturen der UNESCO.[313] Obgleich das Schreiben des Generaldirektors der UNESCO – wie die zitierten Textstellen andeuten – nicht den Anschein erweckt, dass das Special Needs Education-Programm der UNESCO an Legitimität zu verlieren droht, spiegelt ein Großteil des Quellenmaterials – vor allem jene für den Zeitraum der dritten Entwicklungsphase herangezogenen Dokumente – die Situation wider, dass sowohl die thematische Ausrichtung der entsprechenden Organisationseinheit der UNESCO sowie die hiermit zusammenhängenden Programmstrukturen zu dieser Zeit in Neuorientierung begriffen waren.[314] Die Gründe und der Hintergrund hierfür werden im folgenden Kapitel ermittelt bzw. vorgestellt, in welchem die Entwicklung von einem noch im Jahr 1994 im Rahmen der Weltkonferenz in Salamanca euphorisch angekündigten „New Thinking in Special Needs Education" bis zur Auflösung dieses Programmbereichs binnen sechs Jahren theoriegeleitet nachgezeichnet wird.

Bis hierher lässt sich festhalten, dass sich Special Needs Education, bis im Rahmen der Weltkonferenz im Jahr 1994 das neue Wort „inclusion" auf die globale bildungspolitische Agenda gesetzt wurde, im organisationalen Feld der UNESCO ausschließlich auf die Belange von Menschen mit Behinderungen richtete.[315] Zwar war seit Erscheinen des sogenannten Warnock-Reports (Warnock 1978) die Idee, den Adressatenkreis von Special Needs Education zu überdenken bzw. zu anderen Konzepten und Begrifflichkeiten überzugehen,

---

313 Vgl. Kiuppis 2014a.
314 Vgl. hierzu den Abschnitt: Phase 3 (im vierten Kapitel).
315 Absolute Geltung hat dieser Satz im Verlauf der „UN Decade of Disabled Persons (1983–1992)". Zuvor wurde im Rahmen der Special Needs Education mitunter auch die Situation von Hochbegabten mitberücksichtigt.

bereits angedacht worden,[316] sie spielte allerdings in den Kommunikationen zwischen der UNESCO und ihren „peers" (Scott 1994b, S. 43) kaum eine Rolle, vermutlich weil das Vereinigte Königreich (wo der Warnock-Report rege diskutiert wurde) in den 1980er Jahren nicht mehr Mitgliedstaat der UNESCO war, und weil sich der Diskurs um Special Needs Education durch die Vorbereitung und Durchführung der „UN-Decade of Disabled Persons" (1983–1992) derart stark auf das Thema Behinderung bezog, dass alternativen Ansätzen ohnehin wenig Aufmerksamkeit zukam.

Seit dem 3. Dezember 1981, dem „International Day of Disabled Persons", wuchs der Einfluss der UNESCO als Gesamtorganisation für die Bestimmung der mit Behinderung verbundenen Diskurshoheit für die globale Agenda. Nicht zuletzt ausschlaggebend hierfür dürfte eine Personalentscheidung innerhalb der UNESCO gewesen sein: Der zu Beginn der Einleitung zitierte Generaldirektor der UNESCO nahm in diesem zeitlichen Kontext seine Arbeit als Stellvertreter des damaligen Generaldirektors auf und machte das Engagement der Organisation im Bereich der Special Needs Education zu einer seiner priorisierten Aufgaben. Unter seiner Führung vollzog sich innerhalb der UNESCO eine Art von Disability Mainstreaming: Jede Abteilung hatte eine auf Behinderung bezogene Aktivität zu bestimmen, die sich um Behinderung drehte und die Special Education Unit wurde zum Dreh- und Angelpunkt dieser Initiative.

Das folgende Kapitel der vorliegenden Studie setzt in einem zeitlichen Kontext ein, in dem die Integrationspädagogik („old thinking" in Special Needs Education) bereits in Kritik geraten ist, vor allem weil sie – wie schon an der Sonderpädagogik kritisiert wurde – durch die Hervorhebung des Aspekts der Behinderung Dynamiken der Stigmatisierung und Diskriminierung im Endeffekt in der pädagogischen Praxis nicht abwenden konnte und weil sie schon wegen der ihr zu Grunde liegenden Idee des Anpassungsversuchs einzelner an inkorrekterweise als homogen angenomme Regelgruppen auf einer umstrittenen Konzeption von Normalität und Abweichung basierte. Außerdem spiegeln die Quellen Erfahrungen aus Lernsituationen in Kontexten wider, in denen sich herausstellte, dass Kinder mit derselben „Behinderung" (die in der Regel durch

---

316 Mit der integrativen Pädagogik wird das zweifache Problem assoziiert, dass zum einen der Fokus auf Menschen mit Behinderungen und die Betonung ihres Andersseins Diskriminierung Vorschub leiste und zum anderen die Aufmerksamkeit von den pädagogischen Bedürfnissen der Kinder ohne Behinderungen abgelenkt werde. Seit Anfang der 1990er Jahre spiegeln sich auch in der Fachliteratur der Heil- und Sonderpädagogik Ansätze der „Dekategorisierung" wider, in denen es um die Vermeidung der Nennung von Behinderungen geht, vgl. hierzu Biewer 2009a, S. 44 f.

medizinische Diagnostik, auf Basis von Klassifikationen der Weltgesundheitsorganisation ermittelt wird) in pädagogischen Settings unterschiedliche Bedürfnisse aufwiesen, die nicht nur relativ zu anderen Kindern, sondern darüber hinaus je nach schul- und unterrichtsorganisatorischen Arrangements variierten. Als Konsequenz solcher Erfahrungen erwuchs die Kritik an der Sichtweise, Lernende seien an bestehende Schul- und Unterrichtsstrukturen anzupassen. Vielmehr seien Strukturen und pädagogisches Handeln in Zukunft offen und flexibel zu halten, sodass sie situationsbezogen an den sich je nach Situation darbietenden Bedarfslagen der Schülerinnen und Schüler ausgerichtet werden könnten. In diesem Sinne rief die UNESCO eine Initiative mit dem Titel „Special Needs in the Classroom" ins Leben, in deren Rahmen Hilfsmittel für Lehrerinnen und Lehrer – in Form eines „Teacher Education Resource Pack" (Ainscow 1990) – erarbeitet, in acht Ländern erprobt, in diverse Sprachen übersetzt und letztendlich in mehr als 80 Staaten bereitgestellt wurden.[317]

Darüber hinaus gehen aus den Quellen aus der Zeit vor 1994 Erfahrungen aus Lernsituationen hervor, in denen jene Kinder, die einen sonderpädagogischen Förderbedarf zuerkannt bekommen haben, in pädagogischen Situationen mitunter nicht jene bzw. nicht die einzigen/diejenigen waren, die besonderer Unterstützung oder zusätzlicher materieller Ressourcen bedurften. Hingegen wird berichtet, dass sich Kinder *ohne medizinische* Diagnose gelegentlich als *mit besonderen pädagogischen Bedürfnissen* herausstellen.[318] Folglich müsse in pädagogischen Situationen weitgehend darauf verzichtet werden, zum einen aus vorab diagnostisch ermittelten Behinderungen monokausal pädagogische Bedürfnisse abzuleiten und zum anderen medizinisch festgestellte Bedarfe pauschal auf pädagogische Kontexte zu übertragen.

Mit der Weltkonferenz war offiziell der Anspruch verbunden, eine konzeptionelle Alternative zu Sonderpädagogik (special education) und Integrationspädagogik („education in integrated settings") zu begründen. Außerdem geht aus den Quellen klar die Tendenz hervor, dass die UNESCO zum Zeitpunkt der Weltkonferenz im Jahr 1994 in Salamanca weitestgehend unangefochtener Hauptakteur im Bereich der Special Needs Education war und insofern – schon qua ihrer Feldposition – über eine gute Ausgangslage verfügte, die Richtung der Weiterentwicklung der Special Needs Education entweder eigens vorzugeben oder zumindest neue, über ihre institutionelle Umwelt an sie herangetragene

---

317 Vgl. hierzu auch Ainscow 2014.
318 Zu diesem Punkt ist anhand der Quellen schwer, eindeutig zu belegen, dass an entsprechenden Textstellen mit „special educational needs" „besonderer pädagogischer" statt „sonderpädagogischer" Förderbedarf gemeint ist.

Vorgaben selbstbestimmt zu inszenieren und zu kanalisieren. Das Special Needs Education-Programm der UNESCO hatte sich, unter expliziter Bezugnahme auf Menschen mit Behinderungen, auf die mit „altem Denken" assoziierte Integrationspädagogik eingefahren und, durch neu geflochtene Kommunikations- und Kooperationsgefüge während der UN-Dekade, ihren Fokus auf Menschen mit Behinderungen noch einmal verstärkt. Erst mit der Weltkonferenz im Jahr 1994 in Salamanca, in deren Rahmen auch Schwachpunkte der Integrationspädagogik diskutiert wurden, kam das neue „issue" einer Umorientierung der Special Needs Education als neuer Problembereich ins Spiel – im Zusammenhang mit „Inclusion" und „Inclusive Education" als „new thinking in Special Needs Education".

4. Vom Umdenken zur Auflösung: Die Special Needs Education-Agenda der UNESCO nach dem Jahr 1994

The fact that [...] changes may be largely ceremonial does not mean that they are inconsequential (DiMaggio & Powell 1983, S. 150).

Some of the most important struggles between groups, organizations, and classes are over the appropriate relationships between institutions, and by which institutional logic different activities should be regulated and to which categories of persons they apply (Friedland & Alford 1991, S. 256).

In diesem Kapitel geht es zunächst um die Darstellung und Diskussion wichtiger Details aus jenen Schlüsseldokumenten, die bei der „World Conference on Special Needs Education" im Juni 1994 verabschiedet wurden.[319] Anschließend folgt die Präsentation der Analyse der Quellen aus dem Zeitraum 1994–2000, bei der die Abstimmungen und Entscheidungen im Rahmen der an diese Konferenz anschließenden *Follow up*-Prozesse nachgezeichnet und theoretisch eingeordnet werden. In diesem Kontext wird untersucht, wie die *Idee für Inclusive Education*, die in diesem Zusammenhang als „new thinking in Special Needs Education" (UNESCO 1994, S. 9 ff.) in den internationalen Diskurs eingebracht wurde, im Kontext zweier konkurrierender institutioneller Logiken zu einem imaginierten Konzept weiterentwickelt wird, dem je nach Akteursgruppe variierende Attribute und Begrifflichkeiten (neben „new thinking" z. B. „broader vision") und verschiedene Bedeutungen zugewiesen werden. Den Blick auf die Kommunikationen in jenem organisationalen Feld gerichtet, dessen Mitglieder sich mit dem aufkommenden Problembereich einer Umorientierung der Special Needs Education auseinandersetzen, befasst sich die Analyse mit den Fragen (1) warum, wie und wann es bei der (Weiter-)Entwicklung der Idee für Inclusive Education zu einem imaginierten Konzept, im zur Analyse stehenden organisationalen Feld zum Wandel der Bedeutungen und Lesarten und zur Veränderung des Verständnisses von Sachverhalten und folglich der thematischen Schwerpunktsetzung der Special Needs Education kam; und (2) welche Rolle die UNESCO – insbesondere die für das Special Needs Education-Programm

---

319 Das *Salamanca Statement* und der hieran anschließende Aktionsrahmen (*Framework for Action*) werden separat vorgestellt, aber als dieselbe Quelle zitiert (UNESCO 1994).

zuständige Einheit – beim damit einhergehenden Wandel der Bedeutungen und Lesarten des imaginierten Konzepts der Inclusive Education spielte.

Schlüsseldokumente der „World Conference on Special Needs Education", 1994 in Salamanca

Bei der Weltkonferenz im Jahr 1994 in Salamanca kamen Vertreterinnen und Vertreter von 92 Regierungen, 25 internationalen Organisationen und interregionalen Netzwerken von Wissenschaftlerinnen und Wissenschaftlern sowie diverse Expertinnen und Experten zusammen, um mit der Einführung des Leitprinzips der „Inklusion" und der Idee für Inclusive Education ein Umdenken in der Special Needs Education anzustoßen. Die Förderung von Inclusive Education als „neuem Denken" in der Special Needs Education, dem Hauptmotiv des in Salamanca per Akklamation beschlossenen *Salamanca Statement* und des hieran anschließenden *Framework for Action*, wurde vom damaligen Generaldirektor der UNESCO im Vorwort zum *Salamanca Statement* wie folgt charakterisiert:

> enabling schools to serve all children, particularly those with special educational needs (UNESCO 1994, S. iii).

Special Needs Education, so wird in diesem Dokument ausgeführt, könne nicht in Isolation fortgeführt werden und müsse folglich unter den Vorzeichen des neuen Leitprinzips der Inklusion in Richtung der im Jahr 1990 ins Leben gerufenen globalen bildungspolitischen Education for All-Agenda umorientiert werden,

> to ensure that Education for All effectively means FOR ALL, particularly those who are most vulnerable and most in need (UNESCO 1994, S. iv_Hervorhebung: im Original).

Bei dem mit Inclusive Education und „inclusion" assoziierten „neuen Denken" in der Special Needs Education sollte nunmehr die Einbeziehung *aller* Kinder, unter *besonderer Berücksichtigung* jener mit „special educational needs" im Vordergrund stehen.[320] Als idealer Ort für die Umsetzung dieser Zielsetzung seien

---

320 Dies führt mitunter zu Rhetoriken, die ich anderswo unter dem Passus „Education for All, and especially for some" zusammengefasst habe, vgl. Kiuppis 2010; 2011; sowie Kiuppis & Peters 2014.

„Schulen für alle" („schools for all") zu präferieren – „unless there are compelling reasons for doing [sic!] otherwise" (ebd., S. ix) –, die als solche bereits einen wichtigen Beitrag für die Agenda zur Erreichung der sogenannten EFA-Goals leisteten (UNESCO 1994, S. iii).

Salamanca Statement

Das *Salamanca Statement* beginnt im ersten Absatz mit einer Bekräftigung der historischen Innovation der von der UN im Jahr 1948 erklärten Universalen Menschenrechte und ruft – unter Verweis auf deren Hervorhebung im Rahmen der im Jahr 1990 in Jomtien stattgefundenen „World Conference on Education for All" – die im Jahr 1993 von den Vereinten Nationen als Resolution verabschiedeten „Standard Rules on the Equalization of Opportunites for Persons with Disabilities" (UN 1993) ins kollektive Gedächtnis.[321] Hier wird auch auf verschiedene UN-Deklarationen verwiesen, die aber als einzelne ungenannt bleiben. Nach einem Hinweis auf die zunehmende Einbeziehung von Regierungen, Advocacy Groups, Disabled Peoples' Organizations, Gemeinwesen und Eltern „in seeking to improve access to education for the majority of those with special needs still unreached" (S. vii), gliedert sich das *Salamanca Statement* in fünf weitere Abschnitte:

Im ersten Abschnitt wird von den Delegierten der Regierungen und der 25 bei dieser Weltkonferenz beteiligten Internationalen Organisationen der gemeinsame Einsatz für „Education for All" bekräftigt, wobei folgende Formulierung gewählt wird: „[...] recognizing the necessity and urgency of providing education for children, youth and adults with special educational needs within the regular education system [...]." (S. viii).

Im zweiten Abschnitt erfolgt das Bekenntnis, dass „education systems should be designed and educational programmes implemented to take into account the wide diversity of unique characteristics, interests, abilities and learning needs", worauf der Satz folgt: „[T]hose with special educational needs must have access to regular schools [die hier als Schulen mit „inklusiver Orientierung" („inclusive orientation") verstanden werden] which should accomodate them within a childcentered pedagogy capable of meeting these [special educational] needs" (ebd.). Hier wird „inclusion" also im Zusammenhang mit dem Umbau von Regeleinrichtungen in Bildungssystemen verstanden.

---

321 Zum Begriff der historischen Innovation vgl. Joas 2011, S. 15.

Im dritten Abschnitt werden Regierungen dazu angehalten, ihre Bildungs-systeme dahingehend umzuorientieren, „[...] to enable them to include all children regardless of individual differences or difficulties" (S. ix) und – den Maßgaben „inklusiver Orientierung" entsprechend – sicherzustellen, dass „[...] in the context of a systemic change, teacher education programmes [...] address the provision of special needs education in inclusive schools" (S. x).

Im vierten Abschnitt wird die Zielvorgabe formuliert, derzufolge die inter-nationale Gemeinschaft aufgefordert sei, „to endorse the approach of inclusive schooling and to support the development of special needs education as an integral part of all education programmes" (S. x). Adressiert werden hier insbe-sondere jene Regierungen mit internationalen Kooperationsprogrammen sowie internationale *Funding Agencies* der UNESCO, von UNICEF und UNDP sowie die Weltbank.[322]

Im fünften Abschnitt wird das *Salamanca Statement* mit der Formulierung der eindringlichen Mahnung abgeschlossen, dieses Dokument möge mitsamt dem im Rahmen dieser Weltkonferenz beschlossenen *Framework for Action* an die Weltgemeinschaft herangetragen werden.

Bei der Lektüre des *Salamanca Statements* wird – sofern das Dokument mit Blick auf die Situation von Menschen mit Behinderungen gelesen wird – deut-lich, dass die Weltkonferenz thematisch stark durch die schon in den Vorjahren während der „UN-Decade of Disabled Persons" behandelten Themen dominiert wird. Dieser Eindruck lässt sich mit Blick auf das Programm der Konferenz bestätigen: Die Eröffnungsrede hält jene Person, die im Vorjahr zum Sonder-berichterstatter der *Commission for Social Development on Disability* der UN ernannt wurde – einem blinden Schwedischen Parlamentarier, dem zunächst für drei Jahre offiziell der Auftrag erteilt wurde, die Umsetzung der „Standard Rules" (UN 1993) im Rahmen eines umfangreichen Monitoring-Prozesses zu beglei-ten – und dessen Mandate in den Folgejahren zweimal (in den Jahren 1997 und 2000) qua Resolutionen des *Economic and Social Council* verlängert werden.[323] Die Rolle des „Chief Rapporteur", der den finalen Bericht für die Weltkonferenz zu erstellen hatte, kam einem Professor der *University of Manchester* zu, der sich

---

322 An dieser Textstelle werden die Sponsoren der „World Conference on Education for All" (im Jahr 1990 in Jomtien) hervorgehoben.

323 Wichtig ist in diesem Zusammenhang zu betonen, dass dieser Sonderberichterstat-ter bei seiner Aufgabe, das Monitoring der Umsetzung der „Standard Rules" zu übernehmen, sich insbesondere auf sechs dieser 21 Regeln konzentrierte, wovon eine die auf Erziehung und Bildung bezogene war. Er stand (deshalb) schon vor der Weltkonferenz in Salamanca in engem Kontakt mit der Special Education Unit der UNESCO.

bis heute unermüdlich für die Einbeziehung von Menschen mit Behinderungen in Bildungsprozesse einsetzt.

So gesehen deutet zunächst nicht viel darauf hin, dass die Weltkonferenz in Salamanca in puncto Adressatenkreisbestimmung einen Wendepunkt oder einen Bruch mit den zuvor im Rahmen der Special Needs Education verhandelten Themen darstellt. Ohnehin ist das *Salamanca Statement* und der hiermit verbundene *Aktionsrahmen* als Kompromiss unterschiedlichster Positionen zu verstehen, aus dem sich keine radikalen Neuerungen ablesen lassen.[324] Die oben aufgeführten Aspekte sprechen vielmehr dafür, dass hier nahtlos an jene Entwicklungen angeschlossen werden solle, die im Laufe der UN-Dekade im Zusammenhang mit der *Integration* von Menschen mit Behinderungen initiiert wurden – zu nennen wäre hier z. B. das Engagement der UNESCO (gemeinsam mit ILO und WHO) zum Thema „Community Based Rehabilitation", das Mitte der 1980er Jahre begann[vii] sowie die Initiative „Special Needs in the Classroom", in deren Rahmen die UNESCO die oben erwähnten „Teacher Education Resource Packs" entwickelte. Die für die Folgejahre geplante Ausrichtung des Programms der Special Needs Education im Sinne des Leitprinzips der Inklusion wäre aus diesem Blickwinkel bestenfalls insofern als *Neuorientierung* zu verstehen als bei der Weltkonferenz in Salamanca in Aussicht gestellt wird, dass die Special Education Unit der UNESCO durch die inhaltliche Anknüpfung an die EFA-Agenda aus ihrer isolierten Position gerückt werden möge, in der sie sich seit ihrer Gründung Mitte der 1960er Jahre befindet.

Vor diesem Hintergrund stellt sich im Zusammenhang mit dem bei der Weltkonferenz postulierten „Umdenken" in der Special Needs Education die Frage, wie das mit dem Wort „inclusion" assoziierte Leitprinzip und das Konzept der Inclusive Education zu verstehen sind, wodurch sich mit anderen Worten das „neue Denken" vom herkömmlichen unterscheidet, zumal der im Vorwort des *Salamanca Statements* eingeführte Passus „enabling schools to serve all children, particularly those with special educational needs" (UNESCO 1994, S. iii) ebenso auf das Konzept der integrativen Pädagogik zutreffen würde.

Framework for Action

Dass das bei der Weltkonferenz in Salamanca eingeläutete „new thinking in Special Needs Education" etwas anderes meine als das Leitprinzip der Integration bzw. die ebenda als „the trend in social policy during the past two decades"

---

324 Vgl. Dyson 1999.

bezeichnete integrative Pädagogik, kommt in der Einleitung des *Framework for Action* zum Ausdruck (S. 11), das bei der Weltkonferenz als Anhang zum *Salamanca Statement* verabschiedet wird. Dieses Dokument gliedert sich in eine Einleitung und in drei Hauptteile.[325]

In der Einleitung, die die ersten fünf Abschnitte dieses Dokuments umfasst, wird zunächst der Zweck dieses Dokuments erläutert. Dieser liege darin, Regierungen, Internationalen Organisationen, nationalen Hilfsorganisationen, Nicht-Regierungsorganisationen und anderen Akteuren zur Implementierung des Salamanca Statements zu verhelfen (1.).

Wie auch im *Salamanca Statement* werden im *Framework for Action* bereits im ersten Absatz die „Standard Rules" (UN 1993) als Referenz eingeführt, wohingegen weitere Referenzen nur angedeutet werden, etwa „national experience of the participating countries as well as / … / resolutions, recommendations and publications of the United Nations system and other intergovernmental organizations" (ebd.). Daraufhin erfolgt, wie schon im *Salamanca Statement*, der Verweis auf die von den Vereinten Nationen im Jahr 1948 erklärten universalen Menschenrechte sowie, unter Bezugnahme auf „every person with a disability", auf deren Betonung im Rahmen der „World Conference on Education for All" (2.).

Anschließend wird das Leitprinzip („guiding principle") dieses Aktionsrahmens erläutert, demzufolge „schools should accomodate *all children* regardless of their physical, intellectual, social, emotional, linguistic or other conditions" [Hervorhebung: im Original]. Hieran schließt eine Charakterisierung von „inclusive schools" an, bei der als Erfordernis geschildert wird, diese mögen Wege finden „[…] of successfully educating all children, including those who have serious disadvantages and disabilities". In diesem Zusammenhang wird klargestellt, dass sich der Begriff „special educational needs" auf all jene Kinder und Jugendliche beziehe, „whose needs arise from disabilities or learning difficulties" (3.).

Auch kommt hier dem Lernen im weiteren Sinne, über die Ausrichtung von Schulen hinaus, die Zuschreibung der Anforderung zu, sich idealerweise im Rahmen einer „child-centered pedagogy" den jeweiligen Bedarfen jedes einzelnen Kindes anzupassen. Lernen, so heißt es hier weiter, „must accordingly

---

325 Besonders die Einleitung des *Framework for Action* hat sich für die hier behandelte Fragestellung als relevant erwiesen, machen sich im Laufe des Betrachtungszeitraums 1994–2000 vor allem an ihr – bzw. durch Verweise auf sie – unterschiedliche Begriffsverwendungen, Bedeutungszuweisungen und Lesarten zu Inklusion und inklusiver Pädagogik fest.

be adapted to the needs of the child rather than the child fitted to preordained assumptions regarding the pace and nature of the learning process" (4.).

Schließlich wird die Gliederung der drei folgenden Teile des Aktionsrahmens aufgeführt (5.).

Im Überblick beurteilt, spiegelt sich sowohl im *Salamanca Statement* als auch in der Einleitung zum *Framework for Action* als Notwendigkeit wider, dass Kinder und Jugendliche mit „special educational needs" nach Möglichkeit wie alle anderen Kinder in „reguläre Schulen mit […] inklusiver Orientierung" („regular schools with […] inclusive orientation") eingegliedert werden, womit Schulen gemeint sind „that serve all children within a community" (S. 11).

Educational policies at all levels, from the national to the local, should stipulate that a child with a disability should attend the neighbourhood school", heißt es hier weiter, „that is, the school that would be attended if the child did not have a disability." (S. 17).

Worin unterscheiden sich Schulen mit integrativer von Schulen mit inklusiver Orientierung?

Zu den Fragen nach den Unterschieden zwischen Integration und Inklusion bzw. integrativer und inklusiver Pädagogik wird in den Schlüsseldokumenten zur Weltkonferenz in Salamanca in Hinblick auf schulorganisatorische Aspekte die Frage aufgeworfen, worin sich „inklusive Orientierung" von „integrativer" unterscheide. Im *Framework for Action* heißt es hierzu:

> […] assignment of children to special schools – or special classes or sections within a school on a permanent basis – should be the exception, to be recommended only in those infrequent cases where it is clearly demonstrated that education in regular classrooms is incapable of meeting a child's educational or social needs or when it is required for the welfare of the child or that of other children (S. 12).

Diese Textstelle deutet darauf hin, dass Schulen mit „inklusiver Orientierung" den Sonderschulen („special schools") gegenübergestellt werden, wobei sich durch das Ausbleiben der Referenzgrößen Integration/integrative Pädagogik/ integrative Orientierung wiederum die Frage stellt, ob die Begriffe Inklusion/ inklusive Pädagogik/inklusive Orientierung synonym verwendet werden. Die zitierte Textstelle legt jedenfalls nahe, dass hier nicht Sonderpädagogik gemeint sein kann, denn in der Einleitung des *Framework for Action* ist – wie oben zitiert wird – von einem „trend in social policy during the past two decades" die Rede, weshalb mit „old thinking in Special Needs Education" integrative Pädagogik gemeint sein muss.

Während für die Sonderpädagogik und die integrative Pädagogik tendenziell gilt, obgleich sie zum Zeitpunkt der Weltkonferenz in Salamanca beide umstritten sind, dass immer weitgehend einvernehmlich klar war, worum es sich dabei handelt, ist im Fall des mit dem „new thinking in Special Needs Education" assoziierten Konzept der Inclusive Education also bereits zum Zeitpunkt der Konferenz in Salamanca festzustellen, dass es – über die vorgestellten Schlüsseldokumente hinaus – einer weiteren Konkretisierung bedarf, was darunter zu verstehen ist. Da die Idee bzw. das imaginierte Konzept der Inclusive Education nicht zum Repertoire der bereits vorhandenen Konzepte der Sonderpädagogik und integrativen Pädagogik hinzukommen, sondern diese weitgehend ablösen sollte, bringt die Weltkonferenz in Salamanca mit dem hier zeremoniell ins Leben gerufenen „neuen Denken" in der Special Needs Education also das Erfordernis mit sich, die Unterschiede zwischen den Leitprinzipien der Integration und der Inklusion bzw. zwischen den Konzepten der *integrativen* („education in integrated settings") und der *inklusiven* Pädagogik klar festzulegen.

Wie bereits oben angedeutet wurde, handelt es sich bei den dargestellten Schlüsseldokumenten zweifelsohne um Kompromisse verschiedener Positionen,[326] weshalb nicht verwunderlich ist, dass sie nicht eindeutig richtungsweisend sind und dass sich aus ihnen bei genauerer Betrachtung unterschiedliche Auffassungen entnehmen lassen, was „special needs" im Nachgang zu der Weltkonferenz bedeuten möge. Im Kontext der Nachbereitung der Weltkonferenz in Salamanca ist es in erster Linie die UNESCO, der qua Position in ihrem organisationalen Feld die Rolle zukommt – und die insofern durch Erwartungen aus ihrer institutionellen Umwelt im Zugzwang steht – zu *konkretisieren,* was unter dem „neuen Denken" und der Idee für Inclusive Education zu verstehen sei und worin der Unterschied zwischen Schulen mit integrativer und Schulen mit inklusiver Orientierung liege. Sie ist als federführende Veranstalterin der Konferenz und als hauptsächlich für den Bildungsbereich zuständige UN-Organisation dazu angehalten, im Verlauf der *Follow up*-Prozesse dafür Sorge zu tragen, dass die im Juni 1994 in Salamanca beschlossenen Zielvorgaben umgesetzt werden. Zudem wird sie – vermittelt über die bei der Weltkonferenz per Akklamation beschlossenen Schlüsseldokumente – implizit in die Pflicht

---

326 Vgl. hierzu Dyson 1999.

genommen, die Konkretisierung der oben angeschnittenen konzeptionellen Unterscheidungen anzustrengen, zumal weder das *Salamanca Statement* noch das *Framework for Action* eindeutig festlegt, was unter dem Konzept der Inclusive Education zu verstehen ist; wie es sich konkret von „education in integrated settings" unterscheidet; und in welchem Verhältnis genau, auch bezüglich des jeweiligen Adressatenkreises, es zur Education for All-Agenda steht.

Insofern steht die mit dem Wort „inclusion" assoziierte Idee vorerst zur Disposition, und es liegt zunächst maßgeblich in der Hand der UNESCO (und der anderen *Dominants* im Feld) zu bestimmen, in welche Richtung sich das „neue Denken" in der Special Needs Education entwickeln möge.

„*Special educational* needs" oder „*special* educational needs"?

Im *Framework for Action* steht geschrieben:

> „There is an emerging consensus that children and youth with special educational needs should be included in the educational arrangements made for the majority of children. This had led to the concept of the inclusive school" (UNESCO 1994, S. 6).

Weiter unten heißt es:

> „The success of the inclusive school depends considerably on early identification, assessment and stimulation of the very young child with special educational needs" (S. 33).

Im Kontext der Nachbereitung der Weltkonferenz in Salamanca stellt sich die Frage, was mit „special educational needs" gemeint ist und ob die an den zur Untersuchung stehenden Abstimmungs- und Entscheidungsprozessen beteiligten Akteure zu unterschiedlichen Zeitpunkten dasselbe darunter verstehen. Während anhand der eingeführten Schlüsseldokumente deutlich wird, dass die an der Vorbereitung derselben beteiligten Akteure erkannt haben, dass Kinder und Jugendliche mit „special educational needs" nach Möglichkeit wie alle anderen Kinder in „reguläre Schulen mit […] inklusiver Orientierung" („regular schools with […] inclusive orientation") eingegliedert werden sollten, wird hier – wie auch anhand des Großteils der im Folgenden analysierten Archivdokumente – nicht deutlich, ob mit „special educational needs" ausschließlich jene Zielgruppe der Sonder- und Integrationspädagogik (also Menschen mit Behinderungen) gemeint ist oder ob das „neue Denken" eine *Redefinition des Adressatenkreises* der Special Needs Education impliziert.

Im Rahmen einer Arbeit in deutscher Sprache muss an dieser Stelle – zumal die im vorigen Abschnitt eingeführten Schlüsseldokumente als Kompromisse verschiedener Positionen eingeführt wurden – die Frage gestellt werden, welche Nuancen in der Wortwahl bei der Präsentation des Untersuchungsverlaufs und der Ergebnisse gewählt werden sollten, selbst wenn sich diese Nuancen nicht begrifflich in den Daten widerspiegeln. In Anlehnung an die „conceptual analysis" nach Bailey und Carley bzw. die „concept analysis" bei Krippendorff war bei der Interpretation der jeweiligen Archivmaterialien zu entscheiden, ob in den zur Analyse stehenden Textstellen zu „special educational needs" in den Daten Menschen mit Behinderungen gemeint sind oder (auch) andere. „Pädagogik für besondere Bedürfnisse" ist die offizielle Übersetzung von „Special Needs Education", so lässt es sich den von der UNESCO autorisierten Dokumenten (z.B. dem deutschsprachigen Programm der Weltkonferenz) entnehmen.[viii] Entsprechend wird „special educational needs" in der Regel als „besondere pädagogische Bedürfnisse" ins Deutsche übersetzt. Im Laufe der Quellenlektüre ließ sich allerdings feststellen, dass – und dies gilt besonders für den im Folgenden untersuchten Zeitraum – bei den Wörtern *special educational* eine analytische Trennung zwischen *besonderen pädagogischen* und *sonderpädagogischen Bedürfnissen* geboten ist, zumal sich in der deutschsprachigen Literatur der Begriff „sonderpädagogischer Förderbedarf" etabliert hat.[327]

Bereits die ersten Seiten der oben vorgestellten Schlüsseldokumente zeigen, dass nicht eindeutig bestimmbar ist, auf welche Personen hier im Zusammenhang mit dem Wortpaar „special needs" verwiesen wird. So ist z.B. nicht klar, ob bei der Textstelle „seeking to improve access to education for the majority of those with special needs still unreached" (UNESCO 1994, S. vii) von Menschen mit Behinderungen – und insofern mit diagnostisch unterstelltem *sonderpädagogischen* Förderbedarf – die Rede ist oder etwa von Menschen, die einen *besonderen pädagogischen* Förderbedarf haben – und dies nicht als Folge von „impairments", „disabilities" oder „handicaps", sondern vielmehr aufgrund anderer Einschränkungen. Hierzu gehören z.B. Kinder aus bestimmten Weltgegenden (z.B. aus dem Globalen Süden), deren Bedarfen bisher (auch) nicht oder kaum

---

327 Im Folgenden werden diese Begriffe in einigen Aussagezusammenhängen im Englischen verwendet, zumal wenn es um die Analyse von Texten geht, aus denen nicht klar hervorgeht, ob etwa mit „special educational needs" beziehungsweise „special needs" *sonderpädagogische* oder im weiteren Sinne *besondere pädagogische Bedürfnisse* oder *Förderbedarfe* gemeint sind.

entsprochen wurde. Insofern wird im Zusammenhang mit der Bekräftigung der Verbindlichkeit der „Education for All"-Agenda bei der Weltkonferenz in Salamanca nicht ganz klar, ob bei der Rede von Menschen mit „special educational needs" entweder im weiteren Sinne *besondere*, sich möglicherweise nur oder erst in pädagogischen Situationen herausstellende Bedürfnisse, oder im engeren Sinne *sonderpädagogische* Bedürfnisse gemeint sind.[328] Während bei der ersten Lesart potentiell alle Lernenden unter bestimmten Voraussetzungen und Bedingungen „special educational needs" haben könnten und es somit der Entwicklung von Kriterien bedürfte, wonach bestimmt werden kann, wer zu dieser (imaginierten) Gruppe gezählt werden müsse, kommen bei der zweiten Lesart ausschließlich Menschen mit Behinderungen in Betracht (die kurioserweise bei der Education for All-Agenda nicht mitgemeint waren).[329]

Darüber hinaus besteht bei der Analyse der Dokumente die Schwierigkeit klar zu erkennen, dass viele Textstellen unterschiedlich verstanden werden können. Eine Textstelle, an der dies deutlich wird, ist z. B. die folgende:

> Inclusive schools must recognize and respond to the diverse needs of their students, accommodating both different styles and rates of learning and ensuring quality education to all through appropriate curricula, organizational arrangements, teaching strategies, resource use and partnerships with their communities. There should be a continuum of support and services to match the continuum of special needs encountered in every school (UNESCO 1994, S. 12).

Dieser Textstelle lässt sich z. B. sowohl eine integrationspädagogische als auch eine inklusionspädagogische Lesart entnehmen. Darüber hinaus lässt sich die Frage nach der Bedeutung des „neuen Denkens" anhand der diskutieren Schlüsseldokumente nicht eindeutig beantworten, hängt sie doch unmittelbar von einer jeweiligen Antwort auf die Frage ab, was Inclusive Education – auch im Zusammenhang mit Special Needs Education („alt"/„neu") und im Verhältnis zu Education for All – bedeutet. Insofern ist allein bei der Analyse der Schlüsseldokumente zur Weltkonferenz in Salamanca eine gewisse Diskrepanz zwischen intendierter Botschaft und ihrer Vermittlung feststellbar.

---

328 Vgl. UNESCO 1994, S. viii.
329 Zu den Gründen hierfür vgl. Kiuppis 2014a.

Entwicklungsphasen im Rahmen des frühen „Salamanca-Prozesses"

Im Folgenden wird anhand der Primärquellen der Frage nachgegangen, was die
UNESCO – und insbesondere die in den Fokus der Analyse gerückte Organisationseinheit für Special Needs Education – im Prozessverlauf der Nachbereitung
der Weltkonferenz unter Inclusive Education im Zusammenhang mit einem „new
thinking in Special Needs Education" verstand, wie in diesem Kontext der Wandel
jeweiliger Begriffsverwendungen, Bedeutungszuweisungen und Lesarten erklärt
werden kann und welche Außendarstellungen, Entscheidungen und Handlungen
der UNESCO mit einem jeweiligen Begriffsverständnis einhergingen.

Phase 1 (Juni 1994 – Oktober 1994)

Eine Woche nach der Weltkonferenz in Salamanca erhält die Leiterin der Special
Education Unit der UNESCO ein Telefax von einem Wissenschaftler (Tutor in
Special Educational Needs) der *University of Cambridge*, aus dem ein detailliertes Protokoll jener einzelnen Teilveranstaltungen hervorgeht, in die er sich im
Rahmen der Konferenz eingebracht habe.[ix] In dem Telefax wird konkret die Idee
ausgeführt, wie man unter Einbindung von Staaten und Schulen Forschungen
im Bereich der Special Needs Education anstreben könne. Die Ausführungen
in diesem Schreiben sind präzise ausgearbeitet und sorgfältig in die Abschnitte
„Plans", „Implementation", „Evaluation", „Materials", „Research" und „Concluding Remarks" unterteilt. Die Teilergebnisse eines Workshops im Rahmen der
Konferenz zusammenfassend, hält der Verfasser dieses Schreibens in diesem
Zusammenhang genau fest, wie in Zukunft Studien zu Special Needs vollzogen
werden können: „It was proposed that steps should be taken to set up a research
study within the project." Im Abschnitt „Research" heißt es: „Team members
need to build research into their activities and write articles to publicise the
outcomes".[x]

Der Verfasser dieses mit „notes from the Salamanca meeting" überschriebenen Dokuments, das in seiner Ausführlichkeit und präzisen Ausarbeitung
einem Projektantrag ähnelt, wurde bei der Klassifizierung und Festlegung der
Feldposition der Akteure im 3. Kapitel der Gruppe der *Follower* zugeordnet: Er
ist der UNESCO bereits als Mitglied einer Gruppe von Beratern bekannt, die
sich in erster Linie aus britischen Schulforschern zusammensetzt, brachte sich
bisher eher vom Rand des Geschehens im organisationalen Feld ein und intervenierte in der Regel nur, wenn er von Seiten der UNESCO als wissenschaftlicher Experte in Fragen der integrativen Pädagogik kontaktiert und um ent-

sprechende Stellungnahmen gebeten wurde. So erteilte ihm die UNESCO Ende des Jahres 1987 den Auftrag, Materialien zusammenzustellen, die Lehrerinnen und Lehrern an allgemeinbildenden Schulen dazu dienen sollten, in ihrer Arbeit allen Schülerinnen und Schülern gerecht zu werden. Zum Ende der „UN-Decade of Disabled Persons" (1983–1992) wurde dieser junge Wissenschaftler mitsamt seines unmittelbaren Kollegenkreises[xi] bei einzelnen Gelegenheiten im Rahmen von kurzzeitigen Verträgen in das Special Needs Education-Programm eingebunden,[330] fungierte z. B. als Autor von Berichten im Zusammenhang mit der Integration von Kindern mit Behinderungen in Regelschulklassen, organisierte internationale Workshops im Kontext von Lehrerfortbildungsprojekten (in die auch die UNESCO verwickelt war) und hielt Vorträge zu diesen Themen.

In Hinblick auf die Feldposition dieses individuellen Wissenschaftlers von der *University of Cambridge* beurteilt, ist aus den Quellen aus der Zeit vor der Weltkonferenz in Salamanca nicht klar abzulesen, ob er als *Follower* zu der Untergruppe der *Supporters* oder der *Challengers* gruppiert werden müsste.[xii] Wie in jenem Schreiben, das die UNESCO bereits zwei Monate vor der Weltkonferenz in Salamanca von diesem Akteur erhielt, liegt auch im Telefax vom Juli 1994 ein Fall von zwar auf der einen Seite *konstruktiver* und *wegweisender*, auf der anderen Seite aber *gängige Sichtweisen im Feld untergrabender* Kritik vor. Im Zeitraum der ersten Phase lässt sich insofern, im Sinne der theoriegeleiteten Bestimmung der Feldposition von Akteuren, analytisch noch keine klare Entscheidung fällen, ob es sich bei diesem Vorstoß um die Unterstützung von im Feld geltenden Sichtweisen (*Support*) oder um deren generelle Infragestellung und insofern Anfechtung (*Challenge*) handelt. Meistens *reagierten* die Wissenschaftler aus dem Umkreis dieses Akteurs auf Anfragen von Seiten der UNESCO (was an und für sich eher gegen den Charakter von *Challengers* sprechen würde),[331] steuerten mit ihren Interventionen aber in der Regel unkonventionelle Sichtweisen bei, brachten z. B. Ideen in Debatten innerhalb des Feldes ein, die Herkömmliches tendenziell mehr in Frage stellen denn unterstützen und insofern die Klassifizierung dieser Akteure als *Challenger* nahelegen würden. So argumentierte der hier hervorgehobene Wissenschaftler z. B. nicht

---

330 In dieser Phase ist von „Special Needs Education-Programm", aber von „Special Education Unit" (ohne „Needs") der UNESCO die Rede, weil sich der Name der Organisationseinheit erst später an die Programmausrichtung anpasst. Ich habe mich für diese begriffliche Lösung entschieden, weil sich die Differenzierung zwischen dem „new thinking" (inklusive Pädagogik) und dem „old thinking" in Special Needs Education erschweren würde, wenn ich auch auf der Programmebene analog zur organisationsstrukturellen Ebene „Special Education" schreiben würde.
331 Vgl. McAdam & Scott 2005, S. 17 f.

(wie eigentlich für die Integrationspädagogik üblich) in Hinblick auf einzelne Kinder und deren Situation in einem jeweiligen Klassengeschehen, sondern aus Richtung schulorganisatorischer Überlegungen, von Einzelfällen abstrahiert, und insofern eher „systemisch". „[His] approach to inclusion", so äußerte sich einer seiner Weggefährten, „was on the basis of extensive experience as a change agent in ordinary schools."[xiii]

In diesem Zusammenhang ist festzuhalten, dass jener individuelle Akteur, der sich unmittelbar im Anschluss an die Konferenz in Salamanca mit seinen „notes from the Salamanca meeting" zu Wort meldet, seine Stellungnahmen nicht auf Anfrage schickt. Zu diesem Zeitpunkt wird deutlich, dass er sich dezidiert kritisch – und eindeutig inspiriert durch die Debatten um den Warnock-Report im Vereinigten Königreich – gegen die der Leitidee der Integration zugrunde liegenden Überzeugungen richtet. So hat er z.B. zu bemängeln, dass die Idee der „special educational needs" häufig nicht, wie etwa bei Warnock (1978) vorgesehen, auf der Formulierung von Zielen für die Gesamtheit von Lerngruppen – unabhängig von jeweiligen Behinderungen bzw. „abilities" – aufbaut. Nichtsdestotrotz spricht er sich hier (noch) nicht per se *gegen* den Ansatz der Special Needs Education aus, sondern legt lediglich seine Lesart eines „neuen Denkens" in diesem Zusammenhang dar.[332] Das ist insofern verwunderlich, als „new thinking in Special Needs Education" – auch wenn es im weitesten Sinne in Bezug auf besondere pädagogische Förderbedarfe verstanden wird – nicht mit einem nicht-kategorialen Ansatz kompatibel ist, da das Wort „special" – unabhängig von der Frage, wie es verstanden wird – im Zusammenhang mit „needs" ja eigentlich eine klassifikatorische Unterscheidung von Lernenden nach bestimmten Merkmalen impliziert. Insofern legt hier das Wort „special" zum einen nahe, dass sich Lerngruppen kategorial (d. h. dual in Lernende mit und Lernende ohne „special needs") unterteilen lassen und suggeriert zum anderen, es gehe in erster Linie um jene Individuen, die entsprechend sonderpädagogischen bzw. besonderen pädagogischen Förderbedarf zugewiesen oder erteilt bekommen haben.

In jenem Schreiben, das der individuelle Akteur von der *University of Cambridge* kurz *vor* der Konferenz in Salamanca an die Leiterin der Special Education Unit der UNESCO schickte, regte er an, der Ansatz der „special educational needs" möge sich – anders als bisher, im Zusammenhang mit der seinerzeit in Kritik geratenen integrativen Pädagogik – nicht mehr in erster Linie an Menschen mit Behinderungen, sondern gleichermaßen auch an andere Kinder rich-

---

332 Vgl. hierzu die Ausführungen zur dritten Phase, in der sich dieser individuelle Akteur – mittlerweile zum *Dominant* avanciert – generell gegen die Special Needs Education ausspricht, weil ihr per se ein kategoriales Denken zugrundeliege.

ten, die besonderer Unterstützung bedürften: „any child who experiences significant difficulties in school, including some who have disabilities".[xiv] Über dieses Plädoyer einer Adressatenkreiserweiterung für die Special Needs Education hinaus, führte er in dem Schreiben – hier im Kontext der Diskussion schulorganisatorischer Fragen – aus, dass bestimmte Schwierigkeiten im Unterricht häufig aufgrund von Einschränkungen auftreten, die durch die Beschulung (und nicht durch die Schülerinnen und Schüler_FK) bedingt seien. Daraus leitete er den Schluss ab, dass „schools have to find ways of successfully educating all children, including many who have serious disadvantages".[xv]

Im Telefax vom Juli 1994 greift dieser Wissenschaftler erneut seine Idee auf, den Adressatenkreis der Special Needs Education durch Einbeziehung all jener Kinder zu erweitern, die *besondere pädagogische* Bedürfnisse haben. Er plädiert hier also dafür, im Rahmen der Special Needs Education nicht nur jene Kinder zu fokussieren, denen diagnostisch *heil-* bzw. *sonderpädagogischer Förderbedarf* zugewiesen wurde.[333] Insofern wird hier angeregt, Special Needs Education möge nicht mehr ausschließlich auf Kinder mit Behinderungen bezogen werden, sondern potentiell auf all jene Kinder, die als Konsequenz von Benachteiligungen jeglicher Art *besondere pädagogische* (nicht nur sonderpädagogische) Bedürfnisse haben.

Differenzierung zwischen „serious disadvantages" und „disabilities"

Obgleich sich die Unterscheidung zwischen „sonderpädagogischem Förderbedarf" und „besonderem pädagogischen Förderbedarf" im Englischen bestenfalls durch Kursivsetzung der Wörter verdeutlichen ließe (*special* educational needs bzw. *special educational* needs), lässt sich konzeptanalytisch herausstellen, dass mit den zitierten Schreiben des Wissenschaftlers aus Cambridge eine neue Facette der Bedeutung von „special educational needs" Einzug in die Debatten innerhalb des Feldes erhält.[334] Besondere Aufmerksamkeit verdient in diesem Zusammenhang die sich im dritten Abschnitt der Einleitung des *Framework for Action* widerspiegelnde Differenzierung zwischen „serious disadvantages" und „disabilities", die sich auch in den anderen Quellen zeigt.[xvi] Während an der

---

333 Vgl. hierzu den vorigen Abschnitt in diesem Kapitel, in dem ich zwischen „*Special educational* needs" und „*special* educational needs" und insofern zwischen *sonderpädagogischem* und *besonderem pädagogischen* Förderbedarf unterschieden habe.

334 In Anlehnung an Carley (1990) lassen sich trotz derselben Wörter unterschiedliche Bedeutungen aus den Quellen herausarbeiten, vgl. den Abschnitt: Methodisches Vorgehen bei der Datenauswertung (im dritten Kapitel).

oben zitierten Textstelle, aus der eine Charakterisierung von „inclusive schools" hervorgeht, das Erfordernis betont wird, diese mögen Wege finden „[…] of successfully educating all children, including those who have serious disadvantages and disabilities", spiegeln die Quellen Hinweise wider, denen zufolge mit dem Terminus „serious disadvantages" impliziert wird, dass die Entwicklung von „inclusive schools" sich nicht – wie noch im Kontext des Leitgedankens der Integrationspädagogik üblich – auf „Behinderung" allein konzentrieren dürfe, sondern in diesem Kontext nunmehr auch die Frage gestellt werden müsse, welche Ziele für Kinder ohne Behinderungen (darunter jene mit „serious disadvantages") formuliert werden könnten. Entsprechend heißt es im *Framework for Action*: „Many children experience learning difficulties and thus have special educational needs at some time during their schooling" (S. 6).

Die assoziative Verbindung von „Lernschwierigkeiten" (verstanden als ein Phänomen, mit dem viele Kinder Erfahrung machten) und „special educational needs" deutet darauf hin, dass sich im Feld ein neues Verständnis von Special Needs Education etabliert, demzufolge „Behinderung" nicht mehr die alleinige Schlüsselkategorie dieses Programmbereichs sein solle. Demnach wäre Inclusive Education als Konzept zu beschreiben, das „eine ganze Palette von Problemlagen bei Kindern im Blick" hat (Biewer 2009a, S. 129).

Einzug einer sekundären institutionellen Logik in die Debatten um
Special Needs Education im organisationalen Feld der UNESCO

Im Lichte der zentralen Annahmen aus dem konzeptionellen Bezugsrahmen der vorliegenden Studie argumentiert, erhält in dieser Zeit eine zweite „institutionelle Logik" Einzug in die Debatten um Special Needs Education im organisationalen Feld der UNESCO. In Heranziehung von Argumenten aus den im zweiten Kapitel vorgestellten Bezugstheorien lässt sich die alternative Sichtweise, wonach Special Needs Education nunmehr auch „serious disadvantages" und nicht mehr nur „disability" und insofern „eine ganze Palette von Problemlagen bei Kindern" zu berücksichtigen habe, als neue Komponente der institutionellen Umwelt der UNESCO einordnen. Die im Rahmen dieser zweiten „institutionellen Logik" eingebrachte Lesart ist im *Salamanca Statement* und im *Framework for Action* zwar angelegt, aber noch nicht in dieser Auslegung weitergedacht, denn im Aktionsrahmen heißt es: „There is an emerging consensus that children and youth with special educational needs should be included in the educational arrangements made for the majority of children. This had led to the concept of the inclusive school" (UNESCO 1994, S. 6). Im Sinne der sekundären institutionellen Logik bedeutet Inklusion, dass eine Lerngruppe – ohne dass einzelne Mitglieder nach jeweiligen Merkmalen klassifiziert werden – in ihrer Heterogenität und nicht von vornherein in Gruppen unterteilt angenommen wird. Dieses „Zwei-Gruppen-Denken" (Rittmeyer 2009, S. 7), das die Unterscheidung zwischen Menschen mit Behinderungen und Menschen ohne Behinderungen vornimmt, wird in der Regel dem Paradigma der Integration zugeordnet und findet sich z.B. im *Framework for Action* dort wieder, wo es heißt: „education of special needs children" (UNESCO 1994, S. 24), und wo sogar ausgeführt ist, „the success of the inclusive school depends considerably on early identification, assessment and stimulation of the very young child with special educational needs" (ebd., S. 33).

Da – schon allein aufgrund der aktuell in öffentlichen Debatten, etwa im Kontext der von der UNESCO und UNICEF initiierten „Inclusive Education Network Collaboration" im Kontext der „Post-2015 Development Agenda" der Vereinten Nationen (UN 2013) feststellbaren Assoziationen von Inclusive Education mit Behinderung – nicht behauptet werden kann, dass jene erste institutionelle Logik, derzufolge sich der Fokus des „neuen Denkens" in der Special Needs Education nach der Weltkonferenz in Salamanca auf Menschen mit Behinderungen richte, eine „alte" sei und die in dieser Entwicklungsphase in das Feld eingebrachte Logik eine „neue", wurde für die folgende Darstellung der Analyse die Unterscheidung zwischen einer „sekundären" und einer „primären" institutionellen Logik präferiert. Somit kommt zwar zum Ausdruck, welche der beiden institutionellen Logiken zuerst das Feld dominierte, aber zum Ende des Untersuchungszeitraums hin wird offen gelassen, ob sich die eine oder andere Logik letztendlich als zukunftsträchtiger herausstellt. Außerdem lässt sich durch die Unterscheidung zwischen einer sekundären und einer primären institutionellen Logik deutlich machen, welche der beiden von welchen Akteursgruppen propagiert bzw. befürwortet wird.

Im hier dargestellten Fall steht die primäre institutionelle Logik, derzufolge sich der Fokus des „new thinking in Special Needs Education" bzw. des Konzepts der Inclusive Education in erster Linie auf Menschen mit Behinderungen richte, in Verbindung mit den zeitlich vor Einzug der sekundären institutionellen Logik als *Dominants* im Feld klassifizierten Akteuren. Demgegenüber ist die sekundäre institutionelle Logik – aus Sicht der *Dominants* – mit „emergenten" Akteuren assoziiert, die zu diesem Zeitpunkt noch nicht im Feld etabliert sind.[335] Theore-

---

335 Vgl. hierzu den Abschnitt: Grundannahme der Uneindeutigkeit institutioneller Logiken (im zweiten Kapitel).

tisch führen W. Richard Scott und Kollegen hierzu aus, dass „[s]econdary logics
[...] often exist alongside dominant logics. Such logics act sometimes to support,
sometimes to undermine primary logics" (Scott et al. 2000, S. 183).[336] In diesem
Fall steht die sekundäre institutionelle Logik zur primären, auf Menschen mit
Behinderungen fokussierten Denk- und Herangehensweise in der Special Needs
Education implizit im Widerspruch: Der aus Sicht des Feldes *neueren Variante*
des „new thinking in Special Needs Education" zufolge könnten bzw. dürften
besondere pädagogische Bedürfnisse erst in pädagogischen Situationen ermittelt
und müssten unter Berücksichtigung der individuellen Situation jedes einzelnen
Kindes bestimmt werden, da ein Verzicht sowohl auf die Hervorhebung *sonderpädagogischer* Förderbedarfe als auch auf die ausschließliche Betonung der
Bedürfnisse von Menschen mit Behinderungen geboten wäre.

*Insofern lässt sich, im Sinne der sekundären institutionellen Logik, der Adres-
satenkreis der Special Needs Education nicht a priori festlegen, da er sich erst in
pädagogischen Situationen als solcher herausstellt. Mit anderen Worten stünde es
im Ermessen des jeweiligen pädagogischen Personals, die Fokusgruppe der Special
Needs Education nach eigenen Kriterien jeweils situativ festzulegen.*[337]

Die klassifikatorische Differenzierung von Lerngruppen basiert daher auf
Zuschreibungen von solchen besonderen pädagogischen Bedürfnissen, die *individuenzentriert* und *situationsbezogen* erfolgen, also *nur* für Einzelpersonen in
spezifischen Kontexten gelten dürften.

Institutionelle Logiken im Widerspruch

In Anlehnung an die Urväter der „institutional logics"-Perspektive, Roger
Friedland und Robert R. Alford (1991), habe ich aus den Quellen jeweils logik-

---

336 Vgl. hierzu den Abschnitt: Zur Unterscheidung zwischen primärer und sekundärer
„institutioneller Logik" (im zweiten Kapitel).

337 Dies hat mitunter zur Folge, dass die Gruppe jener Kinder, denen ein „besonderer
pädagogischer Förderbedarf" zugesprochen wird, stark anwächst, da Kinder mit
„special educational needs" im Sinne der sekundären institutionellen Logik vermehrt „produziert" werden können. Gründe hierfür liegen, so deutet die Literatur
an, zum einen am Zuwachs der Anzahl jener Kinder, die als behindert eingestuft
werden (vgl. Felkendorff 2003). Zum anderen aber begründet sich dieser Zuwachs –
im Sinne der hier dargestellten sekundären „institutionellen Logik" – in der Tatsache, dass die Anzahl der entsprechend eingestuften Kinder einer Lerngruppe in der
Regel über die Ressourcenverteilung entscheidet, weshalb nicht nur mehr Kinder
als „behindert" klassifiziert werden, sondern darüber hinaus auch mehr Kindern
„special educational needs" aus anderen Gründen als Behinderung unterstellt wird.

spezifische distinkte Kategorien, Überzeugungen und Motive herausgearbeitet. Darüber hinaus wurden aus den Daten jeweils eine Stoßrichtung und Schlussfolgerung ermittelt, die mit der jeweiligen institutionellen Logik assoziiert sind.[338]

Tabelle 1: Gegenüberstellung der aus den Daten hervorgehenden institutionellen Logiken im organisationalen Feld (nach 1994)

	Kategorie	Überzeugung	Motiv	Stoßrichtung	Schlussfolgerung
Primäre institutionelle Logik	*Behinderung; Normalität und Abweichung*	*„old thinking" in SNE grenzt Menschen mit Behinderungen aus*	*Einbeziehung einzelner Kinder in vermeintlich homogene Mehrheit*	*Behindertenbewegung; politisch*	*Sich mit Menschen mit Behinderungen anders befassen*
Sekundäre institutionelle Logik	*Diversität; Heterogenität (nichtkategorial)*	*„old thinking" in SNE grenzt Menschen mit Behinderungen aus*	*Umgestaltung von Schule in Richtung einer flexiblen Organisation*	*Schulforschung; akademisch, entpolitisiert*	*Sich mit anderen Menschen als (nur) mit Menschen mit Behinderungen befassen*

Das Telefax, das im Juli 1994 im zur Analyse stehenden organisationalen Feld und umzu publik gemacht wird, richtet sich nicht explizit gegen die vor dem Jahr 1994 geleistete Arbeit, knüpft sogar bezeichnenderweise nur wenig daran an, und liest sich im Kontext der Bezugstheorien als Vorschlag eines „new templates or archetypes for roles, groups and organizations [...]." (Scott et al. 2000, S. 174). In einer Situation, die zum Zeitpunkt vor der Weltkonferenz in Salamanca als „institutional settlement" (Zysman 1994, S. 283ff.) beschrieben wurde, dringt in dieser Phase die sekundäre institutionelle Logik in das zentrale Wertesystem des organisationalen Feldes ein, wonach sich die Kommunikationen im Feld von nun an – statt, wie bisher, ausschließlich an der Situation von Menschen mit Behinderungen – an der *Vielfalt von Lerngruppen* orientieren solle. Während mit anderen Worten der primären institutionellen Logik zufolge, im Sinne eines „new thinking in Special Needs Education" daran gearbeitet werden müsse, pädagogische Settings zu entwickeln, in denen *Menschen mit*

---

338 Vgl. Friedland & Alford 1991, S. 251.

Behinderungen gemeinsam mit anderen lernen, ohne dass (wie in Fällen der integrativen Pädagogik) versucht werde, sie an die homogenisierenden Normen der Mehrheit anzupassen,[339] sieht die sekundäre institutionelle Logik vor, dass *besondere pädagogische Bedürfnisse* mit Blick auf die sich jeweils darbietende Diversität von Lerngruppen ermittelt werden – und zwar zeitlich *nicht vor* Eintritt einer jeweiligen pädagogischen Situation. Mit anderen Worten könne, der sekundären institutionellen Logik zufolge, die Ermittlung von *besonderen pädagogischen* Bedarfen nicht außerhalb von pädagogischen Settings stattfinden. Ob sich in diesem Sinne „serious disadvantages" als für den Kontext von Bildung und Erziehung relevant erweisen, stelle sich erst ebenda heraus und könne daher nicht vorab – etwa durch „placement" von Kindern in bestimmten pädagogischen Arrangements – antizipiert werden. Im Verlauf der *Follow up*-Prozesse zur Weltkonferenz in Salamanca beziehen sich dementsprechend jene Akteure, die im Sinne der sekundären institutionellen Logik argumentieren, insbesondere auf schul- und unterrichtsorganisatorische Fragen. Während dem „alten Denken" in der Integrationspädagogik zufolge die Zusammensetzung von Schulklassen vor dem Schuljahr arrangiert wurde, indem z. B. in einer „Regelklasse" 2–3 Schüler/-innen mit *sonderpädagogischem* Förderbedarf platziert wurden, stellt sich bei der „inklusiven Schule" im Sinne der sekundären institutionellen Logik die Frage, wie „schools for all" als Organisationen flexibel genug gestaltet werden können, sodass gewährleistet ist, dass sie auf jene *besonderen pädagogischen* Förderbedarfe adäquat eingestellt sind, die sich erst aus jeweiligen Unterrichtssituationen herauskristallisieren.

Im Sinne jener Lesart, derzufolge Special Needs Education bzw. „special educational needs" sich auf eine größere Gruppe als bisher (sowohl Kinder mit *sonderpädagogischem* Förderbedarf als auch Kinder mit anderweitig begründeten *besonderen pädagogischen* Bedürfnissen) beziehen sollte, steht nunmehr die Frage im Vordergrund, wie sich Schulen an die Vielfalt der Schüler/-innenschaft und ihrer pädagogischen Bedürfnisse anpassen könnten und wie der Ansatz der Special Needs Education angesichts des nunmehr erweiterten Adressatenkreises in Unterrichtssituationen ausgestaltet werden könne, in denen die *Heterogenität* von Lerngruppen als Ausgangspunkt schul- bzw. unterrichtsorganisatorischer und pädagogischer Überlegungen genommen werde. Entsprechend sei das Hauptproblem der integrativen Pädagogik (die hier als „old understanding" in Special Needs Education eingestuft wird) nicht in einer verbesserungswürdigen Herangehensweise an die Bildung und Erziehung von Menschen mit Behinde-

---

339 Vgl. von Kardorff 2012, S. 118.

rungen, sondern vielmehr an der Fokussierung und besonderen Hervorhebung dieser Menschen als Untergruppe festzumachen.

Je nachdem, ob „new thinking in Special Needs Education" bzw. Inclusive Education ausschließlich in Bezug auf Menschen mit Behinderungen gedacht werden oder einer weiteren Fokusgruppe theoretisch zugestanden wird, im pädagogischen Kontext „besondere Bedürfnisse" zu haben, wird der Zusammenhang zwischen „integrativer" und „inklusiver" Pädagogik unterschiedlich zu interpretieren sein. Und wiederum in Abhängigkeit von diesem Verständnis werden die einzelnen Ausführungen in den oben vorgestellten Schlüsseldokumenten auszulegen sein.

Im Überblick beurteilt, werden in den von Seiten der *University of Cambridge* bei der UNESCO eingehenden Schreiben für die Special Needs Education neue Verweisungshorizonte entworfen und Vorschläge für die zukünftige Orientierung des Programms der UNESCO und somit auch für die *Ausfüllung* der bis hierhin in den Referenzdokumenten nur unkonkret ausformulierten Leitperspektive eines „new thinking in Special Needs Education" gemacht. Dabei zeichnet sich auch in den darauffolgenden Kommunikationsprozessen im Feld deutlich die Tendenz ab, dass es in erster Linie Schulen und Bildungssysteme sind, auf die sich die Aufmerksamkeit in den Debatten richtet, von nun an vermehrt verbunden mit der Frage, wie sie potentiell jeder Schülerin und jedem Schüler in bestmöglicher Weise gerecht werden können.

*Einbeziehung der „kollektiven Zuschauerschaft" in
Korrespondenzen mit der UNESCO*

Von erheblicher Bedeutung für die Weiterführung der Analyse der Daten ist in diesem Kontext das Detail, dass die zeitnah zur Weltkonferenz in Salamanca initiierten Interventionen von Seiten britischer Wissenschaftler nicht nur an die UNESCO, sondern auch an andere Teilnehmerinnen und Teilnehmer der Konferenz verschickt wurden. So erreichten die oben zitierten „notes from the Salamanca meeting" nicht nur die Leiterin der Special Education Unit der UNESCO, sondern zudem zahlreiche Akteure im organisationalen Feld und in der Peripherie.[xvii] Vor dem Hintergrund dieses Hinweises, den der Autor dieses Schreibens selbst gibt, wären bei der Analyse also jeweilige Reaktionen, die von Seiten der UNESCO auf diese Intervention aus Cambridge erfolgten, unter Berücksichtigung der Annahme zu interpretieren, dass die Leiterin der Organisationseinheit damit rechnete, dass ihre Antwort publik werde. Insofern hat hier also die im Theoriekapitel eingeführte „kollektive Zuschauerschaft" („collective audience")[340] teil an der kritischen Haltung zur gegenwärtigen Ausrichtung der Special Needs Education, und für die Interpretation der folgenden Entwicklungen muss davon ausgegangen werden, dass sich die Leiterin der bei der Analyse fokussierten Organisationseinheit der UNESCO darüber bewusst ist, dass „peers and competitors" in die Korrespondenzen involviert sind.

Darüber hinaus ist für die Analyse von hervorgehobener Bedeutung, dass in diesem Fall der Verfasser sein Schreiben in der ersten Person Plural („Wir"-Form) aufsetzt und somit unterstreicht, dass es sich bei der von ihm und Kollegen angeregten Erweiterung des Adressatenkreises der Special Needs Education um ein *kollektives Anliegen* handele. Darüber hinaus stellt sich für den weiteren Verlauf der Analyse als wichtig heraus, dass die oben ausgeführten Interventionen in einer Zeit verschickt werden, in der ein „neues Denken" in der Special Needs Education initiiert, aber seitens der UNESCO bisher noch nicht *konkretisiert* wurde, für das – wie oben, bei der Präsentation des *Salamanca Statement* und des *Framework for Action* ausgeführt – es also noch keinen klar abgesteckten konzeptionellen Rahmen und keine logische Ausfüllung desselben gibt. Da die „notes" gleichzeitig an mehrere Akteure verschickt werden (wobei sich aus den Archivmaterialien nicht genau ablesen lässt, an welche), stellt sich für den weiteren Verlauf der Analyse die Frage, wie – und mit welchen Referenzen – verschiedene Akteure sich zur hier im Feld auftauchenden sekundären institutionellen Logik verhalten.

Dass wir es im vorliegenden Fall mit zwei zueinander im Widerspruch stehenden institutionellen Logiken zu tun haben, ist bei der Analyse nicht nur insofern zu berücksichtigen, als (a) die jeweiligen *Verfasser/-innen* schriftlicher Aussagen entweder/oder bzw. mehr oder weniger im Lichte der einen oder anderen Logik *argumentieren*, sondern auch weil (b) die Dokumente je nach der aus Sicht der jeweiligen *Leser/-innen* gültigen Logik (also auf Seiten der Akteure) unterschiedlich *verstanden*, *eingeordnet* und *ausgelegt* werden. Es ist somit nicht immer möglich, anhand der Daten klar festzustellen, ob ein jeweiliger Akteur im Sinne der primären oder der sekundären Logik argumentiert, zumal es sich bei der Unterscheidung von „institutionellen Logiken" um eine analytische Kategorie handelt. Wie oben am Beispiel der Wortfolge „special educational needs" ausgeführt wurde, sind es mitunter dieselben Wörter, denen – je nach institutioneller Logik – bei der Analyse unterschiedliche Bedeutungen zugewiesen werden müssen. Insofern soll an dieser Stelle nochmal betont werden, dass es

---

340 Vgl. hierzu Suchman 1995, S. 574, sowie den Abschnitt zum Konzept des „Organizational Field" im zweiten Kapitel.

sich bei der Analyse der Daten um eine *theoriegeleitete Interpretation* handelt, die vor dem Hintergrund eines anderen konzeptionellen Bezugsrahmens zu entsprechend anderen Ergebnissen führen würde.

Änderung der Feldpositionen der Akteure

Für die Darstellung der folgenden Entwicklungen ist davon auszugehen, dass es sich bei den „notes from the Salamanca meeting" nicht nur um eine an die UNESCO gerichtete Anregung handelt, sondern vielmehr um einen *Beitrag zur Debatte über eine Neuausrichtung der Special Needs Education*, mit dem sich, über den Sender und die Empfängerin des Schreibens hinaus, auch sämtliche an den Kommunikationen im Feld teilhabenden „Zuschauer" befassen sollten. Insofern stellen sich die hier analysierten vereinzelten Interventionen aus dem akademischen Kontext in England als Initialzündungen eines neuen Diskursstranges innerhalb der Special Needs Education dar und längerfristig als „conflicting logic" heraus, die sowohl das im Feld tradierte Denken in der Special Needs Education in Frage stellt als auch sich zunehmend vehement gegen Zukunftsentwürfe der *Dominants* richtet. Die Datenlage deutet insofern darauf hin, dass sich der Verfasser der „notes from the Salamanca meeting" in der Zeit nach Juli 1994 als *Challenger* entpuppt. Diese Charakterisierung lässt sich bestimmen, ohne dass ein monokausaler Zusammenhang zwischen dem jüngst verkündeten „neuen Denken" in der Special Needs Education und der Intervention dieses individuellen Akteurs im Feld unterstellt wird.[341] Schließlich wendet er sich in der Zeit der durch das *Salamanca Statement* und das *Framework for Action* entstandenen Unklarheit der zukünftigen thematischen Richtung des Programmbereichs für Special Needs Education nicht das erste Mal an die UNESCO um anzuregen, dass sich die Special Needs Education potentiell jedem Kind annehmen solle, das in der Schule außergewöhnliche Schwierigkeiten erfahre.

Insofern lässt sich hier datengestützt kein direkter Zusammenhang zwischen der *Unbestimmtheit inklusiver Pädagogik* in den offiziellen Konferenzdokumenten und dem eine Woche nach der Weltkonferenz eingebrachten Vorschlag für

---

341 Für die Behauptung, der Verfasser des Schreibens habe ausgerechnet die Gunst dieser Tage genutzt, um seine Positionen zur zukünftigen Entwicklung der Special Needs Education stark zu machen, fehlen Indizien. Sein Vorstoß mag z. B. auch damit zusammenhängen, dass sein Wechsel von der *University of Cambridge* zur *University of Manchester* ansteht, wo er für die Folgejahre eine Professur übernehmen wird.

die Füllung dieser „Leerstelle" feststellen.[342] Vielmehr entspricht der individuelle Akteur mit diesem Schreiben und den in dieser Phase folgenden Korrespondenzen im Großen und Ganzen den Charakteristiken, die im hier zugrundegelegten methodologischen Modell *Followers* (*Challengers* und *Supporters*) zugewiesen werden: Noch ist er nicht etabliert genug, um als individueller Akteur mit noch relativ kleinem Kreis von Befürwortern seiner Initiativen im Feld Teilhaber am „particular belief system" (Scott 1994a, S. 208) des Feldes zu sein. Er verfügt zu diesem Zeitpunkt im Feld über wenig oder keine Autorität, hat also kaum Mitspracherechte und Entscheidungskraft. Er wagt hier einen Vorstoß und unternimmt den Versuch, mit seinem präzise ausgearbeiteten Vorschlag – unter Einbindung anderer als „collective audience" – die im Feld dominierenden Bedeutungen mit eigenen Impulsen *anzufechten* und in Frage zu stellen und eigene – aus Sicht des Zentrums *neue* – Vorstellungen darin einzubringen.

Wichtig ist in diesem Zusammenhang zu unterstreichen, dass sich diese Entwicklung eine Woche nach der Salamanca-Konferenz, also zu einem Zeitpunkt abspielt, als im Feld mit einem Resonanzboden für Zukunftsentwürfe zu rechnen ist: ein „neues Denken" ist frisch ausgerufen worden und wurde noch nicht konkretisiert. Insofern stellt sich hier der nicht-intendierte Effekt ein, dass den Schlüsseldokumenten der Weltkonferenz in Salamanca die Funktion eines „call for proposals" zukommt: Sie selbst sind unausgereift genug, dass sie das in ihnen ausgeführte „neue Denken" zur Disposition stellen und dass an ihnen folglich Zukunftsentwürfe für die Special Needs Education konstruiert werden, die mit alternativen institutionellen Logiken in Verbindung stehen.

Änderung des Diskursverlaufs durch das Zusammenwirken institutioneller Logiken im Feld?

Die Argumente der mit der sekundären institutionellen Logik assoziierten „emergenten" Akteure im Feld generieren sich aus einem akademischen Diskurs, aus dem sich die Debatten um Special Needs Education in den Folgejahren zu „entpolitisieren" beginnen. Während die primäre institutionelle Logik, zumal

---

342 Ich würde hier von „konzeptioneller Leerstelle" sprechen, wäre dieser Begriff nicht schon anderweitig, z. B. durch Ansätze in der Intersektionalitätsforschung und Verwendungsforschung besetzt. Mit „Leerstelle" meine ich, dass bei der Weltkonferenz in Salamanca sowohl die Sonderpädagogik als auch die integrative Pädagogik offiziell für veraltet erklärt wurden, an ihre Stelle aber inklusive Pädagogik tritt, die als Idee und imaginiertes Konzept so unklar ist, dass es noch einer *Füllung* dieser Leerstelle bedarf.

während der „UN-Decade for Disabled Persons" (1982–1993), traditionell ideologisch mit Motiven und Zielvorstellungen der Behindertenbewegung assoziiert war, steht die sekundäre nicht mit der Betonung des Rechts von Minoritäten in Verbindung, sondern mit dem normativen Anspruch, Schule in einer Weise zu gestalten, der potentiell allen Kindern einer heterogenen Lerngruppe das Gefühl gibt, am Schulleben voll teilzuhaben. Die Datenanalyse fördert zutage, dass die im Kontext der sekundären institutionellen Logik hervorgebrachten Positionen weitaus weniger emphatisch und vielmehr sachlicher hervorgebracht werden. Nach Einzug der auf Heterogenität bezogenen statt auf Mitglieder bestimmter Gruppen fokussierten Lesart zu „special educational needs" setzt eine *Problematisierung* der expliziten Hervorhebung von Menschen mit Behinderungen ein, die mit der Forderung verknüpft ist, Special Needs Education nicht mehr in erster Linie auf Menschen mit Behinderungen zu beziehen. Insofern stellt die sekundäre institutionelle Logik die bis dahin im Feld dominierenden Bedeutungen in Frage und führt in die Debatten um ein „neues Denken" in der Special Needs Education ein *zweites Vorzeichen* ein, das von nun an mit der herkömmlichen, auf Menschen mit Behinderungen bezogenen Sicht- und Herangehensweise im Kontext der Special Needs Education in Konkurrenz zu stehen beginnt. Insofern ist für den weiteren Diskursverlauf hypothetisch zu erwarten, dass sich durch den Einzug der sekundären institutionellen Logik in die Debatten innerhalb des Feldes die Gemengelage zwischen jeweiligen Begriffsverwendungen, Bedeutungszuweisungen und Lesarten zu Inklusion und inklusiver Pädagogik signifikant ändert. Dass sich an diesem Punkt zwangsläufig mehr oder weniger explizit (und mehr oder weniger im Bewusstsein der Akteure) Widersprüche zwischen den Lesarten entsprechend der beiden institutionellen Logiken ergeben, konnte für die Analyse als wahrscheinlich vorausgesetzt werden. Jedenfalls ist (zumal nach Kenntnisnahme der in der Fachliteratur sich widerspiegelnden Unentschiedenheit bezüglich der Frage nach dem Adressatenkreis von Inclusive Education) nicht erwartbar, dass aus den Daten ein Entwicklungspfad dieses imaginierten Konzepts abzulesen sein wird, in dessen Verlauf im organisationalen Feld sowohl der Fokus auf Menschen mit Behinderungen beibehalten als auch tendenziell davon abgesehen wird, im Rahmen der Special Needs Education bestimmte Gruppen hervorzuheben bzw. eine kategoriale Unterteilung von Populationen von Lernenden in Untergruppen vorzunehmen. Es ist vielmehr anzunehmen, dass sich in dem zur Analyse stehenden kommunikativen Geflecht eine – und hier bietet sich die Entlehnung der Worte von Heinz-Elmar Tenorth aus einem anderen Kontext an – *diskursive Gleichzeitigkeit von Universalisierung und Partikularisierung* (Tenorth 2006, S. 498 ff.) widerspiegelt, um deren systematische Analyse es im Folgenden gehen wird.[343]

Reaktionen der Special Education Unit der UNESCO auf die sekundäre institutionelle Logik

Die Quellen aus dem Zeitraum der ersten Phase zeigen, dass die Forderung von Wissenschaftlern der *University of Cambridge* und ihrem engeren Kollegenkreis, Special Needs Education nicht mehr in erster Linie auf Menschen mit Behinderungen zu beziehen, in dieser Entwicklungsphase keine signifikanten Konflikte provoziert, war ja erst eine Woche vor Eingang der „notes from the Salamanca meeting" im Rahmen der Weltkonferenz beschlossen worden, dass ein neues Denken Einzug in die Special Needs Education halten solle. Insofern reagieren Akteure im Feld nicht irritiert, als zu diesem Zeitpunkt Vorschläge in das Zentrum des Feldes eingebracht werden, die eine Neuorientierung der Special Needs Education zum Gegenstand haben. Da aus den Konferenzdokumenten nicht eindeutig hervorgeht, wie das „neue Denken" in der Special Needs Education zu verstehen sei, erregen die Anregungen aus England zunächst weder Verwunderung noch größere Aufmerksamkeit, steht zu diesem Zeitpunkt der *Unbestimmtheit inklusiver Pädagogik* konzeptionell die Füllung dieser „Leerstelle" ja ohnehin noch aus.[344] Neben den „notes" gehen auch andere Dokumente mit Vorschlägen bei der UNESCO ein, die sich allerdings – vom Ende des gesamten Untersuchungszeitraums beurteilt – nicht als längerfristig relevant herausstellen.[xviii]

Die Quellen deuten darauf hin, dass die UNESCO in dieser Phase versäumt, genau festzulegen, was unter dem „neuen Denken" in der Special Needs Education zu verstehen ist. Insofern kommt es vor dem Hintergrund der beiden insti-

---

343 Durch besondere Betonung der Rechte und der spezifischen Situation einzelner Personen bzw. von Gruppen bestimmter Minderheiten (Rechte, die für alle gelten) soll deren Nichtdiskriminierung in pädagogischen Kontexten erzielt werden, wobei die besondere Betonung der spezifischen Situation bestimmter Personen und die damit verbundene Hervorhebung derselben – zumal auf Basis ihres Andersseins – als solche genuin diskriminierend ist, vgl. hierzu UN-BRK, Artikel 5, Satz 4. Dies führt mitunter zu Rhetoriken, die ich anderswo unter dem Passus „Education for All, and especially for some" zusammengefasst habe, vgl. Kiuppis 2010; 2011; sowie Kiuppis & Peters 2014.

344 Oben habe ich ja bereits ausgeführt, dass bei diesem Akteur die analytische Entscheidung, ob es sich um einen *Supporter* oder einen *Challenger* handelt, nicht eindeutig zu treffen ist. So dürfte auch hier anzunehmen sein, dass nicht jeder Akteur im Feld in den „notes" einen Vorstoß sieht, der die im Feld etablierten Standards und Regeln untergräbt.

tutionellen Logiken im Feld schon zu Beginn der Follow up-Prozesse zur Weltkonferenz in Salamanca – und diese Entwicklung ist mit dem Titel des Buches bereits angedeutet – zu einer diskursiven Gleichzeitigkeit vieler verschiedener Nuancierungen in dem jeweiligen Verständnis der hier involvierten Akteure, was unter „Inclusive Education" bzw. einem „new thinking in Special Needs Education" zu verstehen sei. Wir haben es bei dieser *heterogenen Inklusivität* mit einem Fall zu tun, bei dem etwas Neues („inclusive education") etwas Altes („education in integrated settings") ablösen sollte, allerdings kein Konsens darin besteht, wie das Neue zu verstehen sei. Da es sich hier um Prozesse handelt, die – wie Jürgen Schriewer im Zusammenhang mit dem Bologna-Prozess ausführt – „[…] immer erneut [dynamisiert werden] durch eine Vielzahl zwischenorganisationaler Interaktionen, Verweisungen, und Imitationen sowie durch daran anschließende abstrahierende Modellbildungen" (Schriewer 2007, S. 8), stellt sich hier schnell eine Heterogenität der Bedeutungen dar, der analytisch nur schwer Herr zu werden ist.

Sowohl auf der Ebene des „Policy Talk" als auch der Entscheidungen und des Handelns bleibt die Special Education Unit der UNESCO in dieser Phase ihrer Linie treu, Special Needs Education ausschließlich auf die Gruppe der Menschen mit Behinderungen zu beziehen.[xix] Weder werden hier alte, etwa während der „UN-Decade of Disabled Persons" (1983–1992) initiierte Projekte revidiert noch z. B. Kostenpläne reformuliert oder neue geschaffen. Insofern läuft die Arbeit in dieser Phase, verglichen mit der Zeit davor, scheinbar kontinuierlich weiter,[xx] weshalb – von diesem Zeitpunkt aus beurteilt – die analytische Einordnung der Weltkonferenz als „Wendepunkt" fraglich ist. Aus den Daten gehen auch keine Indizien für ein *Aufeinanderprallen* unterschiedlicher Vorstellungen über Zukunftsperspektiven hervor.[xxi] Vielmehr entsteht der Eindruck, dass sich die Special Education Unit der UNESCO von den vereinzelt eingehenden Positionierungen zur Neuorientierung des Special Needs Education-Programms unbeeindruckt zeigt. In Hinblick auf die Arbeitsweise und das strategische Vorgehen dieser Organisationseinheit in den ersten zwei Jahren nach der Weltkonferenz scheint insofern die Bezeichnung „business as usual" angemessen zu sein. So wird z. B. von der Leiterin der Special Education Unit jene „interagency collaboration" weiterverfolgt, die vor der Weltkonferenz in Salamanca mit dem thematischen Schwerpunkt „Early Childhood Education Initiatives" – mit direkter Bezugnahme auf Kinder mit Behinderungen begonnen wurde.[xxii] In diesem Zusammenhang ist deutlich erkennbar, dass sich die Leiterin der Einheit klar zur primären institutionellen Logik bekennt.[xxiii] So ergreift sie z. B. aktiv die Initiative, dass die UNESCO als Gastgeberin eines Treffens im Rahmen der „Interagency Collaboration" fungiert[xxiv] und lässt zweifellos erkennen, dass sie solche Aktivitäten, die sich ausschließlich auf Kinder mit Behinderungen im Kontext von Bildung beziehen, voranzutreiben gedenkt.[xxv]

Ein weiteres Indiz für die von Seiten der UNESCO weitgehend unveränderte Beibehaltung ihrer Linie des „alten Denkens" der Special Needs Education (in dieser Phase sogar ohne dass es als „neues Denken" deklariert wird)[xxvi] ist z.B. ein im November 1994 abgehaltenes informelles Treffen zwischen Vertreterinnen und Vertretern der *International Labour Organization* (ILO), der *World Health Organization* (WHO) und der Leiterin der Special Education Unit der UNESCO.[xxvii] Bei dieser Zusammenkunft handelt es sich um die Fortsetzung einer Kooperation zwischen diesen drei „agencies",[xxviii] die erst kurz vor der Weltkonferenz angestoßen wurde.[xxix] Hier geht es in erster Linie um auf Behinderung bezogene Themen.[xxx] Entscheidend für die Einordnung der mit dieser Kooperation zusammenhängenden Dokumente ist die im November 1994 klar formulierte Idee,[xxxi] dass sich der Vertreter der ILO, jener der WHO und die Leiterin der Special Education Unit in dieser Konstellation weiterhin mindestens zweimal pro Jahr zu treffen gedenken, um über behinderungsspezifische Themen zu beraten.[xxxii]

Auch andere Dokumente, so z.B. eine Einladung des Vertreters der WHO zu einem „Interagency Meeting" im Februar 1995 zum Thema „Community Based Rehabilitiation" (wobei es sich ebenfalls um eine Initiative handelt, die sich in erster Linie der Lebensqualität von Menschen mit Behinderungen und ihrer Familien befasst) sowie die daran anschließende Korrespondenz (insbesondere zwischen der UNESCO, der WHO und der ILO) deuten darauf hin, dass die Special Education Unit – ungeachtet der sekundären institutionellen Logik – weiterhin der Idee zugeneigt ist, ihre alten Themen weiterzuverfolgen. An dieser Stelle wird sowohl deutlich, dass die Special Education Unit (die noch Jahre nach der Weltkonferenz in Salamanca diesen Namen trägt und sich schon insofern nur schwer vor Themen verschließen kann, die mit der Pädagogik für Menschen mit Behinderungen zu tun haben) nicht nur die zeitlich vor der Weltkonferenz in Salamanca angestoßenen Kooperationen weiterführt, sondern sich auch offen zeigt, wenn neue Initiativen und Aktivitäten dieser Art an sie herangetragen werden.[xxxiii] In dieser Phase stellen sich mit anderen Worten noch keine signifikanten Änderungen der Denkrichtung oder des Handelns der UNESCO ein. Zwischen den Ebenen des „Policy Talk" und der Entscheidungen und des Handelns kommt es also zunächst noch zu keiner deutlichen Diskrepanz. Es ist zwar nicht so, dass von Seiten der UNESCO auf Anregungen im Sinne der sekundären institutionellen Logik nicht reagiert würde, aber diese wirken sich in dieser Phase noch nicht signifikant auf die von der UNESCO ausgehenden Aussagen und auch nicht auf ihr Handeln aus. Aus den Quellen zu dieser Phase lässt sich die Tendenz ablesen, dass die Special Education Unit der UNESCO weder auf den Vorstoß aus Cambridge noch auf die Vorgabe des bei der Weltkonferenz zeremoniell verabschiedeten *Framework for Action*, ein „neues Denken" in der Special Needs Education einzuführen, derartige Aktionen folgen lässt, die mit einer Erweiterung des Adressatenkreises einhergehen würden. Die Quellen deuten vielmehr darauf hin, dass jene Initiativen, den Adressatenkreis von Special Needs Education zu weiten, vorerst auf keine Resonanz auf Seiten der UNESCO stoßen. Auf die Anregungen bezüglich einer Erweiterung des Adressatenkreises der Special Needs Education wird zwar nicht explizit ablehnend reagiert, allerdings finden sich in den Quellen auch keine Anzeichen für eine Befürwortung derselben oder auf Änderungen der von der Special Education Unit ausgeübten Tätigkeiten oder Strukturen im Sinne der sekundären institutionellen Logik.

Die erste Phase zusammenfassend beurteilt, hat die UNESCO in den Monaten nach der Weltkonferenz in Salamanca keine nennenswerte Richtungsänderung ihrer auf Special Needs Education bezogenen Arbeit veranlasst – jedenfalls nicht in einer Weise, die signifikant einem klar definierten „neuen Denken" in der Special Needs Education entsprechen würde. Dass Special Needs Education etwas anderes meint als vor der Weltkonferenz in Salamanca, lässt sich aus der Arbeit der gleichermaßen für die Nachbereitung der Weltkonferenz und die damit verbundene Rahmung des „neuen Denkens" der Special Needs Education verantwortlichen Organisationseinheit der UNESCO in dieser Phase nicht ablesen. Zu diesem Zeitpunkt gibt es keine kontroversen Auseinandersetzungen z. B. über das eigene Selbstverständnis oder den wünschenswerten Entwicklungspfad.[345] Aus den Quellen gehen keine Hinweise darauf hervor, dass die Leiterin der Einheit einen Kurswechsel anstrebt. Die „schriftlichen Spuren" deuten nicht einmal darauf hin, dass sie entsprechende Schritte in Erwägung zieht, denn es gibt keinerlei Anzeichen einer Reaktion auf die sekundäre institutionelle Logik. Ein Blick auf Indizien „who decision makers look to in order to judge the appropriateness of a practice" (Burt 1987, S. 1289) legt die Annahme nahe, dass die Ausrichtung der Special Education Unit in den Jahren vor der Weltkonferenz in Salamanca weiterverfolgt werden sollte.

Die UNESCO hat sich in den auf die Weltkonferenz folgenden Monaten in Debatten um Inclusive Education nicht – bzw. nicht über die Feldgrenzen hinaus sichtbar – als *Dominant* herausgestellt. Die Quellen deuten für diesen Betrach-

---

345 Vgl. Schriewer 2005b, S. 420 f.

tungszeitraum darauf hin, dass ihre Special Education Unit bei der konzeptionellen Festlegung des „new thinking" in Special Needs Education *nicht proaktiv* handelt und somit sowohl die Füllung dieser „Leerstelle" zur Disposition stellt als auch ihre Stellung als zentraler Akteur im Feld streitbar macht. Dass dieser Akteur vielmehr seine (bereits vor der Weltkonferenz initiierten) Aktivitäten scheinbar unverändert weiterführt und der „kollektiven Zuschauerschaft" somit den Eindruck vermittelt, sich an der konzeptionellen Füllung dieser „Leerstelle" nach Belieben einbringen zu können, stellt sich im Lichte des konzeptionellen Bezugsrahmens als eigentümlicher Fall von „loose coupling" dar,[346] handelt es sich hier ja nicht im eigentlichen Sinne um eine über die institutionelle Umwelt an die UNESCO herangetragene *Erwartung* oder um *Druck* von außen, der bzw. dem die UNESCO zu entsprechen zwar vorgibt, aber nicht entsprechend handelt. Vielmehr hat die UNESCO durch die Federführung bei der Formulierung und ihren Gastgeberstatus bei der Verabschiedung des *Salamanca Statements* Erwartungen an andere Akteure gestellt, denen sie weder selbst zu entsprechen scheint noch systematisch Maßnahmen anschließt, die das „Alte" rhetorisch unter dem Deckmantel des „Neuen" kaschieren.

Insofern spricht viel dafür, dass die UNESCO bis zum Ende der ersten Phase nicht ihre Möglichkeiten wahrnimmt, sich im Kontext der beiden konkurrierenden institutionellen Logiken eindeutig zu positionieren und klar zu definieren, welche Bedeutung von Inclusive Education unter dem „neuen Denken" in der Special Needs Education firmieren solle. Vor diesem Hintergrund erklärt sich, warum sich „inclusion" bis zum Beginn der zweiten Phase zwar als Projektionsfläche für sehr unterschiedliche Vorstellungen etabliert, auf der operativen Ebene in lokalen Umsetzungsagenden verschiedene Auslegungen erlebt und diverse „Übersetzungen" erfährt, in seinen Bedeutungsvarianten aber unscharf bleibt.

Phase 2 (Oktober 1994 – Februar 1997)

Die Quellen deuten darauf hin, dass es im ersten Halbjahr nach der Weltkonferenz in Salamanca nur zu wenigen Situationen kommt, in denen Akteure im Feld darauf zu warten scheinen, dass die UNESCO eine (neue) Richtung vorgibt. Den schriftlichen Korrespondenzen nach zu urteilen, spielt die in den Referenzdokumenten angekündigte Richtungsänderung in der Special Needs Education

---

346 Vgl. hierzu den Exkurs zum Konzept des „loose coupling", Unterpunkt im Abschnitt: Die wichtigsten neo-institutionalistischen Grundkonzepte (im zweiten Kapitel).

zunächst kaum eine Rolle bei der Fortführung bereits begonnener Arbeiten.[xxxiv] Während auf der Ebene der Handlungen in der ersten Phase klar zu erkennen war, dass die Special Needs Education Unit ihrer Linie aus der Zeit vor der Weltkonferenz in Salamanca treu bleibt, gilt dies weitgehend auch für die Ebene des „Policy Talk". Nur an wenigen Stellen verweisen die Quellen auf eine allmähliche Einbeziehung von Argumenten, die sich an die sekundäre institutionelle Logik anlehnen. Indessen scheint es, dass sich die Leiterin der Special Needs Education Unit zwar darüber bewusst ist, dass ihre Arbeit einem „neuen Denken" folgen sollte, selbst aber nicht sicher ist, wie das „neue Denken" in der Special Needs Education zu verstehen sei.[347]

Erste Anzeichen für die Einbeziehung der sekundären institutionellen Logik in die Rhetorik der Special Education Unit *der UNESCO: Beispiele aus Korrespondenzen mit der WHO*

Zu Beginn der zweiten Phase lassen sich den Quellen erste Anzeichen für die Einbeziehung der sekundären institutionellen Logik in die Rhetorik der Special Education Unit der UNESCO entnehmen. Indizien für die rhetorische Einflechtung von etwas Neuem in altbewährte Entscheidungen und Handlungsstrukturen finden sich z. B. in Korrespondenzen mit der Weltgesundheitsorganisation (WHO), so z. B. in einem Telefax, das die Leiterin der zur Analyse stehenden Organisationseinheit im Oktober 1994 an einen leitenden Epidemiologen der WHO schickt. Dieses Dokument stellt ihre Reaktion auf eine Anfrage dar,[xxxv] in der sie um eine Stellungnahme zur klassifikatorischen Praxis in ihrer Arbeit gebeten wurde. In der Antwort, die als kritische Positionierung zu der Anfrage gelesen werden kann, schreibt sie „SEN is used more widely", gibt allerdings keinen Hinweis auf die Bedeutung dieser Aussage.[xxxvi] An dieser Stelle deuten die

---

347 Im „Exkurs" innerhalb des Abschnitts „Decision-making under ambiguity" im zweiten Kapitel habe ich ausgeführt, dass eine Forscherin/ein Forscher mit Blick auf Daten in der Regel weder wissen kann, über welche „menus of choice" (Jepperson 2001, S. 31) Akteure in jeweiligen Situationen verfügen noch einzuschätzen vermag, inwieweit Entscheidungsprozesse und Handlungen institutionellen Vorgaben entsprechen. Somit lässt sich auch an dieser Stelle – ohne eine Analyse perzeptueller Aspekte – nur schwer beurteilen, ob auf der einen Seite Akteure im Feld *warten* oder ob auf der anderen Seite der Leiterin der hier fokussierten Organisationseinheit etwas *bewusst ist* und sie (*nicht*) *sicher ist*, wie das „neue Denken" in der Special Needs Education zu verstehen sei. Insofern basieren solche Aussagen meinerseits auf Indizien, die ich theoriegeleitet zu interpretieren habe. Vgl. hierzu den folgenden Abschnitt.

Daten – neo-institutionalistisch beurteilt – auf einen Fall von „loose coupling"
hin: In ihrer Außendarstellung versucht die UNESCO-Mitarbeiterin glaubhaft
zu machen, dass die Arbeit in ihrer Einheit nunmehr unter anderen Vorzeichen
läuft, wobei im Rahmen der prozessual ansetzenden Konzeptanalyse sowohl in
Hinblick auf Entscheidungen als auch auf Handlungen deutlich wird, dass keine
Umorientierung stattgefunden hat. Zu diesem Phänomen führt Colette Chabbott (2014) aus:

> Brunsson argues that expressions of high ideals in organizations can be use-
> ful even when they cannot be immediately attained, since over time pressure
> mounts to take action consistent with them.

Ein weiteres, weitaus deutlicheres Beispiel für lediglich rhetorische Hinweise
auf etwas Neues unter Ausbleiben entsprechender Änderungen auf den Ebenen
der Entscheidungen und Handlungen lässt sich ebenso den Korrespondenzen
zwischen der UNESCO und der WHO entnehmen: Das erste Anzeichen für
eine Diskrepanz zwischen verschiedenen Sichtweisen zum Adressatenkreis der
Special Needs Education, die eine *Korrektur* der Positionierung innerhalb der
hier fokussierten Organisationseinheit zur Folge hat, taucht in einem UNESCO-
internen Schriftwechsel auf, in dessen Rahmen die Leiterin derselben aus dem
Kreis der Kolleginnen und Kollegen aus der *Abteilung für Basic Education* auf
einen „breiteren Blick" („broader vision") der Special Needs Education hingewiesen wird: Von Seiten des Herausgeberkreises der Zeitschrift „World Health",
eines mit der WHO assoziierten Publikationsorgans, erhält sie im Mai 1995 den
Auftrag, für ein Sonderheft zum Thema „Disabled people and their health, rehabilitation and inclusion in society" einen Artikel mit dem Arbeitstitel „Education
for children with disabilities" beizutragen, der auch „the inclusion of children in
ordinary schools" thematisieren solle.[xxxvii] Nachdem die Zusage erfolgt,[xxxviii] wird
ein Entwurf dieses Artikels erarbeitet,[xxxix] der abteilungsintern zirkuliert. Aus
der hausinternen Korrespondenz, die mehrere Organe der UNESCO einbezieht,
geht deutlich hervor, dass aus dem Kreis der Kolleginnen und Kollegen erwartet
wird, dass der Textentwurf überarbeitet wird. Zwar spiegele dieser, wie im Kreise
der Kolleginnen und Kollegen zugegeben wird, die persönlichen Positionen der
Autorin wider, aber dennoch müsse sich, so die Kritik vor allem der Vorgesetzten, daraus die Position der UNESCO hinsichtlich des neuen Denkens in der
Special Needs Education widerspiegeln. In den Quellen taucht die Kopie einer
Textfassung dieses Artikels auf, auf der handschriftlich vermerkt ist:

The analysis does not match the broader vision. You would need to include UNESCO's efforts (other than in Special Education) to address Special Needs.[xl]

Auf einer weiteren Kopie dieses Textentwurfs ist von einem anderen Kollegen (ebenfalls handschriftlich) vermerkt:

It does seem to me that there is the need to define special needs education early in the article and then to live by the definition you select. If you wish, you can discuss the implications of special needs eduction [sic!] for the disabled. This seems to be the focus at the start of the article. Or, if you wish to use the more comprehensive definition [...], you are free to do so. It could, however, confuse people who are not familiar with the subject, if different populations are dealt with in different sections of the article without clarification of what are the parts and what is the whole [Abbruch des Satzes].[348] That means that you look at all children in schools and look then on the „sub-set" of disabled [...] and those of other special needs.[xli]

Eine weitere handschriftliche Anmerkung lautet wie folgt:

The paper refers to a broader concept of special education but its analysis addresses disabled children.[xlii]

Dieser Kommentar lässt sich nur schwer einordnen, schließt ein „broader concept of special education" (im Sinne von integrativer Pädagogik) ja den Bezug auf Menschen mit Behinderungen nicht aus – und ist ja eigentlich nicht verwunderlich, dass ein Text mit dem Arbeitstitel „Education for children with disabilities" diese Gruppe behandelt. Dieses Beispiel verdeutlicht zum einen die Gleichzeitigkeit unterschiedlicher Lesarten von Special Needs Education *innerhalb der UNESCO*, zum anderen aber auch, wie bürokratisch und hierarchisch die Arbeitsprozesse innerhalb der Organisation ablaufen. Hierzu führt ein Experte aus:

UNESCO is as bureaucratic as any other UN body and also has to follow the policies agreed by government representatives at its annual meeting. The WHO World Health Assembly has agreed very progressive disability policies, as has ILO which has to satisfy both employers and employee bodies; UNICEF which is now leading on CWDs [children with disabilities_FK] after decades of inactivity is much more independent because it is responsible only to the UN.

---

348 An der mit „Abbruch des Satzes" gekennzeichneten Textstelle ist handschriftlich „of the pop. concerned" zu entziffern.

Am Beispiel der Entwicklung des Artikels für die Zeitschrift „World Health" treten die Vorzüge zutage, Internationale Organisationen in ihrer internen Differenzierung zu untersuchen. Hier zeigt sich die Tendenz, dass in dieser Phase nach außen hin (dies gilt zumindest für die Kommunikation zwischen der Special Education Unit und externen Akteuren) der Eindruck entsteht, dass die sekundäre institutionelle Logik seitens der UNESCO auf keine nennenswerte Resonanz stößt. Die hier illustrierte Korrespondenz gibt Aufschluss über eine *organisationsinterne* Dynamik, bei der unterschiedliche Sichtweisen zu der Frage deutlich werden, was nach der Weltkonferenz in Salamanca unter Special Needs Education zu verstehen sei:[349]

Der oben zuerst erwähnte handschriftliche Vermerk auf der Kopie des Textentwurfs für die Zeitschrift „World Health" („The analysis does not match the broader vision. [...]") deutet darauf hin, dass sich „broader vision" hier auf *integrative Pädagogik* bezieht (verstanden als Weiterentwicklung von Sonderpädagogik) und insofern nicht auf ein „new thinking" in Special Needs Education. Hingegen impliziert das lange Zitat eine „more comprehensive definition" von Special Needs Education (verstanden als integrative Pädagogik), und zwar im Gegensatz zu „special needs eduction [sic!] for the disabled". Hier ist offenbar, im Sinne der sekundären institutionellen Logik, ein Verständnis von Special Needs Education gemeint, wonach auch andere Lernende als jene mit Behinderungen adressiert werden sollen. Der entsprechende Vermerk zum Entwurf des Zeitschriftenartikels stammt von einem Kollegen aus der *Section for Basic Education* (ED/BAS), der die Special Education Unit untergeordnet ist. Es handelt sich um dieselbe Person, die auch an anderer Stelle auf ein weites Verständnis hinweist, wonach

> Special Needs Education [...] is a broad general approach based on the premise that education must be adapted to the needs of each child.[xliii]

In diesem Kontext lässt sich die Frage, warum sich die Leiterin der Special Education Unit in ihrem Artikel für die Zeitschrift „World Health" unter dem Arbeitstitel „Education for children with disabilities" mit „different populations" (also auch mit nicht-behinderten Kindern) befasst – anhand der Quellen nicht eindeutig klären. Da bei der Anfrage der Zeitschriftenredaktion, „the inclusi-

---

349 An dieser Stelle wird deutlich, dass es in Anbetracht der organisationsinternen Kommunikation Sinn macht, die zur Analyse stehende Organisationseinheit als Akteur zu verstehen und von anderen Einheiten innerhalb der UNESCO als Akteure, die als „peers and competitors" untersucht werden können, zu unterscheiden.

on of children in ordinary schools" zu thematisieren, vermutlich Kinder mit Behinderungen gemeint sind, bleibt offen, warum sich die Ausführungen in dem Artikel – zumal in einem Themenheft, das sich speziell mit Menschen mit Behinderungen befasst – nicht ausschließlich auf eben jene beschränken. Nach Kenntnis der weiteren Entwicklungen im Feld ist anzunehmen, dass es sich bei dieser Quelle um ein Zeugnis davon handelt, dass die Leiterin der Special Education Unit im Kontext der konfligierenden institutionellen Logiken zwar für ihre praktische Arbeit weiterhin der dominierenden (primären) Logik zu folgen gedenkt, aber allmählich dazu übergeht die Komponenten der sekundären institutionellen Logik in ihre Argumente einzuflechten. Hierfür spricht auch eine Textstelle, die sie in Reaktion auf die sie hausintern erreichenden Korrekturen in ihren Artikel einbaut, in der sie (ohne zu zitieren!) wortwörtlich eine Sequenz aus einem Telefax von jenem individuellen Akteur übernimmt, der im Anschluss an die Weltkonferenz in Salamanca die „notes from the Salamanca meeting" per Sammelnachricht an diverse Adressaten verschickte:

> „Schools for All" to achieve effective „Education for All": include everybody, celebrate differences, support learning, respond to individual needs.

Im Laufe der zweiten Phase steht die Special Education Unit noch nicht so sehr unter Druck, ihre Arbeit im Sinne eines „new thinking" zu ändern. Weder hat sich die neue institutionelle Logik im Feld etabliert noch ist dieselbe in dieser Phase organisationsintern verankert genug, dass eine entsprechende Umorientierung der Arbeit im engsten Sinne erwartet werden könnte. Dennoch deutet dieses Beispiel der UNESCO-internen Diskussionen um den Entwurf des Zeitschriftenartikels darauf hin, dass die neue institutionelle Logik im Feld und innerhalb der Organisation Fuß zu fassen beginnt. In den Quellen lassen sich also Hinweise finden, dass der Leiterin der Special Education Unit bewusst wird, dass sie (zumindest) rhetorisch und insofern auf der Ebene des „Policy Talk" auf ein „neues Denken" in der Special Needs Education Bezug nehmen müsste, das mit einer Erweiterung des Adressatenkreises in Verbindung steht.[xliv] In diesem Kontext lässt sich auch ein Phänomen feststellen, das Scott und Kolleginnen als Konflikte beschreiben, in der Frage

> [...] concerning what the field is about and who is to be regarded as a legitimate participant [...]. Fields are constantly constructed and reconstructed by a changing cast of participants. Forces shaping fields are both external and endogenous, that is, the result of actions taken by field participants. (Scott et al. 2000, S. 13)

Entsprechend kristallisiert sich hier eine Tendenz heraus, wonach in Stellungnahmen zu Special Needs Education zunehmend eine Erläuterung erfolgt, welche Gruppe damit fokussiert sei – wobei sich die Adressatenfrage aus der Unsicherheit zu generieren scheint, was das „neue Denken" in der Special Needs Education im Kontext der beiden sich widersprechenden institutionellen Logiken bedeuten möge. Entsprechend verbergen sich im ersten Entwurf des Artikels für die Zeitschrift „World Health" z. B. Hinweise auf „different populations", obwohl es sich um einen Artikel mit dem Arbeitstitel „Education for children with disabilities" für ein Heft mit dem Thema „Disabled People and their health, rehabilitation and inclusion in society" handelt. Darüber hinaus verweist die überarbeitete Fassung des Artikels, in der die Anregungen von den Kollegen berücksichtigt werden, eindeutig auch auf die Einbeziehung von Argumenten, die sich aus der sekundären institutionellen Logik generieren.

Hier wird deutlich, dass es nicht mehr die mit der primären institutionellen Logik assoziierte Stoßrichtung ist, die sich in den Aussagen der Leiterin der Special Education Unit widerspiegelt.[350] Genausowenig sind es jene mit der sekundären institutionellen Logik verbundenen Kategorien oder Schlussfolgerungen, die in den Textentwürfen für den Zeitschriftenartikel zu finden sind. Vielmehr zeigen die Daten, dass zwar auf der Entscheidungs- und Handlungsebene noch den auf Behinderung fixierten Kategorien, Überzeugungen und Motiven gefolgt wird, auf der Ebene des „Policy Talk" aber inzwischen eine Lesart Einzug erhält, die stark an die Grundgedanken der Education for All-Agenda anknüpft. So wird bei der Rede über Menschen mit Behinderungen die Situation anderer Gruppen marginalisierter Minderheiten rhetorisch mit eingeflochten, oder es erfolgt nebenbei der Verweis, dass diese Gruppe nicht die einzige sei, die *besonderer pädagogischer* Förderung bedürfe.

In diesem Kontext kommt es bei der begrifflichen Fassung des „neuen Denkens" in der Special Needs Education nun zur Wortwahl „Inclusive Education for children with disabilities".[351] Weder drückt sich hierin die sekundäre institutionelle Logik aus, denn hierzu passt nicht die Hervorhebung einer bestimmten Gruppe als Adressatenkreis; noch kennzeichnet dieser Satz die primäre institutionelle Logik, wäre dann die Betonung der bestimmten Gruppe nicht nötig. Die Bezugnahme auf die Gruppe der Kinder mit Behinderungen steht hier im Zusammenhang mit einem Anspruch, weder ausschließlich oder exklusiv (wie im Fall der Sonderpädagogik) noch in erster Linie (wie im Fall der Integrationspädagogik) Bezug auf Menschen mit Behinderungen zu nehmen, sondern

---

350 Vgl. Tabelle 1.
351 Vgl. hierzu u. a. Wedell 1995.

vielmehr das Blickfeld in der Special Needs Education in Hinblick auf andere Gruppen zu weiten.

Die Rolle der Vereinten Nationen bei der Verwechslung
von Integration und Inklusion (ab 1995)

Im September 1995 wird im Rahmen der 145. Sitzung des Exekutivrats der UNESCO der Beschluss gefasst, dass der Generaldirektor der UNESCO sicherstellen möge

> [...] that the appeal made in the Salamanca Statement is reflected in a project which could be implemented in the period covered by the Medium-Term-Strategy for 1996–2001.[xlv]

Daraufhin wird der Beschluss gefasst, für die 28. Sitzung der Generalkonferenz der UNESCO einen Tagesordnungspunkt vorzusehen, der sich um die Nachbereitung der Weltkonferenz in Salamanca drehe.[xlvi] Aus dem Entwurf eines Memorandums des Stellvertretenden Generaldirektors des Programmbereichs für Bildung und Erziehung an den Generaldirektor der UNESCO (vom 27. Oktober 1995) geht hervor, dass „the appeal made in the Salamanca Statement" hier eindeutig in Bezug auf Menschen mit Behinderungen verstanden wird.[xlvii] Der Verweis auf die Weltkonferenz erfolgt hier, im Sinne der primären institutionellen Logik, im Zusammenhang mit der Implementierung der UN-„Standard Rules" (UN 1993), weshalb von Seiten der UNESCO vorgesehen ist, den für die Implementierung der „Standard Rules" zuständigen UN-Sonderberichterstatter der *Commission for Social Development on Disability* der UN zur Generalkonferenz der UNESCO einzuladen und dort ein Statement vortragen zu lassen – „[to let him] speak on the subject of special needs education (concerning the follow-up to the World Conference)".[xlviii]

Aus Sicht der Vereinten Nationen wird diese Initiative, die von der Leiterin der Special Education Unit nicht nur begrüßt, sondern auch unterstützt und aktiv vorangetrieben wird, prinzipiell gutgeheißen, geht es hier schließlich um „strengthening cooperation with UNESCO in the implementation of the Standard Rules with special emphasis on the crucial issue of education".[xlix] Bei der Analyse ist wichtig zu berücksichtigen, dass die Leiterin der Special Education Unit sich diesem Druck nur schwer entziehen kann, lässt sich die Verantwortung nicht delegieren, da ja dieser Organisationsteil für die Implementierung der „Standard Rules" zuständig ist. In diesem Zusammenhang ist auch wichtig zu betonen, dass sich der UN-Sonderberichterstatter bei seiner Aufgabe, das Monitoring der Umsetzung der „Standard Rules“ zu übernehmen, explizit auf sechs der insgesamt 21 Regeln zu konzentrieren vorgenommen hat, wovon sich eine mit dem Bereich „Education“ befasst und mit dem Satz beginnt:

> States should recognize the principle of equal primary, secondary and tertiary educational opportunities for children, youth and adults with disabilities, *in integrated settings*. They should ensure that the education of persons with disabilities is an integral part of the educational system (UN 1993, Regel 6_Hervorhebung: FK).

Nachdem der UN-Sonderberichterstatter bei der Weltkonferenz in Salamanca bereits den Eröffnungsvortrag hielt, ist nun also geplant, dass er im November 1995 in derselben Funktion vor die Generalversammlung der UNESCO tritt, um dort ein Statement vorzutragen. Er steht deshalb auch nach der Weltkonferenz in engem Kontakt zur Leiterin der Special Education Unit der UNESCO und gibt in der Öffentlichkeit zu verstehen, er halte viel von „the close cooperation with the expertise within UNESCO“.[l]

Das Skript des Vortrags des UN-Sonderberichterstatters und dessen Entwicklung aus sukzessiven Entwurfsfassungen,[li] die auch die Leiterin der Special Education Unit der UNESCO kommentiert und korrigiert,[lii] ist ein Beleg für die unklare Differenzierung von „Integration“ und „Inklusion“ sowie von Education for All und Special Needs Education. Da bei der Rede an die Generalversammlung der UNESCO die Implementierung der „Standard Rules“ thematisiert werden sollte, in denen „equal primary, secondary and tertiary educational opportunities for children, youth and adults with disabilities, *in integrated settings*“ schwerpunktmäßig vorgesehen sind,[liii] als Kontext aber das Follow-up der Weltkonferenz in Salamanca gewählt wird, in dessen Rahmen es um *inclusive settings* gehen solle, ist in diesem Zusammenhang eine Kombination der beiden Begriffe „integrated“ und „inclusive“ festzustellen, die sich analytisch nur schwer aufschlüsseln lässt. So wird z. B. ausgeführt, „[…] the whole approach is integrated and inclusive“,[liv] und es findet sich in dem Script folgender Satz:

> A comparison between [Standard] Rule 6 on education and the Salamanca Statement shows that the goal and direction of the two documents is the same, but that the Salamanca Statement is clearer and for the first time launches the concept of Inclusive Education. In other words, there is full harmony in principle. It will therefore be easy and natural to cooperate in realizing our com-

mon goals. The framework for Action attached to the Salamanca Statement forms an excellent basis for common action.[lv]

Und ebenda heißt es weiter:

> We must make room for change, for inclusion and integration. We must stop feeding parallel and marginal systems for certain groups […]. The main responsibility lies with governments to move towards inclusion and thereby towards a community living in harmony, wholeness and integration.

Auch ist hier die Rede von „concerns and interests of all persons, including persons with disabilities". Und die Leiterin der Special Education Unit schreibt dem UN-Sonderberichterstatter im Nachgang zu seiner Rede vor der Generalversammlung der UNESCO:

> […] I recall you used an expression which I liked and have quoted since, „we need to make space…" this applies both to UNESCO in all its spheres, and to Member States as well. Make space by including, integrating […] and not keeping parallel/ marginal systems and subsystems […].[lvi]

Der Verlauf dieser Korrespondenz macht deutlich, dass es sich bei den Abstimmungen und Entscheidungen zwischen der UNESCO und der UN im Zusammenhang mit der Vorbereitung und Reflexion des Auftritts des UN-Sonderberichterstatters bei der Generalversammlung der UNESCO im Jahr 1995 um ein Geflecht unterschiedlicher Begriffsverwendungen, Bedeutungszuweisungen und Lesarten von Inclusive Education und verwandten Begriffen handelt. Die „Standard Rules" werden in diesem Zusammenhang als mit den bei der Weltkonferenz in Salamanca verabschiedeten Schlüsseldokumenten kompatibel eingeschätzt, wodurch es zu einer Vermischung der ihnen zu Grunde liegenden zentralen Leitideen und pädagogischen Konzepte kommt. Ebenso im Nachgang zur Rede des UN-Sonderberichterstatters vor der Generalversammlung der UNESCO schreibt die Leiterin der Special Education Unit in einem Dankesbrief zum Stichwort „promote inclusive schooling",[lvii] dass sie mit ihm in Kontakt bleiben wolle und interessiert sei, mehr über seine Zusammenarbeit mit anderen Akteuren zu erfahren.

Bereits im Verlauf der ersten Entwicklungsphase zeichnete sich in den Daten ab, dass für die Analyse erschwerend hinzukommt, dass mit „inclusion" und „integration" bzw. „including" und „integrating" von manchen Akteuren unterschiedliche Adressatenkreise und von anderen z. B. verschiedene pädagogische

Herangehensweisen bzw. Settings oder Schulformen assoziiert werden. Somit verkompliziert sich die Interpretation von Korrespondenzen, die sich in den Quellen widerspiegeln, zumal im Rahmen einer prozessual ansetzenden Konzeptanalyse, bei der davon ausgegangen werden muss, dass Akteure zu verschiedenen Zeiten unterschiedliche Auffassungen vertreten.[352] Im Kontext der hier interpretierten Vorbereitung und Reflexion des Auftritts des UN-Sonderberichterstatters bei der Generalversammlung der UNESCO im Jahr 1995 stellt sich darüber hinaus für die Analyse als Problem heraus, dass es für manche Akteure auf der Ebene des „Policy Talk" mitunter nicht darauf anzukommen scheint, dass bestimmte Konzepte präzise auseinandergehalten werden, sondern es vielmehr darum geht, bestimmte nationale, regionale und lokale Ziele zu erreichen.[353] Mit dieser theoretischen Annahme ist das in dieser Arbeit stark gemachte Argument verbunden, dass das Konzept der Inclusive Education bereits zu Beginn seiner Entwicklung in seinen Bedeutungsvarianten unscharf ist. Hierin ist ein Teil der Akzeptanz des Leitprinzips der Inklusion als humanistische, fortschrittliche und mit den Zielen einer verbesserten Umsetzung von Menschen- und Teilhaberechten kompatiblen Programmatik zu sehen, sowie ein gewisser funktionaler Nutzen, um die Erreichung entsprechender Ziele über dieses Dispositiv zu befördern. Wegen der Unschärfe muss das Wort „inclusion" also von vornherein beständig in seinem Bedeutungsumfang und hinsichtlich seiner Grenzen ausgehandelt, aber eben auch immer wieder neu bestimmt werden – allerdings stets in einer Weise, wonach das Leitprinzip an andere bildungpolitische Programmatiken und Konzepte auf der Ebene Internationaler Organisationen und ihrer Rhetoriken, aber auch an nationale und lokale Diskurse in unterschiedlich weit entwickelten Gesellschaften anschlussfähig gehalten werden kann.[354]

Bounded Intentionality

Sowohl im Abschnitt zu den ersten Anzeichen für die Einbeziehung der sekundären institutionellen Logik in die Rhetorik der Special Education Unit der UNESCO, aufgezeigt an Beispielen aus Korrespondenzen zwischen der UNESCO und der WHO, als auch im vorigen Abschnitt zur Rolle der Vereinten Nationen bei der Vermischung von Integration und Inklusion, wurde die Ten-

---

352 Vgl. hierzu Langley & Abdallah 2011.
353 Vgl. hierzu den Wortlaut im Vorwort zum *Salamanca Statement*, das ich an den Beginn des ersten Kapitels stellte: „Our success in the years ahead will depend not so much on what we do as what we achieve" (UNESCO 1994, S. iv).
354 Ich danke Ernst von Kardorff für diese Leitgedanken.

denz deutlich, dass sich der bei der Analyse fokussierte Organisationsteil zwar für den Verlauf der Nachbereitung der Weltkonferenz in Salamanca offiziell federführend zeichnet, seine Leiterin jedoch wenig Spielraum zu haben scheint, die Richtung der zukünftigen Programmentwicklung selbst zu bestimmen. Sie ist mit multiplen, mitunter widersprüchlichen institutionellen Anforderungen konfrontiert, sodass theoretisch sogar von mehreren Ebenen der institutionellen Einbettung ausgegangen werden könnte, wenn nicht sogar von einer Einbettung dieses Akteurs in *multiple institutionelle Umwelten*.[355]

Dass sich in der Zeit ab dem Jahr 1995 eine Lesart von Special Needs Education zu etablieren beginnt, die als „more comprehensive definition" bezeichnet wird, wonach gemäß der sekundären institutionellen Logik der Begriff der „special needs" nicht nur auf Menschen mit Behinderungen, sondern potentiell auch auf andere Lernende zu beziehen sei, wird von Seiten der Leiterin der Special Education Unit zu Beginn der zweiten Phase in einzelnen Situationen (rhetorisch) mitberücksichtigt, geht aber eindeutig nicht auf sie zurück.

Während das Beispiel der Entwicklung des Aufsatzes für die Zeitschrift „World Health" deutlich macht, dass organisationsintern Erwartungen an die Autorin dieses Texts gestellt werden, denen sie sich nur schwer entziehen kann, verdeutlicht die Vorbereitung der Rede des UN-Sonderberichterstatters vor der Generalversammlung der UNESCO exemplarisch solche Zwänge, denen sich seine Kollegin bei der UNESCO ausgesetzt sieht. In den Quellen spiegeln sich zahlreiche andere Beispiele wider, an denen deutlich wird, dass für jene Organisationseinheit und ihre Leiterin, die für die Nachbereitung der Weltkonferenz in Salamanca hauptverantwortlich zeichnet, die Annahme eines „starken Akteurs" bzw. „Global Player" bei einer Studie wie dieser, die die UNESCO in ihrer *embedded agency* und unter Berücksichtigung ihrer internen Differenzierung mikroanalytisch untersucht, nicht standhält. Wird etwa, um ein weiteres Beispiel anzuführen, von Seiten des Exekutivrats oder des Generaldirektors der UNESCO der Entschluss gefasst, dass die „Medium-Term-Strategy" für die fünf folgenden Jahre am Thema der Weltkonferenz in Salamanca ausgerichtet und letztere im Zusammenhang mit dem Thema Behinderung gerahmt werden möge, muss sich die Leiterin der Special Education Unit offenbar fügen und dieser Vorgabe entsprechen. Von außen betrachtet bietet sich die weitgehend unveränderte Beibehaltung der Programmstrukturen in Verbindung mit der Rhetorik, einem neuen Denken zu folgen, als Diskrepanz zwischen den Ebenen des „Policy Talk" und der Entscheidungen und Handlungen dar. In Heranziehung des gewählten kon-

---

355 Vgl. hierzu z.B. Forschungen zu Multinational Corporations: u.a. Kostova et al. 2009.

zeptionellen Bezugsrahmens lassen sich die zu den entsprechenden schriftlichen Äußerungen führenden Prozesse als „decision-making under ambiguity" und letztendlich als Handlungen beschreiben, die sich an Angemessenheitskriterien – theoretisch verstanden im Sinne der „logic of appropriateness" – ausrichten.

In diesem Kontext wird verständlich, weshalb die Leiterin der untersuchten Organisationseinheit vorerst darauf verzichtet, sich auf eine bestimmte Bedeutung des „neues Denkens" in der Special Needs Education festzulegen, muss sie die Ausrichtung ihres Arbeitsbereichs in dieser Phase doch im Kontext von sich *einander widersprechenden* Anforderungen gegenüber beiden institutionellen Logiken flexibel halten: Auf der einen Seite ist sie gezwungen, der tradierten thematischen Ausrichtung treu zu bleiben und dabei auch den hier beschriebenen internen Anforderungen zu entsprechen sowie bereits bestehende Kooperationen aufrecht zu erhalten. Und auf der anderen Seite muss sie sich für neue Ideen von außerhalb offen zeigen. Im Kontext dieser Ambiguität erklärt sich, dass die Stellungnahmen, die von der Special Education Unit ausgehen, mitunter nicht konsistent sind.[lviii]

Druck von Seiten der Vereinten Nationen, Special Needs Education mit Fokus auf Kinder mit Behinderungen weiterzudenken

An dieser Stelle stellt sich die Frage, ob die Leiterin der Special Education Unit weitere Gründe hat, ihre Arbeit auch nach Kenntnis der sekundären institutionellen Logik tendenziell unverändert auf Menschen mit Behinderungen zu beziehen. Ein Hauptgrund für die Weiterverfolgung der auf Behinderung bezogenen Ausrichtung der Special Needs Education ist zweifelsohne der Druck, unter den die UNESCO durch wiederholte Anfragen seitens der UN gerät, die über die Planung und Reflexion der Rede des UN-Sonderberichterstatters vor der Generalversammlung der UNESCO weit hinausgehen. So wird die UNESCO von Seiten der UN jährlich um Mitteilung gebeten, was in einem jeweiligen Jahr im Kontext der Special Needs Education geleistet wurde – etwa im Rahmen des „NGO briefing at the UN on International Day for the Disabled" im Jahr 1996, wobei Informationen über „UNESCO's education programs for disabled children and children with special needs" erbeten werden.[lix] Dabei spiegeln die Anschreiben und Fragebögen eindeutig das Anliegen der UN wider, die „Standard Rules" umzusetzen, weshalb die UNESCO entsprechend mit Bezug auf Menschen mit Behinderungen antwortet und bei einer erneuten Anfrage dahingehend überprüft wird, welche Fortschritte jeweils gemacht wurden bzw. antizipiert seien.[lx]

Hier zeigt sich, dass die Leiterin der Special Education Unit in die Lage versetzt wird, Rechenschaft darüber ablegen zu müssen, wie effizient und effektiv sich die Follow up-Prozesse zur Weltkonferenz in Salamanca gestalten. Aus den Daten geht hervor, dass sie sich diesen Anfragen schwer entziehen kann, da sie bei Nicht-Erfolgung einer Rückantwort gemahnt wird – und z. B. mit den Worten unter Druck gesetzt wird: „we are still waiting for your cooperation".[lxi]

Insofern steht die UNESCO in der Pflicht, sich nach 1994 weiterhin für das Thema Behinderung zu engagieren – zumal die analysierte Abteilung noch bis 1997 Special Education Unit heißt. Im Verlauf der Korrespondenzen vollziehen sich die Verwirrungen in diesem Kontext beim Gebrauch der Worte „integration" und „inclusion" kontinuierlich weiter. So wird z. B. Anfang Februar 1996 im Zusammenhang mit einem Resolutionsentwurf der UN mit dem Titel „Towards full integration of persons with disability in society: implementation of the standard rules on the equalization of opportunities for persons with disability and of the long-term strategy to implement the World Programme of Action concerning Disabled Persons to the year 2000 and beyond" der Fokus bei der Ausrichtung der UNESCO wie folgt beschrieben: „Contribution to the Copenhagen Social Summit through the preparation of a document on overcoming obstacles to the *integration of disabled persons*" (Hervorhebung: FK).[lxii]

Kontaktaufnahme mit „relevanten anderen" Akteuren (ab 1996)

Jener Zeitraum, der hier als zweite Phase der Nachbereitung der Weltkonferenz in Salamanca untersucht wird, unterscheidet sich schon insofern von jenem der ersten Phase, als hier die Leiterin der Special Education Unit proaktiv Vorstöße unternimmt, Organisationen von außerhalb ihres organisationalen Feldes als Kooperationspartner zu gewinnen. Bezeichnend ist bei diesem Vorgehen nicht nur, dass im Zuge der Anbahnung neuer Kontakte Projekte in Aussicht gestellt werden, die sich explizit auf Menschen mit Behinderungen beziehen und sich insofern stark an die primäre institutionelle Logik anlehnen, sondern auch, dass es sich bei den avisierten Partnerorganisationen um organisationale Akteure handelt, die zum einen gemeinhin als *starke* gelten und zum anderen zum Zeitpunkt der Kontaktaufnahme noch über keine ausgewiesene Expertise zu den im organisationalen Feld der UNESCO verhandelten Problemen und Sachverhalten („issues") bzw. dem aufkommenden Problembereich einer Umorientierung der Special Needs Education verfügen.[356] Insofern wird hier deutlich, dass die UNESCO in dieser Phase gezielt *Supporters* ins Feld *einberuft* und dazu motiviert, sich im Bereich der Special Needs Education in Bezug auf Menschen mit Behinderungen zu engagieren.

Bemerkenswert ist in diesem Zusammenhang, dass sich bei der Special Education Unit der UNESCO (die im Jahre 1997 in Special Education Unit umbenannt wird) in dieser Phase eine deutliche Diskrepanz zwischen der Ebene der Entscheidungen und Handlungen und des „Policy Talk" einstellt, bei der sich – über die beiden konkurrierenden institutionellen Logiken hinaus – die Education for All-Agenda der UNESCO im Rahmen des Special Needs Education-Programms als neuer Referenzhorizont abzeichnet. Die Nachbereitung der Weltkonferenz in Salamanca steht in diesem Abschnitt der zweiten Entwicklungsphase zunächst im Zeichen des Themas *Special Educational Needs in Early Childhood Care and Education* (bzw. „inclusive early childhood education").[lxiii] Dieser neue Fokus wird nun besonders dazu genutzt, führende Internationale Organisationen, die sich mit entsprechenden Problemen und Sachverhalten der Early Childhood Education befassen,[lxiv] zu motivieren gemeinsam mit der UNESCO die bildungspolitische Arbeit für Menschen mit Behinderungen voranzutreiben. In den Quellen heißt es hierzu:

> The Salamanca World Conference on Special Needs Education, in 1994, called for the attention of international and national partners to *Special Educational Needs in Early Childhood Care and Education* as one of the new priority areas of concern. In response, UNESCO has begun to look into this issue.[lxv]

Aus den Daten geht hervor, dass es ab dem Jahr 1996 in erster Linie Organisationen U.S.-amerikanischer Provenienz sind (z. B. USAID, UNICEF, Weltbank),[lxvi] die hier von Seiten der UNESCO ins Spiel gebracht werden.[357] Dadurch entwickelt sich die interorganisationale Zusammenarbeit im Kontext von Special Needs Education und Inclusive Education längerfristig als Agenda, die nicht

---

356 Jene Akteure, die in dieser Phase von der UNESCO für Kooperationen im Bereich der Special Needs Education angefragt werden (z. B. UNICEF und Weltbank), werden hier als „starke" vorgestellt, weil sie – im Shils'schen Sinne verstanden – eine relative Nähe zum zentralen Wertesystem in anderen Feldern aufweisen sowie ebenda eine zentrale Position in der Autoritätshierarchie haben, die ihnen ermöglicht, bei der Formulierung von Regeln und der Bestimmung ihrer Gültigkeit in der Regel maßgeblich mitbestimmen zu können.

357 Da diese Organisationen erst ab dem Jahr 1996 in Debatten um das Inclusive Education-Programm der UNESCO eingebunden werden, wurden sie bei der Präsentation der Akteure im Feld im dritten Kapitel nicht mitberücksichtigt.

auf europäische Akteure beschränkt bleibt.[lxvii] Insofern zeichnet sich klar als Tendenz ab, dass die Special Education Unit der UNESCO die Bezugnahme auf Menschen mit Behinderungen forciert.

Die ersten merklichen Änderungen des Programmrepertoires dieser Organisationseinheit im Verlauf des Follow-up der Weltkonferenz in Salamanca stellen sich bei der Vorbereitung des Projekts mit dem Titel „Inclusive Schools and Community Support Programmes" ein, das für drei Perioden mit jeweils zwei Jahren Laufzeit geplant wird.[lxviii] Von Seiten der UNESCO wird dieses Projekt beschrieben als:

> [...] support action and disseminate information on small-scale innovations at the national level, promoting the inclusion of children with disabilities and learning difficulties in regular schools.[lxix]

Der Entwurf für dieses Projekt umfasst eine Periode von sechs Jahren (1996–2001) und wird an verschiedene potentielle Förderinstitutionen versandt. Die erste Phase dieses Projekts (1996–1997) umfasst Teilprojekte in 14 Ländern. Von Seiten der Special Education Unit der UNESCO ist in diesem Zusammenhang die Rede von einer Ausrichtung ihrer Arbeit „regarding special needs education, or inclusive education".[lxx]

Auch zwei Monate nach der Kontaktanbahnung mit UNICEF, zu einem Zeitpunkt als die Leiterin der Special Education Unit Kontakt zur Weltbank aufnimmt,[lxxi] wird der Aspekt der frühen Kindheit schwerpunktmäßig hervorgehoben. Dabei geht aus den Quellen hervor, dass die thematische Verbindung von Early Childhood Education und Behinderung bei den Kontaktaufnahmen der UNESCO mit Special Needs assoziiert wird. Demnach beziehe sich Special Needs Education auf Kinder „whose special needs arise from disabilities or learning difficulties",[lxxii] wobei hier deutlich wird, dass die UNESCO zumindest rhetorisch einen Zugang zu Special Needs Education entwickelt, der über die Fokussierung von Menschen mit Behinderungen hinausgeht.

Was die im Zitat angedeuteten Innovationen anbelangt, finden sich in klassischen politikwissenschaftlichen Debatten hilfreiche Hinweise für die Analyse des Potentials und des Beitrags einzelner Akteure in Innovationsprozessen. Für besonders brauchbar halte ich z. B. diese:

> While there certainly are those [actors_FK] who consciously innovate, there are those who, in their imperfect attempts to imitate others, unconsciously innovate by unwittingly acquiring some unexpected or unsought unique attributes which under the prevailing circumstances prove partly responsible for the

success [of projects_FK]. Others, in turn, will attempt to copy the uniqueness, and the innovation-imitation process continues (Alchian 1950, S. 213).

Kooperation mit UNICEF und World Bank (ab 1996)

„We have been taught by resource dependency theorists", so führen es W. Richard Scott und Kolleginnen unter Verweis auf das Buch *The external control of organizations* von Jeffrey Pfeffer und Gerald R. Salancik (1978) aus,

> „that one of the primary ways that organizations deal with strong competitive pressures or interdependencies is to develop linkages with relevant organizations" (2000, S. 15).

Im Lichte des gewählten konzeptionellen Bezugsrahmens lässt sich dieses in der Literatur aufgeführte Phänomen im Laufe der zweiten Phase auch bei der UNESCO feststellen, die zunehmend unter Druck geraten ist, in der Special Needs Education einem „neuen Denken" zu folgen, das sich von der integrativen Pädagogik („the trend in social policy during the past two decades", UNESCO 1994, S. 11) klar unterscheidet. In einer Situation, in der von Seiten der UNESCO auch fast zwei Jahre nach der Weltkonferenz in Salamanca immer noch keine klare bzw. eindeutige Stellungnahme zu der Frage erfolgt ist, was unter dem imaginierten Konzept der inklusiven Pädagogik als dem „neuen Denken" in der Special Needs Education zu verstehen sei, wird für die UNESCO die Notwendigkeit, ihre zentrale Position im Feld zu behalten, zunehmend größer. Die Quellen spiegeln, wie oben ausgeführt, bereits zu Beginn der zweiten Phase eine Entwicklung wider, bei der die Position der UNESCO als zentraler Akteur in Frage steht, geht der Verweis auf neue Bedeutungen im organisationalen Feld in der Regel von anderen Akteuren als der UNESCO aus und werden diese Bedeutungen von Seiten der UNESCO ignoriert und bestenfalls in organisationsinterner Kommunikation offen diskutiert.

Am 9. Mai 1996 richtet die Leiterin der Special Education Unit ein Schreiben an den Stellvertretenden Direktor der Abteilung für Programmentwicklung bei UNICEF, in dem sie „special needs education for the young child" im Zusammenhang mit dem Follow-up der Weltkonferenz in Salamanca als „new priority area" bezeichnet.[lxxiii] In diesem Brief formuliert sie „als ersten Schritt" das Sammeln von Beispielen „of good practice in inclusive early childhood care and education". Dabei erwähnt sie „different approaches to including young children with disabilities and learning difficulties in regular early childhood programmes".

Sie verweist auf eine für das Jahr 1997 geplante „consultation on special educational needs in early childhood care and education", bei der Expertinnen und Experten zusammenkommen sollten,[lxxiv] „to discuss the subject and come up with some central messages that could benefit the progress of inclusive early childhood education around the world", für die sie UNICEF als Co-Sponsor neben der UNESCO anfrage.[358] Ein Dokument vom 27. November 1997 deutet darauf hin, dass es letztendlich zu einer „UNICEF-UNESCO Collaboration in Early Childhood Education and Special Educational Needs" gekommen ist.[lxxv]

Die Hinweise, dass das Vorgehen der Special Education Unit der UNESCO in dieser Phase im Zusammenhang mit dem von Pfeffer & Salancik (1978) beschriebenen Phänomen der Hilfsbedürftigkeit steht, demzufolge sie als beträchtlich unter Handlungsdruck geratener Akteur Bezüge zu relevanten Dritten außerhalb des Feldes aufnimmt, verdichten sich spätestens zwei Monate nach der ersten Kontaktaufnahme zu UNICEF:[lxxvi] Nach interner Abstimmung einer Strategie mit der Leitung auf Abteilungsebene (*Division of Basic Education*), richtet die Leiterin der Special Education Unit ein Schreiben an die Weltbank, mit dem sie versucht, auch diesen „relevanten" Akteur für ein Kooperationsprojekt zu gewinnen. Dabei wird die Arbeit der UNESCO im Zusammenhang mit Special Needs Education wie folgt umschrieben: „[…] addressing the needs of all children and explicitly including those with special needs". Sie schreibt im Juli 1996 an die Weltbank (noch immer trägt dieser Organisationsteil den Namen Special Education Unit): „Our unit based in the Division of Basic Education, attends to matters dealing with special needs education (children whose special needs arise from disabilities or learning difficulties)."[lxxvii]

Obgleich an dieser Textstelle nicht eindeutig ist, was die Verfasserin dieser Einladung zu dieser Zeit unter „special needs" versteht, deuten andere Textstellen im Rahmen der an diese Kontaktaufnahme anschließenden Korrespondenz zwischen UNESCO und der Weltbank darauf hin, dass die Arbeit der *Special Education Unit* der UNESCO zwar auf der Ebene der Entscheidungen und Handlungen weiterhin die Situation von Menschen mit Behinderungen fokussiert, hingegen auf der Ebene des „Policy Talk" in der Regel nunmehr aber berücksichtigt wird, dass „special needs" aus unterschiedlichen Gründen resultieren können und nicht nur aus Behinderung – so heißt es in einer Klarstellung: „special needs education (children whose special needs arise from disabilities or learning difficulties)".[lxxviii]

---

358 Neben „co-sponsoring" ist ebenda auch die Rede von einer Partnerschaft: „a partnership [that] might strengthen our efforts […]".

Aus Sicht der Weltbank ist die Anfrage durch die UNESCO ein Anlass, ihre bildungspolitischen Angebote auf die Gruppe der Menschen mit Behinderungen auszuweiten. Im Juli 1996 begrüßt die Leiterin der Special Education Unit, dass UNICEF „special educational needs into their early childhood disability policy" aufgenommen habe.[lxxix] Für diesen Fall deuten die Quellen nicht nur darauf hin, dass es kaum ein Jahr dauert, bis die Weltbank sich im Shils'schen Sinne in das Zentrum des organisationalen Feldes vorgearbeitet hat, sondern auch dass sie ab dem Jahr 1997 eigene Projekte in diesem für sie noch neuen „issue-based field" durchführt, die sogar weitgehend unabhängig von der UNESCO fortlaufen – so z. B. Aktivitäten im Zusammenhang mit „the adaptation of school buildings for individuals with disabilities and training for teachers in the needs of children with disabilities".[lxxx]

Im Laufe der nächsten Monate entpuppt sich die Weltbank in diesem Kontext als Akteur, der unmittelbar nach Aufnahme von auf Behinderung bezogenen Problemen und Sachverhalten in das eigene Programmrepertoire dominant in große Teile des Spektrums der Tätigkeiten im Feld einsteigt und sogar die UNESCO, auf die das Anwerben der Weltbank für dieses Thema zurückgeht, schnell an „rule-making authority" (Abbott et al. 2000, S. 405) einbüßen lässt. Hiermit geht ein allmählicher Wandel der Rhetorik auf Seiten der Special Education Unit der UNESCO einher – und Hand in Hand die von der Agenda einer „Education for All" ausgehende Infragestellung von Konzepten der „Special Needs Education" hin zu einem neuen Denken in Kategorien einer „Inclusive Education" für diverse Gruppen. In diesem Kontext zeichnet sich der (bis heute anhaltende) Trend ab, dass jene Lesart von Inclusive Education, wonach in erster Linie Menschen mit Behinderungen gemeint sind, von Akteuren mit Sitz in U.S.-Amerika dominiert wird. Durch die Kontaktaufnahme der UNESCO mit der Weltbank und UNICEF stellt sich im Verlauf der zweiten Entwicklungsphase die Situation ein, dass die Special Education Unit zunehmend mit Logiken konfrontiert wird, die für den U.S.-amerikanischen Kontext typisch sind (z. B. Human Rights und Minority Approach to disability).[359] Theoretisch lässt sich diese Entwicklung wiederum in Heranziehung von Literatur aus den Überschneidungsbereichen von Social Movements und Organization Theory erklären: „Campbell (1997:17) has described how the introduction of new actors alters patterns of interaction that, in turn, cause participants to gain new perspectives on their situation. In this manner [so führen es W. Richard Scott und Kollegen aus],

---

359 Vgl. hierzu Kiuppis 2013, S. 152 ff.

changes in interaction may precipitate changes in interpretation, that is, in lo-gics. When the new ideas and interpretations diffuse and become widely accep-ted – and often they do not – they can become the basis for social movements and reform programs. The most successful of these become institutionalized, replacing former truths and, over time, become taken for granted as „how things are" and „the ways these things are done" (Scott et al. 2000, S. 174).[360]

Phase 3 (Februar 1997 – Oktober 2000)

Der Beginn der dritten Entwicklungsphase markiert den Start einer „Interagen-cy Collaboration", in deren Rahmen sich diverse Vertreterinnen und Vertreter Internationaler Organisationen – neben der UNESCO z. B. die UN, UNICEF, ILO und WHO – wiederholt treffen, um die Belange von Kindern mit Behinde-rungen u. a. im Kontext von Erziehung und Bildung zu diskutieren – mit dem Ziel „[…] to promote multi-sectoral collaboration on the national level".[lxxxi] Die Gründungsmonate der sogenannten „International Working Group on Disabili-ty and Development" sind insofern von hervorgehobener Relevanz für das hier behandelte Thema, als eines der Hauptmotive dieses um sogenannte Disability Advocates und Spenderorganisationen sowie um Expertinnen und Experten an-gereicherten Konsortiums darin besteht, im Zusammenhang mit Debatten um „inclusion" den Fokus auf Behinderung[lxxxii] *wieder* zu stärken.[361]

Im Lichte des konzeptionellen Bezugsrahmens beurteilt, handelt es sich bei dieser Neubelebung einer an und für sich aus der Zeit der „UN-Decade of Dis-abled Persons" (1983–1992) tradierten Kooperationsform um eine ablehnende Reaktion auf die mit der sekundären institutionellen Logik in das Feld einge-brachten Idee, das „neue Denken" in der Special Needs Education möge mit einer Erweiterung des Adressatenkreises einhergehen.[362] Aus Sicht des sich nun etablierenden Konsortiums, in das die Leiterin der Special Education Unit der UNESCO fest eingebunden wird, bestehe in dieser Zeit die Gefahr, dass eine „broader notion of inclusion" den Fokus auf Behinderung abzuschwächen dro-he. Entsprechend äußert ein langjähriges Mitglied dieser Gruppe Folgendes:

---

360 Vgl. hierzu darüber hinaus McAdam & Scott 2005.
361 Vgl. hierzu Mindes 2014.
362 Während dieser UN-Dekade waren bereits „interagency meetings on disability matters" abgehalten worden. Im Jahr 1995 wird von Seiten der UN angeregt, diese Tradition weiterzuführen.

The more I review my files from that period, the more I realize that our advocacy was also about making sure the focus was on „disabilty“ and that the term inclusion wasn't too broadly applied to include all marginalized groups.

Im Februar 1997 setzt ein Prozess ein, der zunächst danach aussieht, als würden die im Sinne der primären institutionellen Logik handelnden Akteure – denen es beim Übergang von „integration“ zu „inclusion“ im Endeffekt darum geht, sich mit Menschen mit Behinderungen anders zu befassen – die Überhand im Feld gewinnen und die mit der sekundären institutionellen Logik zusammenhängende Initiative – die mit dem Übergang von „integration“ zu „inclusion“ die Schlussfolgerung verbanden, sich mit anderen Menschen als (nur) mit Menschen mit Behinderungen zu befassen – im Keim ersticken wollen. Bei genauerer Betrachtung der Dokumente stellt sich allerdings heraus, dass es zwar in erster Linie sowohl die Kategorie Behinderung als auch die Differenzierung von Normalität und Abweichung sind, die in den Verhandlungen der „Working Group“ im Zentrum der Aufmerksamkeit stehen, dass die Rahmung ihrer Initiativen aber in deutlicher Anlehnung an die Programmlogik der EFA-Agenda erfolgt und nicht nach einer konzeptionellen Weiterentwicklung des Leitprinzips der Integration aussieht. So wird „inclusion“ nunmehr mit *unterschiedlichen Gruppen marginalisierter Minderheiten* assoziiert, wobei sich die Arbeitsgruppe besonders den Anliegen von Kindern mit Behinderungen (als einer Gruppe von vielen) annimmt. In diesem Zusammenhang ist festzustellen, dass Special Needs Education und Education for All, die zum Zeitpunkt der Weltkonferenz in Salamanca als zwei distinkte Programme der UNESCO in unterschiedlichen politischen Diskurssträngen verhandelt wurden,[363] im Kontext der Neuformierung dieser Arbeitsgruppe rhetorisch zusammengebracht werden. Ganz im Sinne des im *Salamanca Statement* hergestellten Zusammenhangs zwischen dem kollektiven Bekenntnis der Wichtigkeit der Umsetzung der EFA-Agenda und der Notwendigkeit „of providing education for children, youth and adults with special educational needs within the regular education system […].“ (UNESCO 1994, S. viii),[lxxxiii] kommt es in den Monaten nach der Formierung der „International Working Group on Disability and Development“ allmählich zu einer Verknüpfung der Kategorien, Motive und Stoßrichtungen der beiden institutionellen Logiken.[lxxxiv] Hierbei lässt sich aus den Daten ablesen, wie durch die Verbindung von Elementen beider institutioneller Logiken die jeweiligen Einschränkungen aus beiden Programmen überwunden werden sollen. Während aus Sicht der neuen Arbeitsgruppe als Problem angesehen wird, dass Menschen

---

363 Vgl. Kiuppis 2014a.

mit Behinderungen seit der im Jahr 1990 in Jomtien stattgefundenen „World Conference on Education for All" keine Rolle in der EFA-Agenda spielen,[364] bestehe auf der Seite des Special Needs Education-Programms das Problem fort, dass die tradierte Assoziation von „Special Needs" mit Behinderung nicht dazu beitragen zu können scheine, Special Needs Education aus der Isolation zu befreien. Für die Bewältigung dieser Begrenzungen bietet sich also an, das Special Needs Education-Programm unter den Vorzeichen des Leitprinzips der Inklusion in Richtung der EFA-Agenda umzuorientieren, „to ensure that Education for All effectively means FOR ALL, particularly those who are most vulnerable and most in need" (UNESCO 1994, S. iv_Hervorhebung: im Original).

Leitfragen für den weiteren Verlauf der Untersuchung

Nachdem der Einzug der sekundären institutionellen Logik in das bei der Untersuchung fokussierte organisationale Feld in der ersten Entwicklungsphase scheinbar keine signifikanten Auswirkungen auf das Verhalten der Special Education Unit der UNESCO bzw. ihrer Leiterin hatte und sich in der zweiten Phase zwar ein Wandel ihrer Rhetorik in Richtung der Einbeziehung von anderen Minderheiten, nicht aber eine Veränderung ihrer Entscheidungen und Handlungen feststellen ließ, stellte sich bei der Interpretation der Daten zur ab Februar 1997 einsetzenden Arbeit im Rahmen der „Interagency Collaboration" zum Thema Behinderung die Frage, wie sich diese Entwicklung im Kontext des konzeptionellen Bezugsrahmens im Allgemeinen und im Lichte der „institutional logics"-Perspektive im Besonderen interpretieren ließ. Zwar ließen sich die Fragen, (a) wie sich die Idee der Inclusive Education nach der Weltkonferenz in Salamanca im Kontext der sich einander widersprechenden institutionellen Logiken weiterentwickelt; (b) wie die Special Needs Education Unit der UNESCO auf den Einzug der neuen institutionellen Logik in das organisationale Feld reagiert; und (c) welches Maß an Ansehen und „Stärke" (Autorität) ihr bei der Festlegung der im organisationalen Feld geltenden Werte und der Bestimmung der Begriffsverwendungen, Bedeutungszuweisungen und Lesarten im Zusammenhang mit Inclusive Education im Verlauf des Betrachtungszeitraums zukommt, ansatzweise klären. Um aber – durch theoretische Annahmen gestützt – beurteilen zu können, ob und inwieweit durch den Einzug der sekundären institutionellen Logik das oben behauptete „institutional settlement" (Zysman 1994) ins Wanken geraten ist und sogar obsolet wird oder ob der Druck von Seiten der UN und

____
364 Vgl. ebd.

die ab 1996 eingegangenen Kooperationen mit der Weltbank und UNICEF ausschlaggebend dafür sind, dass sich das „institutional settlement" vielmehr noch verfestigt hat, habe ich mich – in Anlehnung an McAdam & Scott 2005 (S. 18 f.) – an Leitfragen orientiert, die auf die analytische Unterscheidung zwischen *Dominants* and *Challengers* aufbauen. Während die erste Frage auf Reaktionen seitens der mit der sekundären institutionellen Logik konfrontierten Akteure im Feld abzielt, bezieht sich die zweite Frage auf das Verhalten jener Akteure, durch die die sekundäre institutionelle Logik in das Feld eingebracht wurde. Die dritte Frage verweist auf die Feldebene und auf die Dynamik zwischen unterschiedlichen Akteuren.

1. Folgen Reaktionen der UNESCO (oder anderer Akteure im Feld oder in der Peripherie) auf die tendenziell destabilisierenden Aspekte, die mit der von Followers eingebrachten neuen institutionellen Logik assoziiert sind, und – falls ja – werden die in die Diskussionen im Feld eingebrachten Aspekte entweder mit Bedrohungen für die Stabilität der primären institutionellen Logik oder mit Möglichkeiten für die Realisierung von Interessen interpretiert?
2. Haben jene Akteure, von denen die neuen Sichtweisen in das Feld eingebracht wurden, die Möglichkeit, diese – nachdem sie ein neues Verständnis vom Feld und darin behandelter Themen angeregt haben – als dominante institutionelle Logik im Feld zu etablieren?
3. Tauchen neue Akteure auf (und, falls ja, welche Akteurstypen?), und kommt es, nachdem sich das neue Verständnis in Entsprechung zur sekundären institutionellen Logik angedeutet hat, zu innovativen Aktivitäten, die die herkömmliche Struktur des Feldes potentiell destabilisieren?

Während die erste Frage auf Reaktionen seitens der mit der sekundären institutionellen Logik konfrontierten Akteure im Feld abzielt, bezieht sich die zweite Frage auf das Verhalten jener Akteure, durch die die sekundäre institutionelle Logik in das Feld eingebracht wurde. Die dritte Frage verweist auf die Feldebene und auf die Dynamik zwischen unterschiedlichen Akteuren. Erst wenn sich alle drei Leitfragen eindeutig mit „ja" beantworten lassen, wäre angezeigt, dass sowohl *Dominants* als auch *Challengers* begonnen haben, in innovativer Weise und insofern in Herbeiführung institutionellen Wandels zu handeln. Als Endeffekt, so führen es McAdam & Scott (2005, S. 18) aus, würde sich wahrscheinlich ein signifikanter Wandel in ihrer strategischen Ausrichtung einstellen, „[a change] that had previously structured and stabilized the field, leading to a new „institutional settlement" (ebd.).

Am 07. Februar 1997 findet im Hauptsitz der Weltbank ein Treffen statt, das in den Quellen als „First interagency meeting on Children with Disabilities" bezeichnet wird.[lxxxv] Es handelt sich hierbei um einen „Global Workshop" mit ca. 120 Teilnehmerinnen und Teilnehmern, in dessen Rahmen sich Kinder mit Behinderungen und ihre Familien gemeinsam mit Sponsoren [sic!] „and other interested donors" treffen, um Informationen und Meinungen auszutauschen und „angemessene neue Schritte" („appropriate new steps") zu planen.[lxxxvi] Hier geht es in erster Linie um politische Arbeit im Zusammenhang mit der Umsetzung des im Jahr 1990 beschlossenen „Americans with Disabilities Act" (ADA) in U.S.-Amerika, mit anderen Worten um „disability activism".[365]

Dass die UNESCO, vertreten durch die Leiterin der Special Needs Education Unit, in diese zu diesem Zeitpunkt noch informelle Zusammenkunft einbezogen ist, verleiht diesem emergenten Konsortium das Motto „Special Needs and Disability" und insofern einen Themenzuschnitt, der auf den ersten Blick stark an die Arbeit der UNESCO zeitlich vor der Weltkonferenz in Salamanca erinnert – und insofern zunächst den Anschein erweckt, sich an der primären institutionellen Logik zu orientieren.[lxxxvii] Der Eindruck, dass die UNESCO hier die Stoßrichtung aus der „UN-Decade of Disabled Persons" (1983–1992) weiterverfolgt, verstärkt sich z. B. durch die Wortwahl der Leiterin der Special Needs Education Unit in einem Brief, den sie im Februar 1997 an Kolleginnen im UNESCO-Büro in New York richtet.[lxxxviii] Hier kommentiert sie den Entwurf einer UN-Resolution, dessen Wortlaut sie zu ändern bittet, mit den Worten:

> […] requests UNESCO to continue its programme activities aimed at the *integration* of children and youth with disabilities into mainstream education in line with the Salamanca Declaration adopted at the World Conference on Special Needs Education (Hervorhebung: FK).

In diesem Zusammenhang fällt auf, dass die Akteurszusammensetzung im Rahmen des Treffens bei der Weltbank in New York eine signifikant andere ist als bei der Weltkonferenz in Salamanca, wo europäische Perspektiven auf die Entwicklung der Idee für Inclusive Education zu einem imaginierten Konzept dominierten. Neben Mitgliedern des *Human Development Department* der Weltbank und von UNICEF (also jener beiden Akteure, die erst wenige Monate vorher von

---

365 Vgl. hierzu u. a. Pfeiffer 1996.

der UNESCO zur Mitarbeit an auf Behinderung und Bildung bezogene Themen motiviert wurden) sind Repräsentantinnen und Repräsentanten weiterer solcher Akteure in dieses Treffen einbezogen, die in anderen Feldern (aber bisher noch nicht im zur Untersuchung stehenden Feld) über ein entsprechendes Maß an Ansehen und Autorität bei der Festlegung von Werten und der Bestimmung von zentralen Begriffsverwendungen, Bedeutungszuweisungen und Lesarten im Kontext anderer Modelle und Konzepte verfügen, z. B. Vertreter/innen der UN, WHO, OECD, AED (Association of Employees with Disability_FK), US AID, DANIDA sowie vom U.S.-Department of Education.[366] Ebenfalls als von hervorgehobener Bedeutung stellt sich hier das Detail heraus, dass bei diesem Treffen zwischen Akteuren (in erster Linie mit Hauptsitz in U.S.-Amerika) entschieden wurde, dass sich das emergente Konsortium von nun an vierteljährig treffen solle.[lxxxix] Es zeichnet sich hier der Plan einer Verstetigung dieser Initiative, und zwar tendenziell in Richtung der Federführung der Weltbank ab. So spiegelt sich in einer UNESCO-internen Korrespondenz bezeichnenderweise wider, dies sei das erste Treffen gewesen, „to discuss the issue of special needs and disability within World Bank projects and initiatives"[xc] – diese Zweckbestimmung ist schon insofern erstaunlich, als sie nur wenige Monate nach dem Vorstoß der UNESCO erfolgt, die Weltbank für Kooperationen im Kontext des „issues" einer Umorientierung der Special Needs Education zu gewinnen.

Knapp drei Wochen nach dem neu aufgelegten „Interagency Meeting" geht ein Schreiben des Sonderberichterstatters der *Commission for Social Development on Disability* der UN bei der UNESCO ein, in dem zum Ausdruck gebracht wird, dass er sich mit führenden Vertretern der Weltbank getroffen habe und als Ergebnis dieser Zusammenkunft zu berichten habe,

[that] the Human Development Division [of the World Bank] confirmed that in 1998, they will include within their usual one-week staff training one day of special needs-disability issues.[xci]

Diese Textstelle deutet nicht nur darauf hin, dass die Weltbank derzeit Schritte unternimmt, dieses Thema in ihren Organisationsstrukturen zu verankern. Mehr noch zeigt sie, dass der Ausdruck „special needs" auch außerhalb der UNESCO erklärungs- oder zumindest spezifizierungsbedürftig geworden ist, inzwischen also nicht mehr ohne Weiteres als gleichbedeutend mit „Behinderung" voraus-

---

366 Zudem nahmen zahlreiche Vertreter/-innen von Regierungen sowie Repräsentantinnen und Repräsentanten sogenannter „grassroots organizations" an der Sitzung teil, vgl. Mindes 2014.

gesetzt wird.[367] Die Rede von „special needs" bringt nunmehr das Erfordernis mit sich, dass klar benannt wird, welche *Gruppe* innerhalb des „special needs"-Spektrums jeweils gemeint ist. Entsprechend etabliert sich in dieser Zeit der Sprachgebrauch „Inclusive Education for Children with Disabilities" weiter (vgl. u. a. Downing et al. 1997), also eine Spezifizierung, die impliziert, dass Inclusive Education auch auf andere Gruppen bezogen werden kann als auf Menschen mit Behinderungen. Während diese Entwicklung zum einen zutage fördert, dass „special needs" – anders als noch in den ersten beiden Entwicklungsphasen – nicht automatisch die klassische Zielgruppe der Special Needs Education (Menschen mit Behinderungen) meint, macht sie zum anderen deutlich, dass es nicht – im Sinne der sekundären institutionellen Logik – die Heterogenität von Lerngruppen, sondern nach wie vor die interne Differenzierung derselben in verschiedene Untergruppen ist, die den Diskurs um Inclusive Education prägt.

Nachdem sich die Mitglieder des „Global Workshop on Children with Disabilities and their Families" getroffen haben, findet Anfang März 1997 ein sogenanntes „Post Workshop Meeting" statt, aus dem ein Dokument hervorgeht, das folgende Formulierung der Leiterin der Special Needs Education Unit der UNESCO enthält:

> [...] the whole issue of people with special needs, represents, after the gender issue, the biggest population in terms of a specific group [...].

Aus dieser Textstelle geht wiederum zum einen hervor, dass „people with special needs" als spezifische Gruppe verstanden werden. Zum anderen liegt die Annahme nahe, dass „special needs" hier nach wie vor von der UNESCO *zuallererst* mit Behinderung assoziiert werden, zumal andernfalls – in Bezug auf die Heterogenität von Lerngruppen, etwa im Kontext der sekundären institutionellen Logik – nicht von einer „specific group" die Rede wäre.

Für Mai 1997 ist ein zweites Treffen der „International interagency working group on persons with disabilities" geplant.[xcii] Im Vorfeld wird die Leiterin der Special Needs Education Unit der UNESCO in die Verlegenheit gebracht, auf der einen Seite ihre Teilnahme zusagen zu müssen und auf der anderen Seite somit gleichzeitig einer Erweiterung des Adressatenkreises der Special Needs Education bzw. Inclusive Education erneut entgegenzuwirken. Für dieses Mal stellt die Leiterin der Special Needs Education Unit der UNESCO eine Absage in Aussicht.[xciii] Während die genauen Gründe für diesen Schritt hier nicht deutlich werden, sind ihre Konsequenzen klar ersichtlich: In einem Schreiben an

---

367 Vgl. hierzu u. a. Corbett & Norwich 1997.

die Vertreterin der gastgebenden Institution, USAID, schlägt sie vor, an ihrer Stelle möge der Sonderberichterstatter der *Commission for Social Development on Disability* der UN teilnehmen. Und so geschieht es dann auch.[xciv] Diese Entwicklung ist insofern beachtlich, als die Weiterentwicklung der Idee für Inclusive Education zu einem imaginierten Konzept aus diesem Grund nach wie vor mit der Umsetzung der „Standard Rules" (UN 1993) verknüpft bleibt.[xcv] Darüber hinaus findet diese Weiterentwicklung nunmehr – zumindest vorübergehend – ohne die Steuerung durch die UNESCO statt, der ihre „Stärke" bei der Festlegung der im organisationalen Feld geltenden Werte und der Bestimmung der Begriffsverwendungen, Bedeutungszuweisungen und Lesarten im Zusammenhang mit Inclusive Education somit gewissermaßen entgleitet.

Im Kontext dieser Quellen wird deutlich, dass die Weltbank federführend Projekte zu „special needs-disability issues" weiterverfolgt und mit der UN – teilweise ohne die UNESCO direkt einzubeziehen – eben solche Initiativen im Rahmen von „Inclusive Education" fortsetzt, die sich ausschließlich auf die Gruppe der Menschen mit Behinderungen beziehen.[xcvi] Im weiteren Verlauf dieser Entwicklung zeichnet sich ab, dass die Weltbank zum dominanten Akteur im Feld avanciert. Im Rahmen der weiteren Treffen der „International Working Group on Disability and Development" verdeutlicht sich die Führungsposition der Weltbank weiterhin. So spricht im Shils'schen Sinne z. B. klar für die Nähe der Weltbank zum zentralen Wertesystem des Feldes und für ihre zentrale Position in der Autoritätshierarchie bei der Formulierung von Regeln und der Bestimmung ihrer Gültigkeit, wenn sie selbstbestimmt und kurzfristig zwei Sitzungen zur Agenda eines im eigenen Hause stattfindenden – von *Disabled Peoples' International* (DPI) co-veranstalteten – Treffens ergänzen kann;[xcvii] oder wenn sie kurzerhand eine „World Bank's Human Development Week" ausrufen kann, die sich mit Themen befasst, die gemeinhin von anderen Akteuren dominiert werden;[xcviii] oder wenn sie in Eigeninitiative zusätzliche Treffen einberuft, so etwa im Fall von zwei außerplanmäßigen Sitzungen der Working Group, „[…] both of which are designed to assist the Bank in its ongoing effort to determine how best to address disability issues within the context of its lending programs".[xcix] Hier verfügt dieser Akteur über die Autorität, die „Terms and Conditions" von Abläufen selbst zu definieren. So heißt es im Zusammenhang mit einem der Extratermine: „This Seminar has been arranged at the request of The World Bank, and will be open to the Working Group and all interested Bank staff".[c] Und im Vorfeld zu diesem Treffen wurde ein „White Paper" entwickelt,[ci] in dem die Weltbank eine ganz eigentümliche Lesart der Weltkonferenz im Jahr 1994 festlegt, denn es heißt hier:

[The] World Conference on Special Needs Education (Salamanca) emphasised that „Education for All" includes all those with disabilities.[368]

Im *Framework for Action* heißt es hingegen:

[The] term ‚special educational needs' refers to all those children and youth whose needs arise from disabilities or learning difficulties (UNESCO 1994, S. 11).

Orientierung der UNESCO in Zeiten der Vormachtstellung der Weltbank im Feld

Im Oktober 1997, bei einem ganztägigen Treffen des *Committee on the Rights of the Child,*[cii] bei dem es thematisch u. a. um ein Recht auf inklusive Bildung („Right to Inclusive Education") geht, wird klar, dass aus Sicht der UNESCO Special Needs Education nach wie vor mit Kindern mit Behinderungen assoziiert wird, aber als integraler Bestandteil der Education for All-Agenda. Die UNESCO wurde zu diesem Treffen eingeladen „to introduce the sub-theme on inclusive education".[ciii] Interessant ist in diesem Zusammenhang, dass die Leitung dieses Treffens von einer Expertin übernommen wird, die sich in ihrer Tätigkeit als Vize-Vorsitzende von *UNICEF-UK* und im Jahr 1992 als erste Direktorin („founder director") der *Children's Rights Alliance for England* – ebenfalls wie der Wissenschaftler aus Manchester, der federführend die sekundäre institutionelle Logik in das organisationale Feld einbrachte – der Debatten rund um den sogenannten Warnock-Report (Warnock 1978) bewusst ist, weshalb hier beim Passus „Right to Inclusive Education" im Zusammenhang mit der Implementierung der *Convention on the Rights of the Child* (UN 1990) hypothetisch davon auszugehen ist, dass er im Sinne der sekundären institutionellen Logik gemeint ist. Dieses Treffen wird allerdings von den teilnehmenden NGOs (die mehrheitlich als *for* bzw. *of* „people with disabilities" angekündigt wurden) sowie anderen (internationalen Organisationen, Elternverbänden von Kindern mit Behinderungen und Vertreter/-innen von Regierungen inkl. dem für die Implementierung der „Standard Rules" zuständigen UN-Sonderberichterstatter der *Commission for Social Development on Disability* der UN) thematisch stark in Bezug auf Menschen mit Behinderungen abgehalten, weshalb in den Dokumenten zu diesem Treffen sogar von einer „thematic day discussion ‚rights of

---

368 Vgl. hierzu den Abschnitt: Schlüsseldokumente der „World Conference on Special Needs Education", 1994 in Salamanca.

disabled children" die Rede ist und die sekundäre institutionelle Logik nicht deutlicher hervortritt.[369] Die Ergebnisse dieses Treffens lauten wie folgt:

> On the basis of the discussions on the various issues, the following recommendations were formulated by the chairperson of the committee: /.../ The committee, in cooperation with UNESCO and UNICEF and other relevant agencies should ensure that inclusive education is included on the agendas of meetings, conferences and seminars as an integral part of education debate.[civ]

Nichtsdestotrotz besteht die Unklarheit, was darunter zu verstehen sei, nach wie vor fort. Hier ist also davon auszugehen, dass zwar Konsens in der Frage besteht, dass Inclusive Education innovativ sei und umgesetzt werden müsse, bei genauerer Untersuchung der Kommunikationen sich aber herausstellt, dass sich hinter dem Konsens verschiedene Lesarten zu diesem Konzept verbergen.[370]

Auf der nächsten Seite wird ein graphischer Überblick der drei Entwicklungsphasen geboten (Abbildung 2). Die Idee für ein solches Tableau stammt aus einem Artikel von Kevin G. Corley & Dennis A. Gioia (2004, S. 185).

Während es zunächst danach aussieht, dass sich in den Stellungnahmen der Leiterin der Special Needs Education Unit der UNESCO auf der Ebene des „Policy Talk" in der Zeit nach der Kontaktaufnahme zu UNICEF und zur Weltbank zunehmend die sekundäre institutionelle Logik widerspiegelt,[371] wird bei der Analyse der dritten Entwicklungsphase klar, dass die aus der Special Needs Education Unit hervorgehenden Aussagen in nunmehr intensivierter Anlehnung an die der „Education for All"-Agenda zugrundegelegten Prinzipien erfolgen. Ungefähr zeitgleich zum aktiven Vorstoß der Special Needs Education Unit, die Weltbank für die Finanzierung von und Mitarbeit an solchen Projekten

---

369 In diesem Zusammenhang soll erwähnt werden, dass Artikel 2 dieser Konvention ausführt, dass dieses Dokument für alle Kinder gelte und der Artikel 23 insbesondere Bezug auf Kinder mit Behinderungen nimmt. Den Teilnehmer/-innen dieses Meetings zufolge ist diese Konvention, so zeigt die zuletzt zitierte Quelle, „[considered] somewhat weak when it comes to the concerns of this group of children, especially when it is obvious that planners and practitioners very seldom will take on the concerns of children with disabilities unless they are somewhat integrated and referred to explicitly".

370 Vgl. hierzu meine Ausführungen zur „International Conference on Education" zu Beginn des Abschnitts: Datenerhebung und Quellenbestand (im dritten Kapitel).

371 „Needs" steht hier wieder in Klammern, da sich die Abteilung der UNESCO im Verlauf der sich intensivierenden Referenznahme auf die EFA-Agenda im Frühjahr 1997 umbenennt (von Special Education Unit zu Special Education Unit). Für das von ihr durchgeführte Programm vollzog sich diese Umbenennung bereits im Laufe der 1980er Jahre.

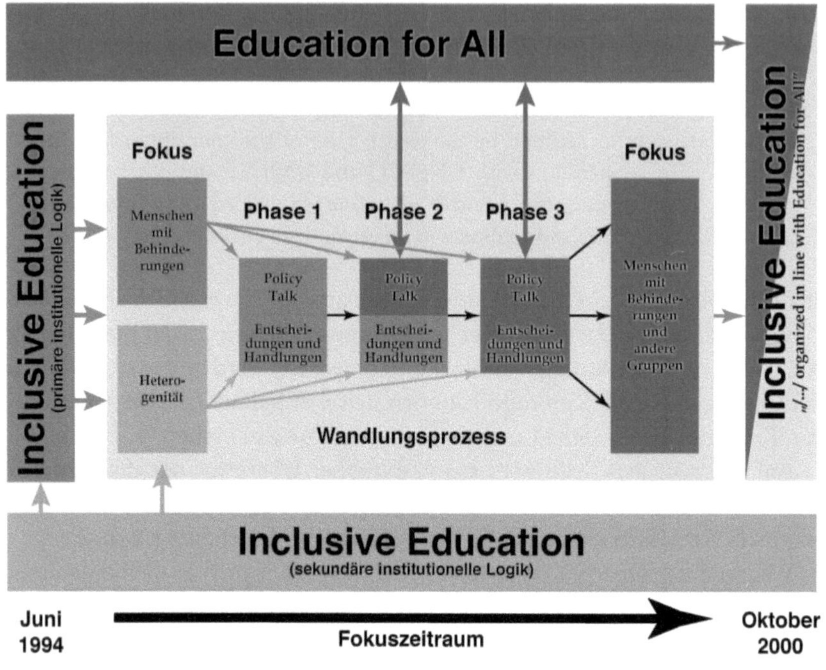

Abbildung 2: Überblick der drei Entwicklungsphasen

zu gewinnen, die sich auf Menschen mit Behinderungen beziehen, setzt eine rhetorische Orientierung der Arbeit an den Grundprinzipien der Education for All-Agenda ein. Während also aktiv daran gearbeitet wird, die Ausrichtung des Special Needs Education-Programms im Sinne der primären institutionellen Logik zu festigen, wird die Education for All-Agenda als Begründung hervorgebracht, Inclusive Education auch für andere Gruppen mitzudenken als nur für Menschen mit Behinderungen. Dabei stellt sich die Umorientierung der Arbeit von der primären institutionellen Logik zur das EFA-Programm dominierenden Leitidee als sich allmählich vollziehender Prozess heraus, bei dem alten Strukturen neue Bedeutungen eingehaucht werden. Hierzu führt ein an den Abstimmungs- und Entscheidungsprozessen in der dritten Phase aktiv beteiligter Akteur aus:

[...] despite the argument that the SNE unit continued to promote pre-Salamanca thinking through some of its actions and statements, the big initiative throughout the 1990s was the teacher education project ‚Special Needs in the

Classroom', with developments in over 80 countries. Whilst the project title
– agreed at the outset in 1989 – reflected traditional thinking, the approach
and content were very much rooted in the thinking that underpinned the Salamanca Statement.

Hier wird deutlich, dass dieser Akteur eine bestimmte Vorstellung davon hat,
was unter „pre-Salamanca thinking" bzw. „traditional thinking" im Kontrast zu
„the thinking that underpinned the Salamanca Statement" zu verstehen sei. In
diesem Fall handelt es sich um einen Informanten, der im Sinne der sekundären
institutionellen Logik davon ausgeht, dass sich „Special Needs in the Classroom"
vor der Weltkonferenz in Salamanca auf Menschen mit Behinderungen in einem integrativen Setting bezog, wohingegen aus seiner Sicht nicht erst den Entwicklungen nach der Konferenz, sondern bereits dem *Salamanca Statement* ein
Denken zu Grunde lag, demzufolge unter dem Begriff „Special Needs" nicht nur
Menschen mit Behinderungen firmierten, sondern ein weiterer Adressatenkreis
von Kindern mit besonderen Bedürfnissen.

*Neue Verhältnisbestimmungen zwischen Inclusive Education und
Education for All*

Besonders aus den Daten aus den Jahren ab 1998 lässt sich klar ablesen, dass der
Zusammenhang zwischen Inclusive Education und Education for All bei verschiedenen Akteuren, je nach favorisierter „institutioneller Logik", eine andere
Bedeutung bzw. andere Implikationen hat: Jene Akteure, die Inclusive Education
im Zusammenhang mit Menschen mit Behinderungen sehen, verbinden damit
die Möglichkeit, Education for All insofern zu komplettieren, als die Agenda
vorher Menschen mit Behinderungen nicht einbezog. Mitglieder jener anderen
Akteursgruppe wiederum, die mit Inclusive Education einen nicht-kategorialen
Ansatz (ohne explizite Bezugnahme auf eine bestimmte Gruppe) verstehen, verbinden mit dem imaginierten *Transfer* der Inclusive Education in das Education
for All-Programm das Ziel, dass Inclusive Education nicht isoliert bleibt.[372] Also
gibt es aus den Reihen der Vertreter beider institutioneller Logiken Befürworter
einer Fusion von Inclusive Education und Education for All – allerdings aus
unterschiedlichen Gründen. Diese Übereinstimmung in der Antizipation des
zukünftigen Verhältnisses der beiden Programme stellt sich also nur auf den
ersten Blick als Konsens dar.

---

372 Vgl. Opertti et al. 2000.

Im Zuge der Umstellung des Aktivitätsprofils der Special Needs Education der UNESCO auf den Themenkomplex „Early Childhood Education" für Menschen mit Behinderungen (=Ebene der Entscheidungen und Handlungen) geht die Leiterin der Special Needs Education Unit der UNESCO dazu über, auch auf der Ebene ihrer Entscheidungen und Handlungen von der primären institutionellen Logik abzuweichen bzw. in Korrespondenzen mit anderen Akteuren Elemente beider Logiken aufzunehmen. Zwar behält sie in ihrer Arbeit nach wie vor den Fokus auf Menschen mit Behinderungen bei, aber weder wird Special Needs Education noch Inclusive Education *ausschließlich* in Bezug auf Menschen mit Behinderungen theoretisiert.

Im Lichte der zentralen Grundannahme neo-institutionalistischer Theorien, wonach Organisationen ihre Legitimität im Allgemeinen durch die Befolgung institutioneller Vorgaben und im Besonderen – so verstehen es in erster Linie Vertreter/-innen des Skandinavischen Institutionalismus – durch die Koordination *inkonsistenter Anforderungen* sichern müssen, erscheint das Vorgehen der UNESCO in dieser Phase wie eine Ausbalancierung zwischen den durch die beiden institutionellen Logiken an sie gestellten Anforderungsspektren. Während sich die Leiterin dieser Organisationseinheit auf der einen Seite, etwa im Kontakt mit „peers" aus der Zeit vor der Weltkonferenz in Salamanca, mit eindeutig politischem Unterton (z. B. ideologisch argumentierend; normativ fordernd) für die Einbeziehung von Kindern mit Behinderungen in „Regelklassen" einsetzt und sich somit tendenziell weiterhin – und, bis zur dritten Phase, scheinbar unbeirrt durch die sekundäre institutionelle Logik – an der primären institutionellen Logik orientiert, argumentiert sie fortan (z. B. im Zusammenhang mit einem Projekt, das sie gemeinsam mit Beratern aus einem britischen akademischen Kontext durchführt) mitunter eher sachlich und mit Bezug auf das aktuelle Erfordernis, „special educational needs" nicht nur in der Gruppe der Menschen mit Behinderungen zu wähnen, sondern in der breiten Masse bzw. der Mehrheit der Schüler/-innenschaft. Der in diesem Zusammenhang kursierende Passus „meeting special educational needs in the mainstream" stellt sich in den Quellen als mindestens zweideutig heraus. An anderer Stelle habe ich hierzu Folgendes ausgeführt:

Arguably, to meet special educational needs in the mainstream turned out to become interpreted in different ways. While some actors understood and still understand this dictum as primarily concerned with people with disabilities, in the sense of education in integrated settings and ‚schools for all', respectively, others interpreted and still interpret ‚meeting special educational needs in the mainstream' as the objective to widen the focus of special needs education in terms of the target group by reaching out to the heterogeneity of learners and taking diversity as a starting point for educational theory and practice. However, it is common sense that the Salamanca Statement reflected the idea of overcoming the divide between regular and special (needs) education. (Kiuppis 2014a, S. 753).

Wie oben bereits bei der Unterscheidung zwischen „*special* educational needs" bzw. besonderem pädagogischen Förderbedarf und „*special educational* needs" bzw. sonderpädagogischem Förderbedarf ausgeführt, stellt sich ebenso bei der Interpretation der Textstellen zu „meeting special educational needs in the mainstream" als schwierig dar, zum einen den Sinn zu bestimmen, den die Akteure ihren Aussagen und ihrem Handeln zu geben versuchen und zum anderen eindeutig zu erkennen, wie der jeweilige Adressat eines das zitierte *Diktum* aufgreifenden Schriftstücks die entsprechenden Aussagen versteht. Für eine differenzierte Analyse der Quellen kommt erschwerend hinzu, dass Vertreter/-innen bzw. Befürworter/-innen beider institutioneller Logiken in der Regel nicht gegeneinander argumentieren bzw. arbeiten, sondern häufig dieselben Ziele verfolgen, so z. B. bei der Frage, wie inklusive Schulen aussehen müssten.

Jedenfalls nähert sich die Special Needs Education Unit dem Ziel der Sicherung ihrer Legitimität (zumal in dieser Zeit instabiler werdender Führungsposition im Feld) dadurch an, dass sie auf der einen Seite ihren Bezug zur traditionellen Zielgruppe der Special Needs Education (Menschen mit Behinderungen) nach wie vor beibehält, auf der anderen Seite aber den Befürwortern einer Erweiterung des Adressatenkreises der Special Needs Education (also Repräsentanten der sekundären institutionellen Logik) (rhetorisch) beipflichtet, trotz Bezugnahme auf Menschen mit Behinderungen Inclusive Education als Konzept zu verstehen, das auch auf Menschen ohne Behinderungen bezogen ist. In den Daten äußern sich diese – insofern flexibel, nach Angemessenheitskriterien abgewogenen – Handlungsentscheidungen in einem ab dem Jahr 1998 deutlich werdenden Aktivitätsmuster, wonach die Leiterin der Special Needs Education Unit – je nach Akteursgruppe, mit der sie kommuniziert – Darstellungen nach außen sowie ihre Entscheidungen und Handlungen mal so und mal anders ausrichtet. Dabei handelt es sich nicht um eine tertiäre institutionelle Logik, sondern vielmehr um ein Hybrid der primären und sekundären, das im Laufe der weiteren Jahre der Follow up-Prozesse zur Weltkonferenz in Salamanca den Diskurs um Inclusive Education im zur Analyse stehenden Feld bestimmt.

Bereits ab dem Frühjahr des Jahres 1998 wird klar, dass die Arbeit der Special Needs Education Unit sich als Kompromiss zwischen den beiden institutionellen Logiken weiterzuentwickeln beginnt. Insofern zeichnet sich ab, dass es weder (im Sinne der primären institutionellen Logik) ausschließlich Menschen mit Behinderungen sind, die bei der weiteren Programmentwicklung eine exklusive bzw. die alleinige Rolle spielen sollten noch (im Sinne der sekundären institutionellen Logik) die Heterogenität von Lerngruppen. Als „dritter Weg" wird zunehmend häufig der Bezug auf diverse Gruppen marginalisierter Minderheiten (deklariert als Menschen mit „serious disadvantages") gewählt. Die besondere Betonung der Situation von Menschen mit Behinderungen wird dabei zwar aufrechterhalten, nun aber anders gerahmt. So geht aus den Daten deutlich hervor, dass zwar weiterhin Referenz auf die Schlüsseldokumente genommen wird, aber auf andere Textstellen.

Die Leiterin der Special Needs Education Unit beginnt im Laufe des Jahres 1998 ihre – eindeutig nach wie vor auf Menschen mit Behinderungen fokussierte – Arbeit theoretisch so einzuordnen, dass sie dabei berücksichtigt, dass auch Kinder ohne Behinderungen „special educational needs" haben könnten. Allerdings argumentiert sie dabei – anders als im Sinne der auf die Heterogenität, also interne Differenzierung von Lerngruppen bezogenen sekundären institutionellen Logik – weiterhin in Bezug auf *Gruppen* oder *Populationen* marginalisierter bzw. vulnerabler Minderheiten. Hierzu führt sie bereits im Kontext des ersten „Global Workshop on Children with Disabilities and their Families" aus:

> [...] the whole issue of people with special needs represents, after the gender issue, the biggest population in terms of a specific group and should be reflected [like gender monitoring] as a transverse theme across programs.[cv]

Diese Formulierung geht aus den Proceedings eines im Anschluss an den Workshop stattfindenden informellen „Post Workshop Meetings" hervor.[cvi] An anderer Stelle schreibt sie in Bezug auf die Mitgliedsländer der UNESCO zu der Frage, worauf sich special educational needs beziehe:

> [...] education of children with special educational needs [...] referring to all those children and youth whose needs arise from disability or learning difficulties [...]. The countries are requested to bear in mind the broader description

of „special needs" provided in the above quote [und hier wird explizit auf Artikel 3 des *Framework for Action* verwiesen]:[cvii]

[…] all children regardless of their physical, intellectual, social, emotional, linguistic or other conditions. This should include disabled and gifted children, street and working children, children from remote or nomadic populations, children from linguistic, ethnic or cultural minorities and children from other disadvantaged or marginalized areas or groups (UNESCO 1994, S. 6).

Im Oktober 1998 richtet die Leiterin der Special Needs Education Unit der UNESCO ein Telefax an den Kollegen jenes Wissenschaftlers aus Cambridge, der unmittelbar nach der Weltkonferenz in Salamanca seine „notes" an diverse Akteure verschickte und richtet an ihn die Frage:

How do we put inclusion on the EFA agenda?

Allmähliche Auflösung der Special Needs Education-Agenda

Bereits zu Beginn des vierten Kapitels, im Rahmen der Einführung der Schlüsseldokumente der Weltkonferenz in Salamanca, wurde ausgeführt, dass das *Salamanca Statement* vorsieht, dass das Special Needs Education-Programm nicht in Isolation fortgeführt werden solle und folglich unter den Vorzeichen des neuen Leitprinzips der Inklusion in Richtung der im Jahr 1990 ins Leben gerufenen globalen bildungspolitischen Education for All-Agenda umorientiert werden möge, „to ensure that Education for All effectively means FOR ALL, particularly those who are most vulnerable and most in need" (UNESCO 1994, S. iv_Hervorhebung: im Original).

Mit dem Jahr 1999 setzen im Kontext der Vorbereitung des „World Education Forum" (im April 2000 in Dakar) im Umfeld der UNESCO Debatten ein, die sich zum einen um die Frage drehen, wie Inclusive Education fester Bestandteil der EFA-Agenda werden könne und zum anderen wie das Problem zu klären sei, dass sich Letztere seit ihrem Beschluss bei der „World Conference on Education for All" (im März 1990 in Jomtien) noch immer nicht auf die Gruppe der Menschen mit Behinderungen beziehe.[cviii] Zwar erklärt sich der diesen Fragen zu Grunde liegende Sachverhalt der tradierten Zweiteilung der EFA- und SNE-Agenda mit Blick auf die Entwicklung der Programmstrukturen der UNESCO (vgl. Abbildung 1), jedoch wird in dieser Zeit *inhaltlich* für nicht sinnvoll gehalten, diese Trennung beizubehalten, widerspricht die sich darin ausdrückende

Differenzierung zwischen Regel- und Sonderpädagogik letztendlich sowohl den Leitmotiven des Konzepts der Inclusive Education als auch der EFA-Agenda.[cix]

Die Quellen aus der Zeit ab November 1998 spiegeln solche Positionen verschiedener Akteure wider, die auf die Überwindung der Zweiteilung von Education for All und Special Needs Education abzielen. Dass die daraus entwickelten Initiativen längerfristig zu Ungunsten des SNE-Programms ausfallen würden, lässt sich nicht erst aus entsprechenden Aussagen von Akteuren zu späteren Zeitpunkten ablesen (vgl. hierzu den folgenden Unterabschnitt), sondern wird schon aufgrund der im letzten Absatz aufgeführten Fragen plausibel: Auf der einen Seite gerät die Bezeichnung „Special Needs Education" im Betrachtungszeitraum wiederholt in die Kritik – und ist insofern partiell negativ besetzt –, schon weil sie zu trennscharf zwischen Menschen mit und Menschen ohne Behinderungen unterscheide. Auf der anderen Seite ist die UNESCO zunehmend dem Vorwurf ausgesetzt, die von ihr verantwortete EFA-Agenda sei ihrer Grundidee nach nicht an alle Personen gerichtet, da Menschen mit Behinderungen außen vor blieben (weil sich die SNE-Agenda in erster Linie dieser Gruppe widmet).[373]

Während die Teilnehmerinnen und Teilnehmer an der Weltkonferenz in Salamanca zu der Einsicht kamen, dass Special Needs Education nicht in Isolation fortgeführt werden könne und folglich unter den Vorzeichen des neuen Leitprinzips der Inklusion in Richtung der vier Jahre zuvor ins Leben gerufenen EFA-Agenda umorientiert werden müsse, antizipierten sie bei ihren Entwürfen eines „neuen Denkens" in der Special Needs Education mehrheitlich ein Ende der Sonderbeschulung von Kindern mit Behinderungen, nicht aber eine allmähliche Auflösung des SNE-Programms der UNESCO. Im Jahr 1999 kommt es jedoch auf Seiten der UNESCO zum Entschluss, dass die beiden Agenden nicht weiterhin voneinander getrennt fortgeführt werden sollen. Nun steht zur Disposition, die Weiterentwicklung des Konzepts der Inclusive Education in den Rahmen der EFA-Agenda zu integrieren und Special Needs Education als separates Programm ausklingen zu lassen. Diese Entwicklung ist insofern erstaunlich, als die Weltkonferenz in Salamanca den Beginn eines „neuen Denkens" *in* der Special Needs Education und somit ein Umdenken in diesem Programmbereich markierte.

Vor diesem Hintergrund erklärt sich die Wahl des Titels für das vierte Kapitel der Studie: Zum Ende der dritten Entwicklungsphase setzt ein Prozess der Auflösung der SNE-Agenda in Gang, in dessen Verlauf sich die Leiterin der Special Needs Education Unit vor die Erwartung gestellt sieht, das Ende ihres eigenen

---

373 Vgl. hierzu Kiuppis 2014a, S. 751, sowie die ebenda diskutierte Literatur.

Programms voranzutreiben. Um eine Autolyse im engeren Sinne handelt es sich hierbei jedoch nicht, sind bestimmte Akteure (vor allem jene, die die sekundäre institutionelle Logik weiterhin stärken wollen) doch maßgeblich daran beteiligt, die Weiterentwicklung des Konzepts der Inclusive Education von Special Needs Education abzukoppeln.

In diesem Zusammenhang ist wichtig zu betonen, dass die „International Working Group on Disability and Development", die sich zu Beginn der dritten Entwicklungsphase formierte und sich im Zusammenhang mit Debatten um „inclusion" damit befasst, den Fokus auf Behinderung *wieder* zu stärken, einer Fusion des SNE-Programms und der EFA-Agenda nicht entgegenwirkt, sondern diese unterstützt.[374] Dass somit sowohl die Befürworter eines solchen Verständnisses von Inclusive Education, wonach sich dieses Konzept in erster Linie auf Menschen mit Behinderungen beziehe, als auch Verfechter einer auf die Heterogenität von Lerngruppen bezogenen Lesart zum Ende des Untersuchungszeitraums bei der Inkorporierung der Arbeit an diesem Konzept in das EFA-Programm sozusagen an einem Strang ziehen,[375] erschwert die Unterscheidung der unterschiedlichen Aussagen im Feld. Anhand der oben für die primäre und sekundäre institutionelle Logik herausgearbeiteten Kriterien lässt sich konstatieren, dass die Auflösung der SNE-Agenda als gemeinsame Aktion sämtlicher an dem Problembereich der „Umorientierung" derselben beteiligter Akteure verstanden werden muss.

Im Rahmen der Prozessanalyse wird deutlich, dass die Beweggründe, mehr oder weniger explizit für eine allmähliche Auflösung der Special Needs Education-Agenda zu plädieren, je nach Akteursgruppe unterschiedlich sind. Während z. B. die Mitglieder der Working Group darin die Möglichkeit sehen, sicherzustellen, dass das Thema „Special Educational Needs in Early Childhood Care and Education" innerhalb der EFA-Agenda Berücksichtigung findet, geht es den britischen Schulforschern aus der Berater/-innengruppe der UNESCO tendenziell eher um die Auflösung von auf spezifische Gruppen bezogenen Strukturen, also deshalb um die Abschaffung der SNE-Agenda als separat entwickelte Programmatik. Hinter dem Konsens, Special Needs Education aus der Isolation zu lösen, verbirgt sich somit eine diskursive Gleichzeitigkeit der Debatten um Rechte von Kindern mit Behinderungen auf der einen Seite und Überlegungen zur Überwindung jeglichen „Gruppendenkens" im Kontext von Education for All und Special Needs Education auf der anderen Seite.

---

374 Vgl. hierzu Opertti et al. 2009.
375 Zur Analyse von Education for All und Inclusive Education als zwei mittlerweile ähnliche „education themes" der UNESCO, vgl. Kiuppis 2014a.

Auf Grundlage der Daten lässt sich nicht eindeutig konstatieren, dass sich die mit der jeweiligen Agenda assoziierten politischen Positionen in diesem Prozess nähergekommen wären. Vielmehr stellt sich die Übereinstimmung der verschiedenen Akteursgruppen bei der Frage nach der zukünftigen Entwicklung der SNE-Agenda als Kompromiss dar: Im Endeffekt ergibt sich, dass es bei der Überwindung der Trennung der auf Kinder mit Behinderungen und auf andere marginalisierte Minderheiten bzw. Gruppen vulnerabler Kinder bezogenen Programmatik der UNESCO weder (im Sinne der primären institutionellen Logik) in erster Linie um Kinder mit Behinderungen geht noch (im Sinne der sekundären institutionellen Logik) um die Heterogenität jeweiliger Lerngruppen. Aus Sicht der „International Working Group on Disability and Development" bleibt bis Ende des Betrachtungszeitraums die Tendenz zu bemängeln, dass im Zusammenhang mit Debatten um „inclusion" der Fokus auf Behinderung weiterhin abgeschwächt wird. Die aus britischen Schulforschern zusammengesetzte Berater/-innengruppe der UNESCO muss sich hingegen längerfristig darauf einstellen, dass Inclusive Education zwar gemeinhin als Konzept beschrieben wird, das – wie es Gottfried Biewer formuliert – „eine ganze Palette von Problemlagen bei Kindern im Blick" hat (2009, S. 129), jedoch in der Praxis im Einzelfall weiterhin klassifikatorisch, auf Basis jeweiliger Merkmale, die Zuordnung einzelner Lernender zu vermeintlich homogenen Lerngruppen fortbestehen bleibt.

Zu dieser Entwicklung trägt die Leiterin der Special Needs Education Unit der UNESCO schließlich weitergehend bei, richtet sie zum Ende der dritten Entwicklungsphase zwar sowohl ihre Rhetorik als auch die meisten ihrer Entscheidungen und Handlungen an der Programmlogik der EFA-Agenda aus, rahmt jedoch Inclusive Education vereinzelt (d. h. in Kontakt mit bestimmten Akteuren) manchmal auch unter expliziter Bezugnahme auf Behinderung – so z. B. im April 1999 in einem Brief an den nach wie vor an der Umsetzung der „Standard Rules" (UN 1993) arbeitenden Sonderberichterstatter der *Commission for Social Development on Disability* der *Vereinten Nationen*, in dem es um „[the] promotion of disability policy within the UN-system after the year 2000" geht.[cx]

In diesem Kontext werden erneut jene Aspekte deutlich, die für das theoretische Grundkonzept „decision-making under ambiguity" von zentraler Wichtigkeit sind: Die Leiterin der Special Needs Education Unit der UNESCO gerät nicht nur gelegentlich in Situationen, in denen die über ihre institutionelle Umwelt sich ihr darbietenden Vorgaben widersprüchlich erscheinen. Etwa lässt sich beim Transfer der Arbeit zu Inclusive Education in den Rahmen des EFA-Programms schwerlich ein „neues Denken" *innerhalb* des SNE-Programms weiterverfolgen. Während hausintern darum gekämpft werden muss, die Legitimation der Arbeit im Kontext der Special Needs Education unter Beweis zu stellen, um das Überleben dieses Programmstranges (ggf. unter Veränderung des Namens) zu sichern, bleibt der Leiterin dieser Einheit in der Kommunikation mit ihren „peers" im Feld – zumal in Zeiten einhelliger Befürwortung der Inkorporierung von Inclusive Education in das EFA-Programm – nichts anderes übrig als, fortwährend nach Angemessenheitskriterien abwägend, nach außen immer wieder zu beteuern, dass Inclusive Education im Zusammenhang mit „wider mainstream education" gerahmt werden müsse und somit nunmehr nicht Menschen mit Behinderungen, sondern im weitesten Sinn die „social community [as] target group towards moving to real inclusion" angesehen werden müsse. Dass sie bei der rhetorischen Beipflichtung zu dieser Lesart von Inclusive Education Rückendeckung von ihren Vorgesetzten bekommt, macht die Auflösung der SNE-Agenda unabwendbar. Im Mai 1999 schreibt sie an den stellvertretenden Generaldirektor der Education Section der UNESCO, die anstehende Beendigung der von ihr verantworteten Programminhalte anerkennend, vom „shift in thinking from Special Needs Education to barriers to learning and development" und führt weiter aus:

> to broaden [...] concerns from some students who are vulnerable to exclusion
> from education to all groups who are subject to such exclusionary pressures.[cxi]

Fast gleichzeitig spiegelt sich in den Quellen eine tendenziell gegenläufige Position wider, wonach – wie im Fall des im vorigen Absatz zitierten, nur einen Monat zuvor verfassten Briefes an den Sonderberichterstatter der UN deutlich wurde – einer Version von Inclusive Education beigepflichtet wird, bei der mehr eine ganze Palette von Problemlagen bei Kindern mit Behinderungen in den Blick genommen wird, denn deren Einbettung in die „social community" unter Berücksichtigung anderer, aus unterschiedlichen Gründen marginalisierter oder als vulnerabel klassifizierter Kinder – oder gar der Heterogenität von Lerngruppen. Noch im Mai 1999 sagt die Leiterin der Special Needs Education Unit ihre Teilnahme an einer für den Folgemonat angekündigten „Interagency Consultation on Disability" zu.[cxii] Wiederum drei Monate später beschreibt sie den Ansatz von Inclusive Education als „addressing learning needs of all children in mainstream education",[cxiii] und Ende Dezember 1999 wird ein Schreiben autorisiert, in dem es heißt: „UNESCO is following up the Salamanca Conference of Special Needs Education (1994) by promoting the inclusion of all children in the regular classroom".[cxiv] In einem weiteren Schreiben, das ungefähr zur selben Zeit im Zusammenhang mit einem Buch zum Thema „inclusion in education" von der Leiterin der Special Needs Education Unit verfasst wird, heißt es:

Inclusive Education is an approach which has gained ground during the last past decades as a favourable principle in responding to the diverse needs of learner population [sic!] all over the world. Although it has often been associated with the inclusion of learner [sic!] with disabilities in regular education provision, it is now recognised that minimising barriers to learning of all learners is essential to achieve Education for All. Inclusive Education is, thus, about developing education systems at all levels to be better prepared to meet and respond to the needs of all learners.[cxv]

Vor diesem Hintergrund ist festzuhalten, dass die Weltkonferenz in Salamanca in Tätigkeitsberichten nicht mehr zu den „disability activities" gruppiert und im Rückblick auch nicht mehr als „international disability related action" gerahmt wird. Dennoch ist in einem Brief an den Sonderberichterstatter der *Commission for Social Development on Disability* der UN noch im Oktober 1999 von „UNESCO activities in the disability field" die Rede. Im Überblick beurteilt wird hier also klar, dass die Leiterin der Special Needs Education Unit den in Situationen der Ambiguität an sie herangetragenen widersprüchlichen Anforderungen dadurch gerecht zu werden trachtet, dass sie die Rahmung von Inclusive Education entsprechend variiert, je nachdem an welche Akteursgruppe sich eine jeweilige schriftliche Positionierung richtet.

„Day of Reflection"[cxvi]

Special Needs Education ist im Verlauf des Betrachtungszeitraums unpopulär geworden. Zwar ist das ursprünglich aus ihr hervorgegangene Konzept der Inclusive Education zum Ende der dritten Entwicklungsphase inzwischen weit geläufig und beliebt, jedoch überwiegt ab dem Jahr 2000 bei sämtlichen im zur Untersuchung stehenden Feld tätigen Akteuren die Rede von verschiedenen pädagogischen Bedarfen, wobei die Unterscheidung zwischen „Regulärem" und „Besonderem" in den Hintergrund rückt. Jene Akteure, die für gewöhnlich im Sinne der primären institutionellen Logik zu argumentieren und/oder zu handeln pflegten, sind mittlerweile dazu übergegangen, die Bedarfslagen von Menschen mit Behinderungen nicht mehr separat als spezielle hervorzuheben, sondern vielmehr als festen Bestandteil eines Spektrums unterschiedlicher Ansprüche anzusehen, der in einer mit Education for *All* betitelten Agenda selbstverständlich nicht fehlen dürfe. Demgegenüber kehren sich Vertreter/-innen bzw. Befürworter/-innen der sekundären institutionellen Logik vor allem deshalb von der für Special Needs Education typischen Klassifizierung spezieller

Bedarfslagen im Rahmen pädagogischer Diagnostik ab, weil sie gemeinhin als durch ein kategoriales Denken motiviert gilt. Diese Entwicklungen schlagen sich im Rahmen der Vorbereitungen des im April 2000 in Dakar stattfindenden „World Education Forum" ansatzweise im Diskurs nieder. Bei dieser Veranstaltung handelt es sich um eine Weltkonferenz, in deren Kontext – aus relativer Ferne betrachtet (denn in den Archiven geben die Dossiers zum Follow-up der Weltkonferenz in Salamanca nicht viel Informationen hierzu her) – zwar relativ häufig Bezug auf Inclusive Education genommen wird, aber nur vergleichsweise wenig auf Special Needs Education. Inclusive Education, so lautet in Kreisen der UNESCO eine zu dieser Zeit gängige Zielvorstellung, „[should be] organized in line with Education for All".

Dass nicht das „World Education Forum" in Dakar, sondern eine im weitaus kleineren Rahmen, mehr als ein halbes Jahr danach stattfindende Veranstaltung den Betrachtungszeitraum des empirischen Teils der vorliegenden Studie abrundet, mag die Leserin und den Leser vielleicht zunächst irritieren, bietet sich für die Analyse ja offenbar vorzüglich an, den „Salamanca-Prozess" (Kiuppis 2014a) bis zur nächsten größeren Weltkonferenz der UNESCO nachzuzeichnen. Ich habe auf Basis der Datenlage entschieden, die Rahmung stattdessen unter Verweis auf den „Day of Reflection", ein Ende September 2000 abgehaltenes inoffizielles Treffen im Hause der UNESCO vorzunehmen und auf eine detaillierte Darstellung der Weltkonferenz vom April 2000 zu verzichten, denn die erstgenannte Veranstaltung markiert das eigentliche Ende der SNE-Agenda der UNESCO. Somit lässt sich unterstreichen, dass sich im untersuchten organisationalen Feld im Zeitraum zwischen Juni 1994 und Oktober 2000 ein Wandel sowohl der darin verhandelten Wissensbestände als auch der Programm- und Abteilungsstrukturen auf Organisationsebene vollzogen hat, der trefflich als Entwicklung vom Umdenken zur Auflösung dieses Programmbereichs der UNESCO überschrieben werden kann. Bei der Darstellung der Analyse bot sich das Überspringen des „World Education Forum" in Dakar schon deshalb an, weil die Datenlage aus jenen Archivbeständen, in denen sich die Kommunikationen zwischen der Special Needs Education Unit der UNESCO und ihrer gesellschaftlichen Umwelt widerspiegeln, keine genaue Beschreibung der zu dieser Weltkonferenz hinführenden Prozesse zulässt – ein weiteres Indiz dafür, dass die EFA-Agenda auf anderem politischen Terrain verhandelt wurde als die SNE.

Die Korrespondenzen zwischen der Special Needs Education Unit und ihrer gesellschaftlichen Umwelt in den Monaten nach der Weltkonferenz in Dakar drehen sich vor allem um „special and urgent needs of marginalized and excluded groups", wovon Menschen mit Behinderungen eine von mehreren mitgemeinten Populationen ausmachen. Der bisher mit Special Needs Education befasste Organisationsteil wird wider Erwarten nicht aus der Sektion für Basic Education herausgelöst, sondern umbenannt: von ED/BAS/SNE zu ED/BAS/CEE, wobei „CEE" für „Combating Exclusion in Education" steht und ausdrücken solle, dass sich die Arbeit dieser Abteilung nunmehr nicht insbesondere mit einer bestimmten Gruppe befasse, sondern mit einem ganzen Spektrum verschiedener Gruppen.

Beim „Day of Reflection", einer als „in-house discussion on inclusive education" angekündigten Veranstaltung, bei der ausgerechnet jener Wissenschaftler von der *University of Cambridge* als Moderator engagiert wird, der im Anschluss an die Weltkonferenz in Salamanca mit seinem in der ersten Entwicklungsphase als „notes" eingeführten Protokoll die sekundäre institutionelle Logik in den Diskurs einbrachte und somit dem „neuen Denken" in der SNE eine neue Wendung gab, wird eindeutig klargestellt,

> [that] inclusive education should be organized in line with Education for All. That means that Special Needs Education, complying/conforming to the idea of IE, should no longer be exclusively referred to people with disabilities but, as a matter of course, *to all*, including all marginalized minorities, and thus, inclusion should be a strategy in the process of reaching education for all.

Adressatenkreis dieses Treffens im kleinen Rahmen sind in erster Linie Mitarbeiter/-innen der Sektion für Basic Education der UNESCO, die nach Ansicht der Leitung darüber informiert werden sollen, welche programmatischen Hintergründe der Inkorporierung der Arbeit im Zusammenhang mit Inclusive Education in die EFA-Agenda hat und welche Überlegungen sich hinter der Umbenennung der Organisationseinheit von Special Needs Education zu „Combating Exclusion in Education" verbergen.

Der Bericht, der im Zusammenhang mit dieser Veranstaltung hausintern kursierte, hält fest: „all staff was invited to participate, as inclusion should be reflected through all of UNESCO's programmes". Es handelt sich hierbei um ein Zeugnis, das mehr Aufschluss darüber gibt, wie die UNESCO zu dieser Zeit das Verhältnis zwischen Inclusive Education und Education for All zu verstanden wissen gedenkt denn über die faktisch stattgefundenen Prozesse, die sich im empirischen Teil der vorliegenden Studie widerspiegeln. Während hier rhetorisch zum Ausdruck gebracht wird, dass es sich bei „inclusion" um ein sowohl innovatives als auch überaus wichtiges Leitprinzip handele, enthält das Programm für den „Day of Reflection" ein interessantes Detail, das Indiz dafür ist, *dass zwar „inclusion" große Bedeutung beigemessen wird, nicht aber seiner Herkunft.*

Inclusion und Inclusive Education werden hier in Verbindung mit den Zielen der Weltkonferenzen 1990 in Jomtien und 2000 in Dakar gerahmt, die Weltkonferenz in Salamanca aber in den Hintergrund gerückt. Von SNE ist bei dieser Veranstaltung kaum mehr die Rede, überwiegt mittlerweile die Ansicht, dass der Begriff „special" nicht zu „inclusive" passe. Stattdessen wird Inclusive Education als „Strategie" gepriesen, mit der zuallererst jene Ziele erreicht werden können, die bei den beiden mit der EFA-Agenda assoziierten Weltkonferenzen formuliert wurden. Nachdem von der UNESCO also offenbar eingesehen wurde, dass zwar Inclusive Education, nicht aber Special Needs Education längerfristig erfolgsversprechend zu sein scheint, koppelt sie dieses Konzept im Kontext des „Day of Reflection" sowohl programmatisch (auf der Ebene der Entscheidungen und Handlungen) als auch rhetorisch (auf der Ebene des „Policy Talk") vom Salamanca-Prozess ab. Sie benennt das SNE-Programm um und verzichtet fortwährend sogar weitestgehend auf Verweise, die darauf hindeuten, dass die Herkunft des Leitprinzips der „inclusion" aus der Programmlogik der SNE herrührt. Dass sich das Konzept der Inclusive Education ursprünglich im Kontext jener Organisationseinheit entwickelte, die im Jahr 1997 als Special Education Unit dafür verschrieen war, zu sehr auf eine einzige marginalisierte Minderheit bezogen zu sein – nämlich auf Kinder mit Behinderungen –, bleibt nunmehr weitgehend unberücksichtigt.

5. Schluss

Die vorliegende Studie ist als Beitrag zum Corpus von Arbeiten der Globalisierungsforschung innerhalb der Vergleichenden Erziehungswissenschaft zu verstehen. Zwar ist das empirische vierte Kapitel relativ umfangreich, allerdings ist das der Arbeit zu Grunde liegende Erkenntnisinteresse primär durch eine im Kontext der erziehungswissenschaftlichen Globalisierungsforschung theoretisch definierte Problematique motiviert.[376] Jene Leserinnen und Leser jedoch, die zuallererst an den vor allem aus dem vierten Kapitel hervorgehenden Einsichten zum frühen „Salamanca-Prozess"[377] und den Befunden zum sich darin widerspiegelnden Wandel der Bedeutungen und der Lesarten des imaginierten Konzepts der Inclusive Education interessiert sind, können das Buch – trotz seiner relativ umfangreichen theoretischen Bezüge und Literaturliste – auch als komplexe Fallstudie verstehen.

Im Lichte des gewählten konzeptionellen Bezugsrahmens für die empirische Analyse stellt sich die vorliegende Arbeit als gegenwartsanalytische Studie dar, in der die theoretischen Annahmen dazu genutzt werden, den Quellen „Bedeutung" zu geben und die Quellen wiederum dazu dienen, den theoretischen Konzepten „Kontext" zu bieten. Die Daten werden also herangezogen, um die Nachbereitung der „World Conference on Special Needs Education" vom Jahr 1994 zu beschreiben und die theoretischen Annahmen dazu genutzt, den Salamanca-Prozess in einem neuen Licht erscheinen zu lassen.

Im empirischen Teil der Studie stehen Korrespondenzen zwischen der UNESCO und ihren „peers and competitors" (Scott 1994b, S. 43) im Fokus der Betrachtung, in deren Verlauf auf der Wissensebene die Bedeutungen von Inclusive Education ausgehandelt werden und sich auf der Organisationsebene die Programm- und Abteilungsstrukturen der UNESCO wandeln. Im Zentrum des Erkenntnisinteresses stehen die inhaltlichen Verschiebungen im Bedeutungsspektrum von und in den Beziehungen zwischen Inklusion und Heterogenität im Diskursfeld internationaler bildungspolitischer Programmatiken. Die Studie ist mit dem Anspruch verbunden, in erster Linie nachzuvollziehen, welcher Wandel der Bedeutungen und Lesarten von Inclusive Education sich in diesem bestimmten Datensatz abzeichnet und welchen Einfluss die UNESCO als Gesamtorganisation für die Bestimmung der mit Inclusion und Heterogeneity verbundenen Diskurshoheit für die globale Agenda gespielt hat bzw. wie diese

---

376 Vgl. Schriewer 2012, sowie das zweite Kapitel der vorliegenden Arbeit.
377 Vgl. Kiuppis 2014a.

in internen und interorganisatorischen Abstimmungsprozessen selbst verändert wurde. Als Quellenbasis für die hier vorgelegte Analyse dienen Dokumente aus den einschlägigen Bibliotheks- und Archivbeständen der UNESCO in Paris, die inhaltsanalytisch ausgewertet wurden.[378] Im Laufe der Untersuchung wird deutlich, dass sich in jenem *organisationalen Feld*, in dem sich die Korrespondenzen zum behandelten Thema abspielen, im Zeitraum zwischen Juni 1994 und Oktober 2000 ein Wandel sowohl der darin verhandelten Wissensbestände als auch der Programm- und Abteilungsstrukturen auf der Organisationsebene der UNESCO vollzogen hat. Hier handelt es sich um einen komplexen Wandlungsprozess, der als Entwicklung *vom Umdenken zur Auflösung der Special Needs Education-Agenda der UNESCO* zu überschreiben ist.

Durch Heranziehung des vom schwedischen Organisationssoziologen Nils Brunsson entwickelten Verhältnisses von „Talk", Entscheidungen und Handlungen (Brunsson 1993; 1998) lässt sich der hier untersuchte zweifache Wandel des Wissens auf der einen Ebene und der Programm- und Abteilungsstrukturen auf der anderen Ebene zugleich begrifflich fassen und graphisch darstellen (vgl. Abbildung 2). In dem hier zur Analyse stehenden Betrachtungszeitraum, der sich in drei Phasen unterteilt, hat sich gezeigt, dass programmatisch von einer allmählichen Substitution des im Zusammenhang mit der Rede von Integration dominierenden Fokus auf Menschen mit Behinderungen (im Sinne der primären institutionellen Logik) durch eine in die EFA-Agenda eingebettete Variante des Konzepts der Inclusive Education auszugehen ist, bei deren Entwicklung die im Jahr 1994 von außen ins Feld eingebrachte sekundäre institutionelle Logik zwar wegweisend, aber letztendlich nicht dominierend genug war, um den Diskursverlauf in Richtung eines nicht-kategorialen Verständnisses von Inclusive Education umzupolen. Theoretisch-konzeptionell hat sich dabei gezeigt, dass Internationale Organisationen, zumal von dieser Größe, nur intern-differenziert adäquat analysiert werden können. So ist hier das Erfordernis deutlich geworden, dass klar zu bestimmen ist, auf welcher Ebene die fokussierte Organisation in Prozesse institutionellen Wandels eingebunden ist und spezifiziert werden muss, welcher Zuschauerschaft zu jeweiligen Zeitpunkten Legitimität zukommt. Darüber hinaus verweisen die Daten auf die Wichtigkeit, bei der Untersuchung des Bedeutungswandels imaginierter pädagogischer Konzepte im Kontext Inter-

---

378 Vgl. das dritte Kapitel, vor allem die Ausführungen zu den Methoden und zu der Herangehensweise bei der Periodisierung der Daten.

nationaler Organisationen trennscharf die analytische Unterscheidung zwischen internen und externen Zuschauerschaften zu treffen.[379]

Die vorliegende Studie begann mit einem Zitat aus dem Kontext der Weltkonferenz, die im Juni 1994 in Salamanca veranstaltet wurde: „Our success in the years ahead will depend not so much on what we do as what we achieve" (UNESCO 1994, S. iv) – und die Arbeit widmete sich empirisch dem an der zitierten Textstelle als zweitrangig eingeordneten Aspekt, also der Frage, *was die UNESCO tat,* nachdem das Wort „inclusion" auf die globale bildungspolitische Agenda gesetzt wurde. Zwar läutete diese mit einem „neuen Denken" in der Special Needs Education assoziierte Veranstaltung im Endeffekt den Untergang dieses Programmbereichs ein, jedoch blieb die UNESCO bis zum Ende des Untersuchungszeitraums 1994–2000 die Hauptakteurin im Feld. Sie opferte zwar im Verlauf der zweiten und dritten Entwicklungsphase ihre zentrale Position im Rahmen der auf Kinder mit Behinderungen bezogenen Bildungsarbeit auf und gab diese vor allem an U.S.-basierte Internationale Organisationen (z. B. UNICEF und die Weltbank) ab, jedoch – und auch diesen Aspekt drückt das am Anfang der Einleitung herangezogene Zitat aus – erreichte sie am Ende, dass das Konzept der Inclusive Education mit ihr assoziiert blieb, obgleich sie in diesem Zusammenhang die *Definitionsmacht* niemals hatte.

Vor diesem Hintergrund sind die für die vorliegende Studie ausgesuchten Referenzkonzepte von hervorgehobener Bedeutung. Nicht stellt sich die UNESCO hier als „starker" Akteur dar, sondern fast im Gegenteil als getriebener, der kontinuierlich sicherzustellen hat, dass die Legitimität in den diversen Arenen, in denen die Special (Needs) Education-Einheit aktiv ist, stets gewahrt bleibt. In der hier eingenommenen „[International] Organizations in an Institutional Environment"-Perspektive (Jepperson 2001, S. 11 ff.) ließen sich die Archivmaterialien – unter Verzicht auf die oftmals voreilig getroffene Annahme, man habe es bei Internationalen Organisationen mit einflussreichen Akteuren zu tun –[380] vorzüglich in Hinblick auf die sowohl strukturelle als auch ideelle *Einbettung* der UNESCO in ihre gesellschaftliche Umwelt beleuchten. Dass dabei die komplexen Wechselverhältnisse zwischen Anforderungen aus einem weiteren „weltkulturellen" Zusammenhang (hier analysiert als „institutionelle Logiken") und der *agency* der UNESCO in einem engeren, sie unmittelbar umgeben-

---

379 Vgl. Greenwood et al. 2008, S. 18–22; sowie die für anschließende Forschung wegweisende, bei Leblebici et al. (1991) konzeptionell vorformulierte Idee des „endogeneously driven change".

380 Vgl. den Abschnitt: Internationale Organisationen als Global Players (im ersten Kapitel).

den – als *Organizational Field* analysierten – Kontext aus den Daten sichtbar hervortreten,[381] ist der Heranziehung des Konzeptpaars *Decision-making under Ambiguity* und *Logic of Appropriateness* aus dem Skandinavischen Institutionalismus zu verdanken.[382] In Verbindung mit der theoretischen Grundannahme der Uneindeutigkeit und Widersprüchlichkeit institutioneller Vorgaben ließen sich hiermit Abstimmungs- und Entscheidungsprozesse analytisch erschließen.

Die Weltkonferenz im Jahr 1994 stellt für die auf Menschen mit Behinderungen bezogene bildungspolitische Agenda der UNESCO einen Wendepunkt dar. Mit der Formulierung des *Salamanca Statement* begann ein paradigmatisch neues Kapitel in der Diskussion um die theoretische Begründung und die institutionellen Formen der gesellschaftlichen Organisierung des Phänomens Behinderung, an deren Endpunkt dann die Idee einer umfassenden Inklusion unterschiedlicher Gruppen teilhabebeeinträchtigter Menschen (vor allem von Kindern und Jugendlichen) zunächst UNESCO-spezifisch am Bildungssystem und später an der Gesellschaft insgesamt steht, so wie es in der sogenannten Behindertenrechtskonvention der Vereinten Nationen (UN 2006) heute umfassend dargestellt ist.

Während sich das „Special Needs Education"-Programm, das sich traditionell komplementär zu „Regular Education" entwickelt hatte, bis zur Weltkonferenz im Jahr 1994 ausschließlich mit „exceptional children" und in erster Linie mit Kindern mit Behinderungen (bzw. „impairments", „disabilities" und „handicaps") befasst hatte,[383] bedeutete die mit dieser Konferenz eingeläutete Umorientierung der „Special Needs Education" einen Problembereich, in dem neu zu justieren war, welche Kinder als „most vulnerable and most in need" zu gelten hatten. Die in diesem Zusammenhang als „new thinking in Special Needs Education" (UNESCO 1994, S. 9 ff.) in den internationalen Diskurs eingebrachte *Idee für Inclusive Education*, bei der im Kontext der Weltkonferenz nicht eindeutig dargelegt wurde, was sie meinen sollte und welche Bezugsgruppe konkret gemeint war, besteht – nach wie vor als Mittel zur Erreichung der „EFA Goals" – bis heute als Sinnbild für die gemeinsame Erziehung und Bildung aller Kinder

---

381 Vgl. den Abschnitt: Alternative Sicht auf Internationale Organisationen – das konzeptionelle Paradoxon der „embedded agency" (im zweiten Kapitel).

382 Vgl. die entsprechenden Ausführungen im Abschnitt: Die wichtigsten neo-institutionalistischen Grundkonzepte (im zweiten Kapitel).

383 Vgl. den Abschnitt „Vom Beginn und Aufschwung der auf Behinderung bezogenen bildungspolitischen Arbeit der UNESCO" im dritten Kapitel, aus dem hervorgeht, dass die imaginierte Gruppe der „exceptional children" zeitlich vor der Grundlegung von der „Special Education"-Programmes der UNESCO in den 1960er Jahren sowohl „the handicapped" als auch „the gifted" umfasste.

fort und dient noch immer als Zielvorstellung diverser globaler bildungspolitischer Agenden.

Der im vierten Kapitel behandelte Untersuchungszeitraum der Jahre zwischen 1994 und 2000 untergliedert sich in drei Phasen, die aus den Daten ermittelt wurden, und erweist sich sowohl auf der Ebene der Akteurskonstellation im bei der Analyse fokussierten organisationalen Feld als auch in Hinblick auf „Talk", Entscheidungen und von der UNESCO ausgeübte Handlungen insgesamt als Periode signifikanten Wandels,[384] in dessen Verlauf sich diverse inhaltliche Vorstellungen zum programmatischen Konzept der Inclusive Education überlappen, und der sich längerfristig auf die Programmstruktur der UNESCO auswirken sollte.

Zusammenfassung der drei Entwicklungsphasen

In der ersten Phase (Juni 1994 – Oktober 1994) zeigt sich, dass der Einzug einer neuen institutionellen Logik in das organisationale Feld – wonach Inclusive Education nicht in erster Linie auf Menschen mit Behinderungen, sondern potentiell gleichermaßen auf alle, und insofern auf die Heterogenität von Lerngruppen zu beziehen sei – von Seiten der UNESCO noch weitgehend ignoriert blieb. Während sich das Verständnis von Inclusive Education vor dem Hintergrund der primären institutionellen Logik vor allem aus der Behindertenbewegung generiert hatte und besonders im Jahrzehnt vor der Konferenz maßgeblich durch die Betonung der Rechte von Menschen mit Behinderungen geprägt worden war, basierte das Verständnis von Inclusive Education im Kontext der sekundären institutionellen Logik nicht auf einem politisch motivierten, kollektive Rechte von Gruppen betonenden Begriff, sondern war vielmehr individuenzentriert und unterrichtsorganisatorisch gedacht.[385] In einer Zeit, in der den Mitgliedern des Feldes zwar bewusst wurde, dass die Weltkonferenz in Salamanca für die Weiterverfolgung des übergeordneten Ziels des „Education for All"-Programms eine Umorientierung der „Special Needs Education" vorsah, die Dokumente aber keine eindeutige Festlegung erkennen ließen, was in diesem Zusammenhang genau unter dem Passus „new thinking in Special Needs Education" zu verstehen sei, nutzte die UNESCO ihren Spielraum nicht, als offiziell federführender Akteur eine Richtungsänderung einzuläuten, sondern wartete ab. Empirisch evident wird diese Haltung durch die Nichtbeachtung der von einzelnen

---

384 Vgl. den Abschnitt zur Periodisierung (im dritten Kapitel).
385 Vgl. hierzu von Kardorff 2012.

Challengers in das Feld eingestreuten neuen Impulse, dem Problembereich einer Umorientierung der „Special Needs Education" in Hinblick auf die Änderung des Adressatenkreises zu begegnen. Hauptbefund der ersten Phase ist insofern das gegenüber den Vorjahren signifikant unveränderte Brunssonsche Verhältnis von „Talk", Entscheidungen und Handlungen der UNESCO.

In der zweiten Phase (Oktober 1994 – Februar 1997) zeigt sich, wie sich insbesondere durch Prozesse der Kooperation, aber auch der Abgrenzung und arbeitsteiliger Differenzierung zwischen UNESCO, UNICEF, UN, ILO, WHO und dem erheblichen Einfluss der Weltbank die zunächst vor allem als Policy Talk präsente Leitformel der Education for All, die bis etwa 1997 nach wie vor bestehende Special Needs-Programmatik überdeckte. Hier wird deutlich, dass der Erwartungsdruck, mit dem sich die Leiterin des erst zu dieser Zeit von *Special Education-* zu Special Education Unit umbenannten Organisationsteils der UNESCO konfrontiert sah, das gleichnamige Programm nunmehr auch an jene Kinder zu adressieren „who are most vulnerable and most in need" (UNESCO 1994, S. iv) und womöglich an „any child who experiences significant difficulties in school, including some who have disabilities", mittlerweile groß geworden war. Dass der hier fokussierte Akteur zwar auf der Ebene des „Policy Talk" die Richtung einer Erweiterung des Adressatenkreises von Special Needs Education einschlug, die Entscheidungen und Handlungen jedoch dezidiert im Sinne der primären institutionellen Logik ausrichtete, stellt sich auf den ersten Blick als klassischer Fall von „loose coupling" dar.[386] Demnach behaupten Akteure zwar, bestimmten Erwartungen (in diesem Fall: Erweiterung des Adressatenkreises im Sinne der sekundären institutionellen Logik) zu entsprechen, richten ihr Handeln aber an anderen Präferenzen als dem Streben nach Legitimität aus.

Bei genauerer Analyse der in der dritten Phase (Februar 1997 – Oktober 2000) getätigten Aussagen des Hauptakteurs stellt sich allerdings heraus, dass diese nicht der sekundären institutionellen Logik, sondern der Programmlogik der Education for All-Agenda der UNESCO entsprachen. Nicht wurde in dieser Phase auf die Heterogenität einer jeweiligen Lerngruppe Bezug genommen und insofern in einem nicht-kategorialen Sinne mit *Diversität* argumentiert, sondern in entsprechenden Stellungnahmen von Seiten der Leiterin der fokussierten Organisationseinheit waren auch andere Gruppen gemeint als nur Menschen mit Behinderungen. Die dritte Phase steht eindeutig im Zeichen der Umorientierung der Special Needs Education im Sinne einer Programmlogik,

---

386 Vgl. hierzu die Abschnitte: Grundannahme der Uneindeutigkeit und Widersprüchlichkeit institutioneller Vorgaben sowie Zur Unterscheidung zwischen primärer und sekundärer „institutioneller Logik" (im zweiten Kapitel).

die an die Education for All-Agenda angelehnt war. Hier entwickelt sich die Idee für Inclusive Education als Kombination der theoretischen Grundannahmen aus der primären und sekundären institutionellen Logik weiter, nach wie vor mit Fokus auf die imaginierte Gruppe der Menschen mit Behinderungen und darüber hinaus auf andere Gruppen marginalisierter und als vulnerabel klassifizierter Minderheiten. Zum Schluss wird deutlich, woher die drei Tendenzen kamen, die sich im Literaturüberblick widerspiegeln. Statt „Vom Umdenken zur Auflösung" hätte das vierte Kapitel also auch wie folgt betitelt werden können: „Zwischen Neuausrichtung und Untergang". Letztendlich kommt es zu einem Kompromiss: In der Unklarheit, was Inclusive Education genau sein solle, wurde dieses Konzept, nach Eingliederung in das neue Programm, der EFA-Agenda immer ähnlicher.[387]

Im empirischen Teil der Studie ist deutlich geworden, wie die UNESCO – aus der Perspektive ihrer für Special Needs Education zuständigen Organisationseinheit – den Anforderungen und Erwartungen zu entsprechen versuchte, die vermittelt über „peers and competitors" in ihrem organisationalen Feld an sie herangetragen wurden. Dabei zeigte sich, dass sie zugleich nach Möglichkeiten und Wegen suchte, nicht ihre Nähe zum zentralen Wertesystem dieses Feldes zu verlieren und ihre starke Position in der Autoritätshierarchie bei der Formulierung von Regeln und der Bestimmung ihrer Gültigkeit zu festigen. Auf der Ebene des verhandelten Wissens argumentiert, koexistierten im Kontext der Weltkonferenz in Salamanca sowohl im „issue-based field" als auch in der Peripherie unterschiedliche Begriffsverwendungen, Bedeutungszuweisungen und Lesarten zu Inclusive Education, zu denen das Verständnis vom „new thinking in Special Needs Education" als Anerkennung von Heterogenität im Sinne der sekundären institutionellen Logik dazukam, aber sich in dem hier untersuchten Kontext nicht weiterentwickeln konnte.

Das Ergebnis der Diskussionen innerhalb des organisatorischen Umfeldes der UNESCO lässt sich angemessen mit der Formel „Education for all, and especially for some" umschreiben. Diese Formel benennt das wesentliche Ergebnis dieser Arbeit und zugleich einen Kompromiss zwischen der besonderen Förderung jedes einzelnen und der besonderen „sonderpädagogischen" Förderung für einzelne Kinder und Jugendliche mit Behinderungen. Zentraler Befund in diesem Zusammenhang ist die Erkenntnis, dass sich die UNESCO im Prozess des Bedeutungswandels des Konzepts der Inclusive Education nicht als starker, sondern als getriebener Akteur darstellt. Die Haltung der UNESCO kann insge-

---

387 Vgl. Kiuppis 2014a.

samt als Schlingerkurs und zum Teil als abwartend charakterisiert werden. Von der Weltkonferenz in Salamanca bis zum Beginn der zweiten Untersuchungsperiode unterließ es die UNESCO, sich eindeutig zu positionieren, und im weiteren Verlauf des „Salamanca-Prozesses" stellte sich heraus, wie die Weltbank und UNICEF die Deutungshoheit der UNESCO übernahmen und die UNESCO dadurch nötigten, ihr Konzept für Special Needs Education zu verändern. Trotzdem gelang es der UNESCO, dass das Konzept der „Inclusive Education" mit ihr als Organisation weiterhin assoziiert wurde.

Im ersten Kapitel wurde bereits vorweggenommen, dass in der Unschärfe und somit der Schwäche, als *imaginiertes*, zumal in seinen Bedeutungen umstrittenes Konzept eindeutige Leitsätze und Prinzipien zu umfassen, gleichzeitig die Stärke von Inclusive Education liegt, nämlich seine Akzeptanz als humanistische, fortschrittliche und mit den Zielen einer verbesserten Umsetzung von Menschen- und Teilhaberechten kompatible Programmatik und, zumindest für die UNESCO, ein gewisser funktionaler Nutzen, um darüber bestimmte Ziele zu befördern. Gerade die Widersprüchlichkeit und Uneindeutigkeit des Konzepts der Inclusive Education machte es möglich, dass sich der Adressatenkreis sukzessive erweiterte und sich das Programm der Special Needs Education der UNESCO signifikant wandelte, was nicht ohne Auswirkungen auf die Programmstruktur der UNESCO blieb. Die Studie zeichnet nach, wie sich das Verhältnis der Programme für Education for All und Special Needs Education im Zeitverlauf neu bestimmte. Sie setzt empirisch zu Beginn einer Umorientierung der Special Needs Education-Programmatik an, bei dem sich die Idee der Inclusive Education herausbildete. Erst durch die Verbindung von Elementen beider institutioneller Logiken konnten die jeweiligen Einschränkungen aus beiden Programmen überwunden werden.

Inwieweit sich diese unterschiedlichen, hoch abstrakten Überlegungen und die dahinter stehenden „Philosophien" in der Praxis der Gestaltung des Schulwesens niederschlagen, muss offen bleiben und war nicht Gegenstand der vorliegenden Arbeit. Anhand der mikrosoziologischen Rekonstruktion der Differenzierungen im Inklusionsverständnis der UNESCO wird der Charakter eines im Foucaultschen Sinne produktiven Diskurses sichtbar, der zwar keine weltweite Standardisierung erzeugt, gleichwohl aber mit der Inklusionsagenda die Herausforderung an nationale und lokale Akteure zur beständigen Problematisierung der Teilhabechancen und zu einer einschlägigen Positionierung mit sich bringt und damit – im Endeffekt – die Entwicklung von neuen Vergleichsperspektiven in der Verwirklichung von Teilhabemöglichkeiten erzwingen dürfte.

Abkürzungsverzeichnis

ADA	Americans with Disabilities Act
AED	Association of Employees with Disability
ANT	Actor-Network-Theory
CEC	Council for Exceptional Children
CIES	Comparative and International Education Society
DANIDA	Danish International Development Agency
DGfE	Deutsche Gesellschaft für Erziehungswissenschaft
DPI	Disabled People's International
ED/BAS	Section for Basic Education (UNESCO)
ED/BAS/CEE	Unit „Combating Exclusion in Education"
ED/BAS/SNE	Unit „Special Needs Education"
EDAW	Elimination of All Forms of Discrimination Against Women
EFA	Education for All
EGOS	European Group for Organizational Studies
IDB	Inter-American Development Bank
IBE	International Bureau of Education
ICOD	International Center for Organizational Development
ILO	International Labour Organization
ILSMH	International League of Societies for Persons with Mental Handicap
KMK	Kultusministerkonferenz
MNC	Multinational Corporation
NGO	Non-Governmental Organization
OECD	Organization for Economic Co-operation and Development
R.I.	Rehabilitation International
RISE	Reconstruction and International Security through Education
SIDA	Swedish International Development Cooperation Agency
SNE	Special Needs Education
UN	United Nations
UN/DPI	UN-Department of Public Information
UNDP	United Nations Development Programme
UNESCO	United Nations Educational, Scientific and Cultural Organization
UNHCR	United Nations High Commissioner for Refugees
UNICEF	United Nations Children's Fund
USAID	United States Agency for International Development
WBU	World Blind Union
WCT	World Culture Theory
WFD	World Federation of the Deaf
WHO	World Health Organization
WVF	World Veterans Federation

Literaturverzeichnis und zitierte Archivmaterialien

Abbott, A. (1988). Transcending general linear reality. *Sociological Theory* 6, 169–186.

Abbott, A. (1992). From causes to events: Notes on narrative positivism. *Sociological Methods & Research* 20, 428–455.

Abbott, K. W., Keohane, R. O., Moravcsik, A., Slaughter, A. M. & Snidal, D. (2000). The concept of legalization. *International Organization* 54(3), 401–420.

Ainscow, M. (1990). Special needs in the classroom: The development of a teacher education resource pack. *International Journal of Special Education*, 5(1), 13–20.

Ainscow, M. (1991). Effective schools for all: an alternative approach to special needs in education. *Cambridge Journal of Education* 21(3), 293–308.

Ainscow, M. (1999). *Understanding the Development of Inclusive Schools*. London: Routledge.

Ainscow, M. (2005). Developing inclusive education systems: what are the levers for change? *Journal of Educational Change* 6, 109–124.

Ainscow, M. (2014). Struggling for Equity in Education: The Legacy of Salamanca. In F. Kiuppis & R. Sarromaa Hausstätter (Hrsg.), *Inclusive Education 20 Years after Salamanca*. New York: Peter Lang.

Ainscow, M., Booth, T. & Dyson, A. (2006): *Improving schools, developing inclusion*. New York: Routledge.

Ainscow, M. & César, M. (2006). Inclusive education ten years after Salamanca: Setting the agenda. *European Journal of Psychology of Education* 21(3), 231–238.

Ainscow, M. & Miles, S. (2008). Making Education for All inclusive: where next? *Prospects* 38(1), 15–34.

Alchian A. (1950). Uncertainty, evolution and economic theory. *Journal of Political Economy* 58, 211–221.

Allan, J. (2008). *Rethinking Inclusive Education: The Philosophers of Difference in Practice*. Dordrecht: Springer.

Amos, S. K. (2011). Vorwort zur Buchreihe *New Frontiers in Comparative Education*. In M. Parreira do Amaral, *Emergenz eines internationalen Bildungsregimes?* (S. 7–8). Münster, New York, München, Berlin: Waxmann.

Anderson-Levitt, K. M. (2012). Complicating the concept of culture. *Comparative Education* 48(4), 441–454.

Ansari, S. M., Fiss, P. C. & Zajac, E. J. (2010). Made to fit: How practices vary as they diffuse. *Academy of Management Review* 35(1), 67–92.

Arnove, R. F. (2012). Introduction: Reframing Comparative Education: The dialectic of the Global and the Local. In R. F. Arnove, C. A. Torres & S. Franz (Hrsg.), *Comparative education: The dialectic of the global and the local* (S. 1–33). Boulder: Rowman & Littlefield Publishers.

Autorengruppe Bildungsberichterstattung (2014). *Bildung in Deutschland 2014. Ein indikatorengestützter Bericht mit einer Analyse zur Bildung von Menschen mit Behinderungen.* Bielefeld: Bertelsmann.

Baglieri, S., Bejoian, L. M., Broderick, A. A., Connor, D. J. & Valle, J. (2011). [Re] Claiming ‚Inclusive Education' toward cohesion in educational reform: Disability Studies unravels the myth of the normal child. *Teachers College Record* 113(10), 2122–2154.

Baglieri, S. & Shapiro, A. (2012). *Disability studies and the inclusive classroom: critical practices for creating least restrictive attitudes.* New York: Routledge.

Bailey, K. D. (1994). Document Study. In K. D. Bailey (Hrsg.), *Methods of Social Research* (S. 293–319). New York: The Free Press.

Baker, D. P. & LeTendre, G. K. (2005). *National differences, global similarities: World culture and the future of schooling.* Stanford, CA: Stanford University Press.

Ballard, K. (Hrsg.) (1999). *Inclusive Education: International voices on disability and justice.* London: Routledge.

Barnett, M. & Finnemore, M. (2004). *Rules for the world: International organizations in global politics.* New York: Cornell University Press.

Barow, T. (2010). Globale Konferenz über inklusive Bildung in Salamanca. *Zeitschrift für Inklusion* 1.

Barrow, R. (2000). Include me out: a response to John Wilson. *European Journal of Special Needs Education* 15, 305–307.

Barton, L. & Armstrong, F. (2007). Introduction. In L. Barton & F. Armstrong (Hrsg.), *Policy, experience and change: cross-cultural reflections on inclusive education* (S. 1–4). London: Springer.

Battilana, J. & D'Aunno, T. (2009). Institutional work and the paradox of embedded agency – Actors and Agency in Institutional Studies of Organizations. In T. B. Lawrence, R. Suddaby & B. Leca (Hrsg.), *Institutional work – Actors and agency in institutional studies of organizations* (S. 31–58). Cambridge: Cambridge University Press.

Beech, J. (2009). Policy spaces, mobile discourses, and the definition of educated identities. *Comparative Education* 45(3), 347–364.

Beech, J. (2011). *Global panaceas, local realities: International agencies and the future of education.* Frankfurt am Main: Peter Lang.

Benavot, A. (2011). Imagining a transformed UNESCO with learning at its core. *International Journal of Educational Development* 31(5), 558–561.

Benavot, A., Cha, Y. K., Kamens, D., Meyer, J. W. & Wong, S. Y. (1991). Knowledge for the masses: World models and national curricula, 1920–1986. *American sociological review* 56(1), 85–100.

Berger, P. & Luckmann, T. (1966). *The social construction of knowledge: A treatise in the sociology of knowledge.* Garden City, NJ: Doubleday.

Bhat, N. (2013). *Mainstreaming Disability in International Development: A Review of Article 32 on International Co-operation of the Convention on the Rights of Persons with Disabilities.* Im Internet unter: http://ssrn.com/abstract=2262946 (30.09.2013).

Bidwell, C. E. (1965). The school as a formal organization. In J. G. March (Hrsg.), *Handbook of Organizations* (S. 1019–1033). Chicago: Rand McNally.

Biewer, G. (2000). „Inclusive Schools" – Die Erklärung von Salamanca und die internationale Integrationsdebatte. *Gemeinsam leben 8*(4), 152–155.

Biewer, G. (2009a). *Grundlagen der Heilpädagogik und inklusiven Pädagogik.* Stuttgart: Klinkhardt/UTB.

Biewer, G. (2009b). *Vom Integrationsmodell für Behinderte zur Schule für alle Kinder.* Weinheim & Basel: Beltz.

Blau, P. M. & Scott, W. R. (1962). *Formal organizations: A comparative approach.* Stanford: Stanford University Press.

Boban, I. (2000). It's not Inclusion… – Der Traum von einer Schule für alle Kinder. In M. Hans & A. Ginnold (Hrsg.), *Integration von Menschen mit Behinderung – Entwicklungen in Europa* (S. 238–247). Neuwied/Berlin: Luchterhand.

Boban, I. & Kruschel, R. (2012). Die Weisheit der vielen Weisen – Zukunftsfeste und andere Weisen miteinander diagnostisch klug zu handeln: Inklusion als Prinzip sozialer Ästhetik. *Zeitschrift für Inklusion 3.*

Bohmeyer, A. (2009). Inklusion und Exklusion in systemtheoretischer Perspektive. Ausleuchtung eines soziologischen Theoriedesign im Kontext des Erziehungssystems. *Jahrbuch für christliche Sozialwissenschaften 50*, 63–90.

Boli, J. & Thomas, G. M. (Hrsg.) (1999). *Constructing World Culture: International Nongovernmental Organizations since 1875.* Stanford: Stanford University Press.

Booth, T., Nes, K. & Strømstad, M. (Hrsg.). (2003). *Developing inclusive teacher education.* New York: Routledge.

Boxenbaum, E. & Jonsson, S. (2008). Isomorphism, diffusion and decoupling. In R. Greenwood, C. Oliver, K. Sahlin & R. Suddaby (Hrsg.), *The SAGE Handbook of Organizational Institutionalism* (S. 78–98). Los Angeles; London; Neu Delhi; Singapur: Sage.

Brantlinger, E. (1997). Using ideology: cases of nonrecognition of the politics of research and practice in special education. *Review of Educational Research 67*(4), 425–459.

Brenner, N., Peck, J. & Theodore, N. (2010). Variegated neoliberalization: geographies, modalities, pathways. *Global networks 10*(2), 182–222.

Brinton, M. C. & Nee, V. (2001). Introduction. In M. C. Brinton & V. Nee (Hrsg.), *The new institutionalism in sociology.* Stanford: Stanford University Press.

Brunsson, N. (1989). *The organization of hypocrisy: Talk, decisions, and actions in organizations.* Chichester: Wiley.

Brunsson, N. (1993). Ideas and actions: justification and hypocrisy as alternatives to control. *Accounting, Organizations and Society 18*(6), 489–506.

Brunsson, N. & Olsen, J. P. (1993). *The reforming organization*. London: Routledge.

Brunsson, N. & Olsen, J. P. (1998). Organization theory: Thirty years of dismantling, and then…? In N. Brunsson & J. P. Olsen (Hrsg.). *Organizing Organizations* (S. 13–43). Middleton, WI: Fagbokförlaget.

Burt, R. S. (1987). Social Contagion and Innovation: Cohesion versus Structural Equivalence. *American Journal of Sociology 92*, 1287–1335.

Callon, M. (1986). Some elements of a sociology of translation: domestication of the scallops and the fishermen of St Brieuc Bay. In J. Law (Hrsg.), *Power, action and belief: A new sociology of knowledge* (S. 196–233). London: Routledge.

Callon, M. & Latour, B. (1981). Unscrewing the big Leviathan: How actors macro-structure reality and how sociologists help them to do so. In K. Knorr-Cetina & A. V. Cicourel (Hrsg.), *Advances in social theory and methodology: Toward an integration of micro- and macro-sociologies* (S. 277–303). New York: Routledge.

Campbell, J. L. (2004). *Institutional change and globalization*. Princeton: Princeton University Press.

Campbell, J. L. (2005). Where do we stand? Common mechanisms in organizations and social movements research. In G. F. Davis, D. McAdam, W. R. Scott & M. N. Zald (Hrsg.), *Social Movements and Organization Theory* (S. 41–68). Cambridge: Cambridge University Press.

Carley, K. (1990). Content Analysis. In R. E. Asher (Hrsg.), *The Encyclopedia of Language and Linguistics*. Elmsford, NY: Pergamon.

Carney, S. (2009). Negotiating policy in an age of globalization: Exploring educational „policyscapes" in Denmark, Nepal, and China. *Comparative Education Review 53*(1), 63–88.

Carney, S., Rappleye, J. & Silova, I. (2012). Between Faith and Science: World Culture Theory and Comparative Education. *Comparative Education Review 56*(3), 366–393.

Caruso, M. (2008). World systems, world society, world polity: theoretical insights for a global history of education. *History of Education, 37*(6), 825–840.

Centeno, V. (2011). Lifelong learning: a policy concept with a long past but a short history. *International Journal of Lifelong Education 30*(2), 133–150.

Chabbott, C. (1998). Constructing educational consensus: International development professionals and the World Conference on Education for All. *International Journal of Educational Development 18*(3), 207–218.

Chabbott, C. (2003). *Constructing educational development: International Development Organizations and the World Conference on Education for All*. London: Falmer Press.

Chabbott, C. & Ramirez, F. O. (2006). Development and education. In M. T. Hallinan (Hrsg.), *Handbook of the Sociology of Education* (S. 163–188). New York: Springer.

Christensen, T. & Røvik, K. A. (1999). The ambiguity of appropriateness. In M. Egeberg, P. Lægried & J. P. Olsen (Hrsg.), *Organizing Political Institutions: Essays for Johan P. Olsen* (159–180). Oslo: Scandinavian University Press.

Clark, C., Dyson, D., Millward, A. J. & Skidmore, D. (1997). *New Directions in Special Needs. Innovations in Mainstream Schools.* London: Cassell.

Clemens, E. S. (1993). Organizational repertoires and institutional change: Women's groups and the transformation of US politics, 1890–1920. *American Journal of Sociology 98*(4), 755–798.

Clemens, E. S. (1999). Continuity and coherence: Periodization and the problem of institutional change. In F. Engelstad & R. Kalleberg (Hrsg.), *Social time and social change: Perspectives on sociology and history* (S. 62–83). Oslo: Scandinavian University Press.

Clemens, E. S. (2007). Toward a historicized sociology: Theorizing events, processes, and emergence. *Annual Review of Sociology 33*, 527–549.

Connor, D. J., Gabel, S. L., Gallagher, D. J. & Morton, M. (2008). Disability studies and inclusive education—implications for theory, research, and practice. *International Journal of Inclusive Education 12*(5–6), 441–457.

Corbett, J. & Norwich, B. (1997). Special needs and client rights: the changing social and political context of special educational research. *British educational research journal, 23*(3), 379–389.

Corley, K. G. & Gioia, D. A. (2004). Identity ambiguity and change in the wake of a corporate spin-off. *Administrative Science Quarterly 49*(2), 173–208.

Cowen, R. (2006). Acting comparatively upon the educational world: Puzzles and possibilities. *Oxford Review of Education 32*(5), 561–573.

Cowen, R. (2009). The transfer, translation and transformation of educational processes: and their shape-shifting? *Comparative Education 45*(3), 315–327.

Crossley, M. (1999). Reconceptualising comparative and international education. *Compare 29*(3), 249–267.

Crossley, M. & Watson, K. (2003). *Comparative and International Research in Education.* London: Routledge.

Czarniawska, B. (2008). How to misuse institutions and get away with it: Some reflections in institutional theory(ies). In R. Greenwood, C. Oliver, K. Sahlin & R. Suddaby (Hrsg.) *The SAGE Handbook of Organizational Institutionalism* (S. 769–782). Los Angeles; London; Neu Delhi; Singapur: Sage.

Czarniawska, B. & Sevón, G. (2005). *Global ideas: how ideas, objects and practices travel in a global economy.* Kopenhagen: Liber.

Czarniawska-Joerges, B. & Joerges, B. (1996). Travels of ideas. In B. Czarniawska-Joerges & G. Sevón (Hrsg.), *Translating Organizational Change* (S. 13–48). Berlin: de Gruyter.

Czarniawska-Joerges, B. & Sevón, G. (1996). *Translating Organizational Change.* Berlin: de Gruyter.

Dacin, M. T., Goodstein, J. & Scott, W. R. (2002). Institutional theory and institutional change: Introduction to the special research forum. *The Academy of Management Journal* 45(1), 43–56.

Daft, R. L. & Weick, K. E. (1984). Toward a Model of Organizations as Interpretation Systems. *Academy of Management Review* 9(2), 284–290.

Dale, R. (1999). Specifying globalization effects on national policy: a focus on the mechanisms. *Journal of Education Policy* 14(1), 1–17.

Daniels, H. & Garner, P. (Hrsg.) (1999). *World Yearbook of Education 1999: Inclusive Education*. New York: Routledge.

Dash, M. (2005). *Education of Exceptional Children*. Delhi: Atlantic Publishers.

Davis, G. F. & Greve, H. R. (1997). Corporate elite networks and governance changes in the 1980s. *American Journal of Sociology* 103(1), 1–37.

Deutscher Bundestag. (2008). Bundesgesetzblatt. Jahrgang 2008, Teil II, Nr. 35. Bonn: Deutscher Bundestag.

DiMaggio, P. J. (1988). Interest and Agency in Institutional Theory. In L. Zucker (Hrsg.), *Institutional Patterns and Culture* (S. 3–32). Cambridge, MA: Ballinger.

DiMaggio, P. J. & Powell, W. W. (1983). The iron cage revisited: Institutional isomorphism and collective rationality in organizational fields. *American sociological review* 48, 147–160.

DiMaggio, P. J. & Powell, W. W. (1991). Introduction. The new institutionalism in organizational analysis. In P. J. DiMaggio & W. W. Powell (Hrsg.), *The new institutionalism in organizational analysis* (S. 1–38). Chicago: Chicago University Press.

Downing, J. E., Eichinger, J. & Williams, L. J. (1997). Inclusive Education for Students with Severe Disabilities Comparative Views of Principals and Educators at Different Levels of Implementation. *Remedial and Special Education* 18(3), 133–142.

Dyson, A. (1999). Inclusion and inclusions: theories and discourses in inclusive education. In H. Daniels & P. Garner (Hrsg.), *World Yearbook of Education 1999: Inclusive Education* (S. 36–51). New York: Routledge.

Ellger-Rüttgart, S. (2002). Education for All – Education towards Inclusion. In Deutscher Verein für die Rehabilitation Behinderter & Chronisch zieken en Gehandicaptenraad Nederland (Hrsg.): *Networking in Practice: Connecting Partners in Rehabilitation*. 8th European Regional Conference of Rehabilitation International November 2002, Aachen. Utrecht/Heidelberg: Selbstverlag, 98–102.

Ellger-Rüttgardt, S. (2011). Sonderpädagogische Professionalität in einer inklusiven Schule – Ankerpunkte und Stolpersteine und ihre Bedeutung für die Gegenwart. *Zeitschrift für Heilpädagogik* 62(2), 55–60.

Elsbach, K. D. & Kramer, R. M. (1996). Members' responses to organizational identity threats: Encountering and countering the Business Week rankings *Administrative Science Quarterly* 41(3), 442–476.

Ember, C. R. & Ember, M. (1998). Cross-cultural research. In H. R. Bernard (Hrsg.), *Handbook of Methods in Cultural Anthropology* (S. 647–687). Walnut Creek: Alta-MiraPress.

Evans, W. M. (1966). The organization set: towards a theory of interorganizational relations. In J. D. Thompson (Hrsg.), *Approaches to Organizational Design*. Pittsburg: University of Pittsburg Press.

Felder, F. (2012). Inklusion und Gerechtigkeit: Das Recht behinderter Kinder auf Teilhabe. Frankfurt am Main; New York: Campus.

Feldhusen, J. & Sayler, M. F. (1990). Special classes for academically gifted youth. *Roeper Review 12*(4), 244–249.

Finnemore, M. (1993). International organizations as teachers of norms: The United Nations Educational, Scientific, and Cultural Organization and Science Policy. *International Organization*, 565–597.

Fiss, P. C., Kennedy, M. T. & Davis, G. F. (2012). How golden parachutes unfolded: Diffusion and variation of a controversial practice. *Organization Science 23*(4), 1077–1099.

Fiss, P. C. & Zajac, E. J. (2004). The diffusion of ideas over contested terrain: The (non) adoption of a shareholder value orientation among German firms. *Administrative Science Quarterly 49*(4), 501–534.

Fiss, P. C. & Zajac, E. J. (2006). The symbolic management of strategic change: Sensegiving via framing and decoupling. *Academy of Management Journal 49*(6), 1173–1193.

Fligstein, N. & McAdam, D. (2012). *A theory of fields*. New York: Oxford University Press.

Florian, L. (Hrsg.) (2006). *The SAGE Handbook of Special Education*. Los Angeles; London; Neu Delhi; Singapur: Sage.

Forlin, C. (Hrsg.) (2012). *Future Directions for Inclusive Teacher Education: An International Perspective*. Milton Park, Abingdon, Oxon: Routledge.

Frank, D. J. & Meyer, J. W. (2002). The profusion of individual roles and identities in the postwar period. *Sociological Theory 20*(1), 86–105.

Friedland, R. (2013). God, love, and other good reasons for practice: Thinking through institutional logics. *Research in the Sociology of Organizations, 39*, 25–50.

Friedland, R. & Alford, R. R. (1991). Bringing society back in: Symbols, practices and institutional contradictions. In P. J. DiMaggio & W. W. Powell (Hrsg.), *The New Institutionalism in Organizational Analysis* (S. 232–266). Chicago: University of Chicago Press.

Fuchs, E. & Schriewer, J. (2007). Internationale Organisationen als Global Players in Bildungspolitik und Pädagogik. Einführung in den Thementeil. *Zeitschrift für Pädagogik 53*(2), 145–148.

Gamson, W. A. & Meyer, D. S. (1996). Framing political opportunity. In D. McAdam, J. D. McCarthy & M. N. Zald (Hrsg.), *Comparative perspectives on social movements:*

Political opportunities, mobilizing structures, and cultural framings (275–290). New York: Cambridge University Press.

Geiling, U. (2011). Die neue Schuleingangsphase aus inklusionspädagogischer Perspektive: Hoffnungen und Enttäuschungen. *Gemeinsam leben 19*, 152–157.

Gherardi, S. & Nicolini, D. (2000). To transfer is to transform: the circulation of safety knowledge. *Organization 7*(2), 329–348.

Giddens, A. (1984). *The constitution of society: Outline of the theory of structuration.* Los Angeles: University of California Press.

Goodley, D. & Kiuppis, F. (2014). Mapping the ‚individual‘: Invigorating social theories of inclusive education. In F. Kiuppis & R. Sarromaa Hausstätter (Hrsg.), *Inclusive Education 20 Years after Salamanca.* New York: Peter Lang.

Graham, L. J. & Jahnukainen, M. (2011). Wherefore art thou, inclusion? Analysing the development of inclusive education in New South Wales, Alberta and Finland. *Journal of Education Policy 26*(2), 263–288.

Graumann, S. (2012). Inklusion geht weit über „Dabeisein" hinaus – Überlegungen zur Umsetzung der UN-Behindertenrechtskonvention in der Pädagogik. In H.-J. Balz, B. Benz & C. Kuhlmann (Hrsg.), *Soziale Inklusion* (S. 79–94). Wiesbaden: VS Verlag für Sozialwissenschaften.

Greenwood, R. & Langley, A. (2014). Special Issue of Strategic Organization: „Strategic Responses to Institutional Complexity". *Strategic Organization, 12*(1), 79–82.

Greenwood, R., Oliver, C., Sahlin, K. & Suddaby, R. (Hrsg.) (2008). Introduction. In Dies. (Hrsg.), *The SAGE Handbook of Organizational Institutionalism* (S. 1–46). Los Angeles; London; Neu Delhi; Singapur: Sage.

Gregory, G. H. & Chapman, C. (2013). *Differentiated instructional strategies: One size doesn't fit all.* Thousand Oaks: Corwin.

Grek, S. (2010). International organisations and the shared construction of policy ‚problems‘: problematisation and change in education governance in Europe. *European Educational Research Journal 9*(3), 396–406.

Grek, S. (2013). Expert moves: international comparative testing and the rise of expertocracy. *Journal of Education Policy* (online publiziert, doi: 10.1080/02680939.2012.758825).

Groh-Samberg, O. (2009). *Armut, soziale Ausgrenzung und Klassenstruktur: Zur Integration multidimensionaler und längsschnittlicher Perspektiven.* Wiesbaden: VS Verlag für Sozialwissenschaften.

Gruber, H. & Menz, M. (2004). Introduction: Language and political change: Micro- and macro-aspects of a contested relationship? *Journal of Language and Politics 3*(2), 175–188.

Hacking, I. (1999). *The social construction of what?* Cambridge, MA: Harvard University Press.

Haeberlin, U. (2010 [6. Auflage]). *Das Menschenbild für die Heilpädagogik.* Bern: Haupt.

Hafeneger, B. (2002). Anerkennung, Respekt und Achtung. Dimensionen in den pädagogischen Generationenbeziehungen. In B. Hafeneger, P. Henkenborg & A. Scherr (Hrsg.), *Pädagogik der Anerkennung. Grundlagen, Konzepte, Praxisfelder* (S. 45–62). Schwalbach: TS Verlag.

Hall, J. R. (1990). Social Interaction, Culture, and Historical Studies. In H. S. Becker & M. M. McCall (Hrsg.), *Symbolic Interaction and Cultural Studies* (S. 16–30). Chicago: University of Chicago Press.

Hall, P. A. & Taylor, R. C. R. (1996) Political Science and the three new institutionalisms. *Political Studies 44*(5), 936–957.

Hallett, T. & Ventresca, M. J. (2006). Inhabited institutions: Social interactions and organizational forms in Gouldner's Patterns of Industrial Bureaucracy. *Theory and Society 35*(2), 213–236.

Hatch, M. J. & Zilber, T. (2012). Conversation at the Border Between Organizational Culture Theory and Institutional Theory. *Journal of Management Inquiry 21*(1), 94–97.

Heracleous, L. T. (2004). *Interpretivist approaches to organizational discourse.* Thousand Oaks, CA: Sage.

Hill, M. R. (1993). *Archival Strategies and Techniques.* Newbury Park: Sage.

Hinz, A. (2000). Niemand darf in seiner Entwicklung behindert werden – von der integrativen zur inklusiven Pädagogik? In L. Kunze & U. Sassmannshausen (Hrsg.), *Gemeinsam weiter… 15 Jahre Integrative Schule Frankfurt* (S. 69–82). Frankfurt: Selbstverlag.

Hinz, A. (2002). Von der Integration zur Inklusion – terminologisches Spiel oder konzeptionelle Weiterentwicklung? *Zeitschrift für Heilpädagogik 53*, 354–361.

Hinz, A. (2010). Aktuelle Erträge der Debatte um Inklusion – worin besteht der Mehrwert gegenüber Integration? In Ev. Stiftung Alsterdorf & Kath. Hochschule für Sozialwesen Berlin (Hrsg.) [Konzeption und Redaktion: Stefan Kurzke-Maasmeier & Florian Kiuppis], *Enabling Commuity – Anstöße für Politik und soziale Praxis* (S. 191–202). Hamburg: Alsterdorf Verlag.

Hinz, A. (2013). Inklusion – von der Unkenntnis zur Unkenntlichkeit!? Kritische Anmerkungen zu einem Jahrzehnt Diskurs über schulische Inklusion in Deutschland. *Zeitschrift für Inklusion 1.*

Hirsch, P. M. (1986). From ambushes to golden parachutes: corporate takeovers as an instance of cultural framing and institutional integration. *American Journal of Sociology 91*, 800–837.

Hoffman, A. J. (1999). Institutional evolution and change: Environmentalism and the US chemical industry. *Academy of Management Journal 42*(4), 351–371.

Hoffman, A. J. & Ocasio, W. (2001). Not all events are attended equally: Toward a middle-range theory of industry attention to external events. *Organization Science 12*(4), 414–434.

Hollstein, B. (2006). Qualitative Methoden und Netzwerkanalyse – ein Widerspruch? In B. Hollstein & F. Straus (Hrsg.). *Qualitative Netzwerkanalyse: Konzepte, Methoden, Anwendungen* (S. 11–35). Wiesbaden: VS Verlag für Sozialwissenschaften.

Holm, P. (1995). The dynamics of institutionalization: Transformation processes in Norwegian fisheries. *Administrative Science Quarterly 40*, 398–422.

Hunt, P. F. (2011). Salamanca Statement and IDEA 2004: Possibilities of practice for inclusive education. *International Journal of Inclusive Education 15*(4), 461–476.

IBE [International Bureau of Education] (2008). *Inclusive Education: The Way of the Future* (General presentation of the 48th International Conference on Education). Im Internet unter: http://www.ibe.unesco.org/fileadmin/user_upload/Policy_Dialogue/48th_ICE/General_Presentation-48CIE-English.pdf (30.09.2013).

Isaac, L. W. (1997). Transforming localities: Reflections on time, causality, and narrative in contemporary historical sociology. *Historical Methods 30*(1), 4–12.

Jahnukainen, M. (2001). Social exclusion and dropping out of education. *International Perspectives on Inclusive Education 1*, 1–12.

Jahnukainen, M. (2011). Different strategies, different outcomes? The history and trends of the inclusive and special education in Alberta (Canada) and in Finland. *Scandinavian Journal of Educational Research 26*(2), 261–286.

Jakobi, A. P. (2007). Die Bildungspolitik der OECD: Vom Erfolg eines scheinbar machtlosen Akteurs. *Zeitschrift für Pädagogik 53*(2), 166–181.

Jakobi, A. P. & Martens, K. (2007). Diffusion durch internationale Organisationen: Die Bildungspolitik der OECD. *Politische Vierteljahresschrift 38*(1), 247–270.

Jepperson, R. L. (2001). *The development and application of sociological neo-institutionalism (Working Paper)*. Florenz: Robert Schuman Centre, European University Institute.

Joas, H. (2011). *Die Sakralität der Person – Eine neue Genealogie der Menschenrechte*. Berlin: Suhrkamp.

Kallo, J. (1999). OECD education policy. A comparative and historical study focusing on the thematic reviews of tertiary education. *KeVer 8*(4).

Kamens, D. H., Meyer, J. W. & Benavot, A. (1996). Worldwide patterns in academic secondary education curricula. *Comparative education review 40*(2), 116–138.

Kardorff, E. v. (2010). Evaluation beteiligungsorientierter lokaler Enabling Community-Projekte. In Ev. Stiftung Alsterdorf & Kath. Hochschule für Sozialwesen Berlin (Hrsg.) [Konzeption und Redaktion: Stefan Kurzke-Maasmeier & Florian Kiuppis], *Enabling Commuity – Anstöße für Politik und soziale Praxis* (S. 263–276). Hamburg: Alsterdorf Verlag.

Kardorff, E. v. (2012). Stigmatisierung, Diskriminierung und Exklusion von Menschen mit Behinderungen. In D. Horster & V. Moser (Hrsg.), *Ethik in der Behindertenpädagogik. Menschenrechte, Menschenwürde, Behinderung. Eine Grundlegung* (S. 118–129). Stuttgart: Kohlhammer.

Katzenstein, P. J., Keohane, R. R. O. & Krasner, S. D. (Hrsg.) (1999). *Exploration and contestation in the study of world politics*. Boston: The MIT Press.

Kirk, S. A. (1962). The Intellectually Gifted Child. In: *Educating Exceptional Children*. Boston: Houghton Mifflin Company.

Kiuppis, F. (2007). *Zur Erweiterung der Klassifizierung gesundheitsbezogener Daten auf Behinderung: Fallstudie über die Konstruktion und „Institutionalisierung" von Paradigmenwechseln durch Internationale Organisationen*. Aachen: Shaker.

Kiuppis, F. (2011). Mer enn én vei til framtiden: Om ulike tolkninger av inkluderende opplærin [Mehr als ein Weg in die Zukunft: Zu unterschiedlichen Bedeutungen von inklusiver Pädagogik]. *Norsk Pedagogisk Tidsskrift 95*(2), 91–102.

Kiuppis, F. (2013). „Pedagogikkens pentagon" revis(it)ed – Considerations on emancipation from a disability studies and inclusive education perspective. In J. Steinnes & S. Dobson (Hrsg.), *Pedagogikk under livets tre* (S 147–160). Trondheim: akademika.

Kiuppis, F. (2014a). Why (not) associate the principle of inclusion with disability? Tracing connections from the start of the ‚Salamanca Process'. *International Journal of Inclusive Education, 18*(7), 746–761.

Kiuppis, F. (2014b). Risiko oder Gefahr, Bedarfe oder Bedürfnisse? Zur diskursiven Gleichzeitigkeit von sich widersprechenden Grundideen bei der Entwicklung bildungspolitischer Projekte im Kontext Internationaler Organisationen. *Schweizerische Zeitschrift für Bildungswissenschaften, 36*(2), 243–264.

Kiuppis, F. & Kurzke-Maasmeier, S. (2012). Sport im Spiegel der UN-Behindertenrechtskonvention – zum Thema des Bandes. In F. Kiuppis & S. Kurzke-Maasmeier (Hrsg.), *Sport im Spiegel der UN-Behindertenrechtskonvention: Interdisziplinäre Zugänge und politische Positionen* (S. 25–40). Stuttgart: Kohlhammer.

Kiuppis, F. & Peters, S. (2014). Inclusive education for all as a special interest within the comparative and international education research community. *Annual Review of Comparative and International Education 2014: International Perspectives on Education and Society*, Volume 25, 53–63.

Kiuppis, F. & Sarromaa Hausstätter, R. (Hrsg.) (2014). *Inclusive Education 20 Years after Salamanca*. New York: Peter Lang.

Klees, S. J., Samoff, J. & Stromquist, N. P. (Hrsg.) (2012). *The World Bank and education: Critiques and alternatives*. New York: Springer.

Kostova, T., Roth, K. & Dacin, M. T. (2008). Institutional theory in the study of multinational corporations: A critique and new directions. *Academy of Management Review 33*(4), 994–1006.

Kostova, T., Roth, K. & Dacin, M. T. (2009). Theorizing on MNCs: A promise for institutional theory. *Academy of Management Review 34*(1), 171–173.

Krippendorff, K. (2012). *Content Analysis – An Introduction to Its Methodology [Second Edition]*. Thousand Oaks: Sage.

Krücken, G. & Drori, G. S. (Hrsg.) (2009). *World Society: The Writings of John W. Meyer*. Oxford: Oxford University Press.

Krücken, G. & Hasse, R. (1999). *Neo-Institutionalismus*. Bielefeld: transcript.

Krücken, G., & Meier, F. (2006). Turning the university into an organizational actor. In G. S. Drori, J. W. Meyer & H. Hwang (Hrsg.), *Globalization and Organization: World Society and Organizational Change* (S. 241–257). Oxford: Oxford University Press.

Kubler, G. (1962). *The shape of time: Remarks on the history of things*. New Haven: Yale University Press.

KMK [Kultusministerkonferenz] (2011). Empfehlungen „Inklusive Bildung von Kindern und Jugendlichen mit Behinderungen in Schulen", Beschluss der Kultusministerkonferenz vom 20.10.2011.

Lamont, M. & Molnar, V. (2002). The study of boundaries in the social sciences. *Annual Review of Sociology 28*, 167–195.

Langhof, A., Reinhardt, K., Tacke, V. & Rehberg, K.-S. (2004). *Analyse organisationaler Managementkonzepte als Ideologiekritik?!* Vortrag im Rahmen des 32. Kongresses der Deutschen Gesellschaft für Soziologie in München (Soziale Ungleichheit, kulturelle Unterschiede).

Langley, A. (1999). Strategies for theorizing from process data. *Academy of Management review, 24*(4), 691–710.

Langley, A. & Abdallah, C. (2011). Templates and turns in qualitative studies. *Research Methodology in Strategy and Management 6*, 201–235.

Lankshear, C. (1997). *Changing literacies*. Buckingham: Open University Press.

Lankshear, C. (1998). Meanings of literacy in contemporary educational reform proposals. *Educational Theory 48*(3), 351–372.

Latour, B. (1986). The powers of association. In J. Law (Hrsg.), *Power, Action and Belief* (S. 264–280). London: Routledge & Kegan Paul.

Latour, B. (2005a). *Reassembling the social – An introduction to Actor-Network-Theory*. Oxford: Oxford University Press.

Latour, B. (2005b). Introduction: How to resume the task of tracing associations. In B. Latour (Hrsg.), *Reassembling the social – An introduction to Actor-Network-Theory* (S. 1–17). Oxford: Oxford University Press.

Leblebici, H., Salancik, G. R., Copay, A. & King, T. (1991). Institutional change and the transformation of interorganizational fields: An organizational history of the US radio broadcasting industry. *Administrative Science Quarterly 36*, 333–363.

Lechner, F. J. & Boli, J. (Hrsg.) (2008). *The Globalization Reader*. Oxford: Blackwell.

Lee, J.-H. (2010). *Inklusion. Eine kritische Auseinandersetzung mit dem Konzept von Andreas Hinz im Hinblick auf Bildung und Erziehung von Menschen mit Behinderungen*. Oberhausen: Athena.

Lindmeier, C. (1993). *Behinderung – Phänomen oder Faktum?* Stuttgart: Klinkhardt.

Lob-Hüdepohl, A. (2011). Inklusion als theologisch-ethische Grundnorm – auch für die Armutsbekämpfung. In J. Eurich, F. Barth, K. Baumann & G. Wegner (Hrsg.),

Kirchenaktiv gegen Armut und Ausgrenzung. Theologische Grundlagen und praktische Ansätze für Diakonie und Gemeinde (158–174). Stuttgart: Kohlhammer.

Lounsbury, M. (2007). A tale of two cities: Competing logics and practice variation in the professionalizing of mutual funds. *Academy of Management Journal, 50*(2), 289–307.

Lütje-Klose, B. & Löser, J. (2013). Diversität aus der Perspektive einer inklusiven Pädagogik. In: K. Hauenschild, S. Robak & I. Sievers (Hrsg.): *Diversity Education. Zugänge – Perspektiven – Beispiele* (S. 134–147). Frankfurt: Brandes & Apsel.

Luhmann, N. (1995a). Inklusion und Exklusion. In N. Luhmann (Hrsg.), *Soziologische Aufklärung 6: Die Soziologie und der Mensch* (S. 237–264). Opladen: Westdeutscher Verlag.

Luhmann, N. (1995b). *Soziologische Aufklärung 6. Die Soziologie und der Mensch.* Opladen: Westdeutscher Verlag.

Luntz, F. (2006). *Words that work: Its not what you say, its what people hear.* New York: Hyperion.

March, J. G. (1978). American Public School Administration: A short analysis. *The School Review 2,* 217–250.

March, J. G. (1981). Decision Making Perspective – Decisions in Organizations and Theories of Choice. In A.H. van de Ven & W. F. Joyce (Hrsg.), *Perspectives on Organization Design and Behavior* (S. 205–248). New York: John Wiley & Sons.

March, J. G. (1994). *Primer on decision making: How decisions happen.* New York: Free Press.

March, J. G. & Olsen, J. P. (1976). Organizational choice under ambiguity. In J. G. March & J. P. Olsen (Hrsg.), *Ambiguity and choice in organizations* (S. 10–23). Oslo: Universitetsforlaget.

March, J. G. & Olsen, J. P. (1984). The new institutionalism: organizational factors in political life. *The American political science review 78*(3), 734–749.

March, J. G. & Olsen, J. P. (1989). *Rediscovering institutions: The organizational basis of politics.* New York City: Simon and Schuster.

March, J. G. & Olsen, J. P. (1998). The institutional dynamics of international political orders. *International Organization 52*(4), 943–969.

March, J. G. & Olsen, J. P. (2004). *The logic of appropriateness.* London: ARENA.

Mausethagen, S. (2013). Governance through concepts: The OECD and the construction of „competence" in Norwegian education policy. *Berkeley Review of Education 4*(1).

Mayntz, R. (1999). *Individuelles Handeln und gesellschaftliche Ereignisse: Zur Mikro-Makro-Problematik in den Sozialwissenschaften.* Berlin: Max-Planck-Institut für Gesellschaftsforschung (Working Papers, 99/5).

Mayntz, R. (2005). Forschungsmethoden und Erkenntnispotential. *MPIfG Discussion Paper 5*(7).

McAdam, D. & Scott, W. R. (2005). Organizations and movements. In G. F. Davis, D. McAdam, W. R. Scott & M. N. Zald (Hrsg.), *Social Movements and Organization Theory* (S. 4–40). New York: Cambridge University Press.

Mead, G. H. (1922). A behavioristic account of the significant symbol. *The Journal of Philosophy 19*(6), 157–163.

Merton, R. K. (1957). The role-set: Problems in sociological theory. *The British Journal of Sociology 8*(2), 106–120.

Messiou, K. (2002). Marginalisation in primary schools: Listening to children's voices. *Support for Learning 17*(3), 117–121.

Meyer, J. W. (1977). The effects of education as an institution. *American journal of Sociology 83*(1), 55–77.

Meyer, J. W., Boli, J., Thomas, G. M. & Ramirez, F. O. (1997). World Society and the Nation-State. *American Journal of Sociology 103*(1), 144–181.

Meyer, J. W. & Ramirez, F. O. (2009 [2000]). The world institutionalization of education. In J. Schriewer (Hrsg.), *Discourse Formation in Comparative Education [dritte Auflage]* (S. 111–132). Frankfurt am Main u. a.: Peter Lang.

Meyer, J. W. & Rowan, B. (1977). Institutionalized organizations: Formal structure as myth and ceremony. *American journal of sociology 83*(2), 340–363.

Meyer, J. W. & Rowan, B. (1983). The structure of educational organizations. In J. W. Meyer & W. R. Scott (Hrsg.), *Organizational environments. Ritual and rationality* (S. 78–109). Beverly Hills: Jossey-Bass.

Meyer, R. E. (2006). Visiting relatives: current developments in the new sociology of knowledge. *Organization 13*(5), 725–743.

Meyer, R. E. (2008). New sociology of knowledge: Historical legacy and contributions to current debates in institutional research. In R. Greenwood, C. Oliver, K. Sahlin & R. Suddaby (Hrsg.), *The SAGE Handbook of Organizational Institutionalism* (S. 519–538). Los Angeles; London; Neu Delhi; Singapur: Sage.

Miles, M. B. & Huberman, A. M. (1994). *Qualitative Data Analysis – An Expanded Sourcebook.* Thousand Oaks, London, New Delhi: Sage.

Miles, S. & Singal, N. (2010). The Education for All and inclusive education debate: conflict, contradiction or opportunity? *International journal of inclusive education 14*(1), 1–15.

Mindes, J. (2014). Putting Disability on the „Education for All" Agenda. In F. Kiuppis & R. Sarromaa Haussätter (Hrsg.), *Inclusive Education 20 Years after Salamanca.* New York: Peter Lang.

Minow, M. (1990). *Making all the difference. Inclusion, exclusion and American law.* Ithaka, New York: Cornell University Press.

Mittler, P. (2010). *Thinking Globally Acting Locally: A Personal Journey.* Milton Keynes: AuthorHouse.

Mohr, J. W. (2005). Implicit terrains: meaning, measurement, and spatial metaphors in organizational theory. In M. Ventresca & J. F. Porac (Hrsg.), *Constructing Industries and Markets*. New York: Elsevier.

Moser, V. (2012). *Die inklusive Schule. Standards für die Umsetzung*. Stuttgart: Kohlhammer.

Moser, V., Schäfer, L. & Redlich, H. (2011). Kompetenzen und Beliefs von Förderschullehrkräften in inklusiven Settings. In B. Lütje-Klose (Hrsg.), *Inklusion in Bildungsinstitutionen. Eine Herausforderung an die Heil- und Sonderpädagogik* (S. 235–244). Bad Heilbrunn: Klinkhardt.

Mundy, K. (1999). Educational multilateralism in a changing world order: UNESCO and the limits of the possible. *International Journal of Educational Development 19*(1), 27–52.

Neuendorf, K. A. (2002). *The Content Analysis Guidebook*. Thousand Oaks: Sage.

Nigam, A. & Ocasio, W. (2010). Event attention, environmental sensemaking, and change in institutional logics: An inductive analysis of the effects of public attention to Clinton's health care reform initiative. *Organization Science 21*(4), 823–841.

Oliver, C. (1991). Strategic Responses to Institutional Processes. *Academy of Management Review 16*(1), 145–179.

Olsen, J. P. (1992). *Analyzing institutional dynamics*. Oxford: Nuffield College Oxford, Centre for European Studies.

Opertti, R., Brady, J. & Duncombe, L. (2009). Moving forward: Inclusive education as the core of Education for All. *Prospects 39*(3), 205–214.

Ozga, J. (2005). Modernizing the education workforce: a perspective from Scotland. *Educational Review 57*(2), 207–219.

Ozga, J. & Jones, R. (2006). Travelling and embedded policy: The case of knowledge transfer. *Journal of Education Policy 21*(1), 1–17.

Parreira do Amaral, M. (2011). *Emergenz eines Internationalen Bildungsregimes? International Educational Governance und Regimetheorie*. Münster: Waxmann.

Parsons, T. (1994 [1964]). Full Citizenship for the Negro American: A Sociological Problem. In B. S. Turner & P. Hamilton (Hrsg.), *Citizenship: Critical Concepts, Bd. II* (S. 141–175). New York; London: Routledge.

Pfahl, L. (2012). Bildung, Behinderung und Agency. Eine wissenssoziologische Untersuchung der Folgen schulischer Segregation und Inklusion. *Kölner Zeitschrift für Soziologie und Sozialpsychologie 52*, 415–436.

Pfeffer, J. & Salancik, G. R. (1978). *The external control of organizations: a resource dependence perspective*. New York: Harper & Row.

Pfeiffer, D. (1996). ‚We Won't Go Back': The ADA on the grass roots level. *Disability & Society 11*(2), 271–290.

Powell, J. J. W. (2009). To Segregate or to Separate? Special Education Expansion and Divergence in the United States and Germany. *Comparative Education Review 53*(2), 161–187.

Powell, J. J. W. & Pfahl, L. (2008). *Sonderschule behindert Chancengleichheit.* WZBrief No. 4. Berlin: Wissenschaftszentrum Berlin für Sozialforschung.

Powell, J. J. W. & Solga, H. (2010). Analyzing the nexus of higher education and vocational training in Europe: a comparative-institutional framework. *Studies in Higher Education 35*(6), 705–721.

Powell, W. W. & DiMaggio, P. J. (Hrsg.) (1991). *The New Institutionalism in Organizational Analysis.* Chicago: University of Chicago Press.

Prengel, A. (2006 [1993]). *Pädagogik der Vielfalt: Verschiedenheit und Gleichberechtigung in interkultureller, feministischer und integrativer Pädagogik.* Wiesbaden: VS Verlag für Sozialwissenschaften.

Prengel, A. & Heinzel, F. (2012). Heterogenität als Grundbegriff inklusiver Pädagogik. *Zeitschrift für Inklusion 3.*

Rambla, X., Ferrer, F., Tarabini, A. & Verger, A. (2008). Inclusive education and social inequality: An update of the question and some geographical considerations. *Prospects 38*(1), 65–76.

Ramirez, F. O. (2003). The global model and national legacies. In K. M. Anderson-Levitt (Hrsg.), *Local meanings, global schooling: Anthropology and world culture theory* (S. 239–255). New York: Palgrave Mcmillan.

Ramirez, F. O. (2012). The world society perspective: concepts, assumptions, and strategies. *Comparative Education 48*(4), 423–439.

Ramirez, F. O. & Boli, J. (1987). The political construction of mass schooling: European origins and worldwide institutionalization. *Sociology of education 60*(1), 2–17.

Rao, H. & Giorgi, S. (2006). Code Breaking: How Entrepreneurs Exploit Cultural Logics to Generate Institutional Change. *Research in Organizational Behavior 27*(6), 269–304.

Rao, H., Morrill, C. & Zald, M. N. (2000). Power plays: How social movements and collective action create new organizational forms. In B. M. Staw & R. I. Sutton (Hrsg.), *Research in Organizational Behavior* (Vol. 22, S. 237–281). New York: Elsevier.

Rappleye, J. (2006). Theorizing educational transfer: Toward a conceptual map of the context of cross-national attraction. *Research in Comparative and International Education 1*(3), 223–240.

Radtke, F. O. (2009). „Evidenzbasierte Steuerung. Der Aufmarsch der Manager im Erziehungssystem". In R. Tippelt (Hrsg.), *Steuerung durch Indikatoren.* Opladen: Budrich, 157–180.

Resnik, J. (1996). International Organizations, the ‚Education–Economic Growth' Black Box, and the Development of World Education Culture. *Comparative Education Review 50*(2), 173–195.

Ressler, P. (2009). *Nonprofit-Marketing im Schulbereich – Britische Schulgesellschaften und der Erfolg des Bell-Lancaster-Systems der Unterrichtsorganisation im 19. Jahrhundert.* Frankfurt am Main: Peter Lang.

Riehl, C. J. (2000). The principal's role in creating inclusive schools for diverse students: A review of normative, empirical, and critical literature on the practice of educational administration. *Review of educational research 70*(1), 55–81.

Riles, A. (2006). *Documents: artifacts of modern knowledge*. Michigan: University of Michigan Press.

Rittmeyer, C. (2009). *Die UN-Konvention zum Schutze der Rechte von Menschen mit Behinderung*. Norderstedt: GRIN.

Robertson, S. L. (2012). Researching global education policy: Angles in/on/out … In A. Verger, M. Novelli & H. K. Altinyelken (Hrsg.), *Global Education Policy and International Development: New Agendas, Issues and Policies* (chapter 2, ohne Seitenzahlen). London: Bloomsbury.

Robertson, S. L., Bonal, X. & Dale, R. (2002). GATS and the education service industry: The politics of scale and global reterritorialization. *Comparative Education Review, 46*(4), 472–495.

Rogers, E. M. (1995 [1962]). *Diffusion of innovations*. New York: The Free Press.

Roldán Vera, E. R. & Schupp, T. (2006). Network analysis in comparative social sciences. *Comparative Education 42*(3), 405–429.

Ross, A. O. (1964). *The exceptional child in the family*. Oxford: Grune & Stratton.

Roy, W. G. (1987). Time, Place, and People in History and Sociology: Boundary definitions and the Logic of Inquiry. *Social Science History 11*(1), 53–62.

Røvik, K. A. (1992). Institusjonaliserte standarder og multistandard-organisasjoner. *Norsk statsvitenskapelig tidsskrift 4*, 261–284.

Røvik, K. A. (1998). *Moderne organisasjoner: Trender i organisasjonstenkningen ved tusenårsskiftet*. Bergen: Fagbokforlaget.

Røvik, K. A. (2007). *Trender og translasjoner*. Oslo: Universitetsforlaget.

Røvik, K. A. (2011). From fashion to virus: An alternative theory of organizations' handling of management ideas. *Organization Studies 32*(5), 631–653.

Saleh, L. (2014). Taking up the Mantle of Good Hope; A Memoir. In F. Kiuppis & R. Sarromaa Hausstätter (Hrsg.), *Inclusive Education 20 Years after Salamanca*. New York: Peter Lang.

Sahlin, K. & Wedlin, L. (2008). Circulating ideas: imitation, translation and editing. In R. Greenwood, C. Oliver, K. Sahlin & R. Suddaby (Hrsg.), *The SAGE Handbook of Organizational Institutionalism* (S. 218–242). Los Angeles; London; Neu Delhi; Singapur: Sage.

Sahlin-Andersson, K. (1996). Imitating by editing success: the construction of organizational fields. In B. Czarniawska & G. Sevón (Hrsg.), *Translating organizational change* (S. 69–92). Berlin: de Gruyter.

Sahlin-Andersson, K. & Engwall, L. (2002). Carriers, flows and sources of management knowledge. In K. Sahlin-Andersson & L. Engwall (Hrsg.), *The expansion of management knowledge: Carriers, flows, and sources* (S. 3–32). Stanford: Stanford University Press.

Sander, A. (2002a). Von der integrativen zur inklusiven Bildung. Internationaler Stand und Konsequenzen für die sonderpädagogische Förderung in Deutschland. In A. Hausotter, W. Boppel & H. Meschenmoser (Hrsg.), *Perspektiven sonderpädagogischer Förderung in Deutschland* (S. 142–164). Middlefart: DK.

Sander, A. (2002b). Über die Dialogfähigkeit der Sonderpädagogik: Neue Anstöße durch Inklusive Pädagogik. In B. Warzecha (Hrsg.), *Zur Relevanz des Dialogs in Erziehungswissenschaft, Behindertenpädagogik, Beratung und Therapie* (S. 59–68). Münster: LIT.

Sarromaa Hausstätter, R. (2013). In Support of Unfinished Inclusion. *Scandinavian Journal of Educational Research* (online publiziert, doi: 10.1080/00313831.2013.773553).

Scheuer, J. D. (2006). *Grounding New Institutional Theory on a micro-sociological and practice-based foundation – exploring models of translation.* Vortrag im Rahmen des 22. EGOS Colloquiums in Bergen.

Schimank, U. (1985). Der mangelnde Akteurbezug systemtheoretischer Erklärungen gesellschaftlicher Differenzierung – Ein Diskussionsvorschlag. *Zeitschrift für Soziologie, 14*(6), 421-434.

Schneiberg, M. (2005). Combining new institutionalisms: Explaining institutional change in American property insurance. *Sociological Forum 20*(1), 93–137.

Schneiberg, M. & Clemens, E. S. (2006). The typical tools for the job: research strategies in institutional analysis. *Sociological Theory 24*(3), 195–227.

Schoonhoven, C. B. & Dobbin, F. (2010). *Stanford's Organization Theory Renaissance, 1970–2000.* Howard House: Emerald.

Schriewer, J. (2005a). Bologna und kein Ende. Die iterative Konstitution eines europäischen Hochschulraumes. In R. Hohl, I. Schröder & H. Siegrist (Hrsg.), *Europa und die Europäer. Quellen und Essays zur modernen europäischen Geschichte* (S. 461–468). Wiesbaden: Franz Steiner Verlag.

Schriewer, J. (2005b). Wie global ist institutionalisierte Weltbildungsprogrammatik. Neo-institutionalistische Thesen im Licht kulturvergleichender Analysen. *Zeitschrift für Soziologie [Sonderheft „Weltgesellschaft"]*, 415–444.

Schriewer, J. (2007). *Weltkultur und kulturelle Bedeutungswelten. Zur Globalisierung von Bildungsdiskursen.* Frankfurt am Main; New York: Campus.

Schriewer, J. (2009). „Rationalized Myths" in European Higher Education – The Construction and Diffusion of the Bologna Model. *European Education 41*(2), 31–51.

Schriewer, J. (2012). Editorial: Meaning Constellations in the World Society. *Comparative Education 48*(4), 411–422.

Schriewer, J. & Caruso, M. (2005). Globale Diffusionsdynamik und kontextspezifische Aneignung: Konzepte und Ansätze historischer Internationalisierungsforschung. In J. Schriewer & M. Caruso (Hrsg.), *Nationalerziehung und Universalmethode – frühe Formen schulorganisatorischer Globalisierung* (S. 7–30). Leipzig: Leipziger Universitätsverlag [=Comparativ 15 (2005)].

Schulte, B. (2007). Wenn Wissen auf Reisen geht: Rezeption und Aneignung westlichen Wissens in China. In J. Schriewer (Hrsg.), *Weltkultur und kulturelle Bedeutungswelten: Zur Globalisierung von Bildungsdiskursen* (S. 151–185). Frankfurt am Main; New York: Campus.

Schulte, B. (2012). World Culture with Chinese characteristics: When global models go native. *Comparative Education 48*(4), 473–486.

Schweisfurth, M. (2013). Learner-Centred Education and Teacher Professionalism at the Local–Global Nexus. In T. Seddon & J. S. Levin (Hrsg.), *World Yearbook of Education 2013: Educators, Professionalism and Politics – Global Transitions, National Spaces and Professional Projects* (S. 172–183). New York: Routledge.

Schwinn, T. (2000). Inklusion und soziale Ungleichheit. *Berliner Journal für Soziologie 10*(4), 471–483.

Schwinn, T. (2006). Konvergenz, Divergenz Oder Hybridisierung? Voraussetzungen und Erscheinungsformen von Weltkultur. *Kölner Zeitschrift für Soziologie und Sozialpsychologie 58*(2), 201–232.

Schwinn, T. (2012). Globalisation and regional variety: problems of theorisation. *Comparative Education 48*(4), 525–543.

Scott, W. R. (1994a). Conceptualizing Organizational Fields: Linking organizations and societal systems. In H.-U. Derlien, U. Gerhardt & F. W. Scharpf (Hrsg.), *Systemrationalität und Partialinteresse* (S. 203–219). Baden Baden: Nomos.

Scott, W. R. (1994b). Institutions and organizations: toward a theoretical synthesis. In W. R. Scott & J. W. Meyer (Hrsg.), *Institutional environments and organizations: Structural complexity and individualism* (S. 55–80). Thousand Oaks: Sage.

Scott, W. R., Ruef, M., Mendel, P. J. & Caronna, C. A. (2000). *Institutional change and healthcare organizations: From professional dominance to managed care.* Chicago: Chicago University Press.

Sefa Dei, G. J. (2005). The challenge of inclusive schooling in Africa: A Ghanaian case study. *Comparative Education 41*(3), 267–289.

Seidman, S. (1985). Modernity and the problem of meaning: The Durkheimian tradition. *Sociology of Religion, 46*(2), 109–130.

Seitz, S., Pfahl, L. & Scheidt, K. (2012). Warum Begabungsförderung und Inklusion zusammenpassen. *Gemeinsam leben – Zeitschrift für Inklusion 3.*

Sektion Sonderpädagogik der Deutschen Gesellschaft für Erziehungswissenschaft (2011). *Stellungnahme der Sektion Sonderpädagogik der Deutschen Gesellschaft für Erziehungswissenschaft vom 15.3.2011 zur KMK Empfehlung – Umsetzung der Behindertenrechtskonvention.* Im Internet: http://www.dgfe.de/fileadmin/ OrdnerRedakteure/Sektionen/Seko6_SondPaed/2011_03_Stellungnahme_Sekt_ Sonderp%C3%A4d_KMK-Entwurf.pdf

Seo, M. G. & Creed, W. D. (2002). Institutional contradictions, praxis, and institutional change: A dialectical perspective. *Academy of Management Review 27*(2), 222–247.

Shepsle, K. A. (2006). Rational choice institutionalism. In R. A. W. Rhodes & S. A. Binder (Hrsg.), *The Oxford handbook of political institutions* (S. 23–38). Oxford: Oxford University Press.

Shils, E. (1961). Centre and Periphery. In E. Wigner (Hrsg.), *The logic of personal knowledge. Essays presented to Michael Polanyi on his seventieth birthday 11th March* (S. 117–130). London: Routledge and Paul.

Silova, I. (2004). Adopting the language of the new allies. In G. Steiner-Khamsi (Hrsg.), *The global politics of educational borrowing and lending* (S. 75–87). New York: Teachers College Press.

Silova, I. (2010). Private tutoring in eastern Europe and central Asia: policy choices and implications. *Compare 40*(3), 327–344.

Silova, I. & Abdushukurova, T. (2009). Global norms and local politics: uses and abuses of education gender quotas in Tajikistan. *Globalisation, Societies and Education, 7*(3), 357–376.

Slee, R. (2001). Social justice and the changing directions in educational research: The case of inclusive education. *International journal of inclusive education 5*(2–3), 167–177.

Slee, R. (2004). *Inclusive education: a framework for reform?* Vortrag im Rahmen der Konferenz *Inclusive education: a framework for reform?*, Hong Kong, The Hong Kong Institute of Education, im Jahr 2003.

Smith, P. H. (1984). Time as a Historical Construct. *Historical Methods 17*(4), 182–191.

Spieß, C. (2011). Respekt vor der Autonomie – Befähigung zum eigenen Leben – Anerkennung des Andersseins. Der Inklusionsbegriff aus ethischer Sicht. *FORUMsozial 1*, 11–16.

Stainback, S. & Stainback, W. (1990). Inclusive schooling. In S. Stainback & W. Stainback (Hrsg.), *Support networks for inclusive schooling: Interdependent integrated education* (S. 3–23). Baltimore: Paul H. Brookes Publishing Company.

Stehr, N. & Grundmann, R. (2010). *Expertenwissen – Die Kultur und die Macht von Experten, Beratern und Ratgebern*. Weilerswist: Velbrück.

Steiner-Khamsi, G. (2002a). Reterritorializing educational import. In A. Nóvoa & M. Lawn (Hrsg.), *Fabricating Europe: The formation of an educational space* (S. 69–86). Amsterdam: Elsevier.

Steiner-Khamsi, G. (2002b). School Choice – wer profitiert, wer verliert? In I. Lohmann & R. Rilling (Hrsg.), *Die verkaufte Bildung. Kritik und Kontroversen zur Kommerzialisierung von Schule, Weiterbildung, Erziehung und Wissenschaft.* (S. 133–151). Opladen: Leske + Budrich.

Steiner-Khamsi, G. (Hrsg.) (2004). *The global politics of educational borrowing and lending*. New York: Teachers College Press.

Steiner-Khamsi, G. (2006). The economics of policy borrowing and lending: A study of late adopters. *Oxford Review of Education 32*(5), 665–678.

Steiner-Khamsi, G. (2010). The politics and economics of comparison. *Comparative Education Review 54*(3), 323–342.

Steiner-Khamsi, G. (2012). The global/local nexus in comparative policy studies: analysing the triple bonus system in Mongolia over time. *Comparative Education 48*(4), 455–471.

Steiner-Khamsi, G. & Waldow, F. (Hrsg.) (2012). *World Yearbook of Education 2012: Policy Borrowing and Lending in Education.* New York: Routledge.

Stichweh, R. (1997). Inklusion/Exklusion, funktionale Differenzierung und die Theorie der Weltgesellschaft. *Soziale Systeme 3*, 123–136.

Stichweh, R. (1998). Systems theory and the evolution of science. In G. Altmann & W. A. Koch (Hrsg.), *Systems: New paradigms for the human sciences* (S. 303–317). Berlin: de Gruyter.

Stichweh, R. (2013). Inklusion und Exklusion in der Weltgesellschaft – am Beispiel der Schule und des Erziehungssystems. *Zeitschrift für Inklusion 1.*

Stinchcombe, A. L. (2005). *The logic of social research.* Chicago: University of Chicago Press.

Strang, D. & Meyer, J. W. (1998). Institutional conditions for diffusion. *Theory and Society 22*(4), 487–511.

Strang, D. & Sine, W. D. (2002). Interorganizational institutions. In J. A. C. Baum (Hrsg.), *Companion to Organizations* (S. 497–519). Oxford: Blackwell.

Strang, D. & Soule, S. A. (1998). Diffusion in organizations and social movements: From hybrid corn to poison pills. *Annual Review of Sociology 24*, 265–290.

Streeck, W. & Thelen, K. (2005). Introduction: Institutional change in advanced political economies. In W. Streeck & K. Thelen (Hrsg.), *Beyond continuity: Institutional change in advanced political economies* (S. 1–39). Oxford: Oxford University Press.

Suárez, D. (2007). Education Professionals and the Construction of Human Rights Education. *Comparative Education Review 51*(1), 48–70.

Suárez, D. & Bromley, P. (forthcoming). Institutional Theories and Levels of Analysis: History, Diffusion, and Translation. In J. Schriewer (ed.), *World Culture Re-contextualised.* London: Routledge/Taylor and Francis.

Suchman, M. C. (1995). Managing legitimacy: Strategic and institutional approaches. *Academy of management review 20*(3), 571–610.

Suddaby, R., Elsbach, K. D., Greenwood, R., Meyer, J. W. & Zilber, T. B. (2010). Organizations and their institutional environments – bringing meaning, values, and culture back in. *Academy of Management Journal 23*(6), 1234–1240.

Takayama, K. (2012). Exploring the interweaving of contrary currents: transnational policy enactment and path-dependent policy implementation in Australia and Japan. *Comparative Education 48*(4), 505–523.

Tenorth, H.-E. (2006). Bildsamkeit und Behinderung – Anspruch, Wirksamkeit und Selbstdestruktion einer Idee. In L. Raphael & H.-E. Tenorth (Hrsg.), *Ideen als ge-*

sellschaftliche Gestaltungskraft im Europa der Neuzeit. Exempel einer neuen Geistes-geschichte (S. 497–520). München: Oldenbourg.

Thelen, K. (1999). Historical institutionalism in comparative politics. *Annual review of political science 2*(1), 369–404.

Thomas, G. (2000). Doing injustice to inclusion: a response to John Wilson. European *Journal of Special Needs Education 15*, 307–310.

Thornton, P. H. (2004). *Markets from culture: Institutional logics and organizational decisions in higher education publishing.* Stanford, CA: Stanford University Press.

Thornton, P. H. & Ocasio, W. (1999). Institutional logics and the historical contingency of power in organizations: Executive succession in the higher education publishing industry, 1958–1990. *American Journal of Sociology 105*(3), 801–843.

Thornton, P. H. & Ocasio, W. (2008). Institutional logics. In R. Greenwood, C. Oliver, K. Sahlin-Anderson & R. Suddaby (Hrsg.), *The SAGE Handbook of Organizational Institutionalism* (S. 840–850). Los Angeles; London; Neu Delhi; Singapur: Sage.

Thornton, P. H., Ocasio, W. & Lounsbury, M. (2012). *The Institutional Logic Perspective: A New Approach to Culture, Structure, and Process.* New York: Oxford University Press.

Tilly, C. (1984). *Big structures, large processes, huge comparisons.* New York: Russell Sage Foundation.

Tolbert, P. S. (1985). Institutional environments and resource dependence: Sources of administrative structure in institutions of higher education. *Administrative Science Quarterly 30*(1), 1–13.

Tolbert, P. S. & Zucker, L. G. (1983). Institutional sources of change in the formal structure of organizations: The diffusion of civil service reform, 1880–1935. *Administrative science quarterly 30*, 22–39.

UN (1990). *Convention on the Rights of the Child.* New York: United Nations.

UN (1993). *Standard Rules on the Equalization of Opportunities for Persons with Disabilites.* New York: United Nations.

UN (2006). *Convention on the Rights of Persons with Disabilities.* New York: United Nations.

UN (2013). *Millennium Development Goals and post-2015 Development Agenda.* New York: United Nations.

UNESCO (1994). *The Salamanca Statement and Framework for Action.* Paris: UNESCO.

UNICEF (2013). *The State of the World's Children [Report on Children with Disabilities].* New York: UNICEF.

Vargas-Barón, E. (2014). The Salamanca Declaration: Still our guide for the future. In F. Kiuppis & R. Sarromaa Hausstätter (Hrsg.) *Inclusive Education 20 Years after Salamanca.* New York: Peter Lang.

Verger, A. (2009). The merchants of education: Global politics and the uneven education liberalization process within the WTO. *Comparative Education Review 53*(3), 379–401.

Verger, A., Novelli, M. & Altinyelken, H. K. (2012). *Global Education Policy and International Development: New Agendas, Issues and Policies*. London: Bloomsbury.

Vislie, L. (2003). From integration to inclusion: focusing global trends and changes in the western European societies. *European Journal of Special Needs Education 18*(1), 17–35.

Waldow, F. (2007). Ökonomische Strukturzyklen und internationale Diskurskonjunkturen: Zur Entwicklung der schwedischen Bildungsprogrammatik, 1930–2006. Frankfurt am Main: Peter Lang.

Waldow, F. (2009). Undeclared imports: silent borrowing in educational policy-making and research in Sweden. *Comparative Education 45*(4), 477–494.

Ware, L. (2004). The politics of ideology: A pedagogy of critical hope. In L. Ware (Hrsg.), *Ideology and the Politics of (In)Exclusion* (S. 183–197). Peter Lang: New York.

Warnock, H. M. (1978). *Special educational needs: Report of the Committee of Enquiry into the Education of Handicapped Children and Young People*. London: Her Majesty Stationery Office.

Weber, M. (2005). *Wirtschaft und Gesellschaft. Grundriss der verstehenden Soziologie*. Frankfurt am Main: Zweitausendeins.

Wedell, K. (1995). Making inclusive education ordinary. *British Journal of Special Education 22*(3), 100–104.

Westwood, P. (2013). *Inclusive and Adaptive Teaching: Meeting the challenge of diversity in the classroom*. New York: Routledge.

WHO & Weltbank. (2011). *World Report on Disability*. Genf: WHO.

Wilson, J. (2000). Doing justice to inclusion. *European journal of special needs education 15*(3), 297–304.

Winnacker, E.-L. (1998). Abschied von der Universität? *Forschung – Mitteilungen der DFG 3*, IV-X.

Wiseman, A. W. & Baker, D. P. (2006). The symbiotic relationship between empirical comparative research on education and neo-institutional theory. In D. P. Baker & A. W. Wiseman (Hrsg.), *The impact of comparative education research on institutional theory* (S. 1–26). Howard House, Wagon Lane, Bingley: Emerald.

Wiseman, A. W., Astiz, M. F. & Baker, D. P. (2013). Comparative education research framed by neo-institutional theory: A review of diverse approaches and conflicting assumptions. *Compare: A Journal of Comparative and International Education*, (ahead-of-print), 1–22.

Wittgenstein, L. (2001 [1936–1946]). Philosophische Untersuchungen. In J. Schulte (Hrsg.), *Philosophische Untersuchungen*. Frankfurt am Main: Suhrkamp.

Wright, A. L. & Zammuto, R. F. (2013). Wielding the willow: Processes of institutional change in English county cricket. *Academy of Management Journal 56*(1), 308–330.

Wright, S. (1998). The politicization of ‚culture‘. *Anthropology today, 14*(1), 7–15.

Zilber, T. B. (2002). Institutionalization as an interplay between actions, meanings, and actors: The case of a rape crisis center in Israel. *Academy of Management Journal* 45(1), 234–254.

Zilber, T. B. (2008). The Work of Meanings in Institutional Processes and Thinking. In R. Greenwood, C. Oliver, L. Sahlin & R. Suddaby (Hrsg.), *The SAGE Handbook of Organizational Institutionalism* (S. 151–169). Los Angeles; London; Neu Delhi; Singapur: Sage.

Zilber, T. B. (2012). The relevance of institutional theory for the study of organizational culture. *Journal of Management Inquiry* 21(1), 88–93.

Zilber, T. B., Lounsbury, M. & Meyer, R. (2013). An Institutional Family Reunion? Bridging Ontologies, Levels and Methods [Call for Papers für das Colloquium der EGOS, 2013 in Montréal]. Im Internet unter: http://www.egosnet.org/jart/prj3/egos/main.jart?rel=de&reserve-mode=active&content-id=1334581167609&subtheme_id=1334581167671 (30.09.2013).

Zucker, L. G. (1977). The role of institutionalization in cultural persistence. *American sociological review* 42(5), 726–743.

Zucker, L. G. (1983). Organizations as institutions. *Research in the Sociology of Organizations* 2, 1–47.

Zucker, L. G. (1987). Institutional theories of organization. *Annual review of sociology* 13, 443–464.

Zysman, J. (1994). How institutions create historically rooted trajectories of growth. *Industrial and corporate change* 3(1), 243–283.

Zitierte Archivmaterialien

i	Schriftliche Konsultation [Quellenkategorie: Programmatik]: Information von damaligem Mitglied der „International interagency working group on persons with disability" (USAID), 9. Januar 2013.
ii	Notiz [Quellenkategorie: *Sitzungen* (z. B. Protokolle) und informelle Zusammenkünfte)]: „Briefing Note – Cooperation between UNESCO, the World Bank and IDB: On Education Initiatives for Tomorrow's Agenda", 6. Mai 1997.
iii	Bericht [Quellenkategorien: Kongresse und andere Veranstaltungen (für breitere Öffentlichkeit); Berichte, Leitfäden (inkl. Protokolle von Reisen, ‚missions', etc.]: „Records of the General Conference, 28th session" der *UNESCO*, 25. Oktober bis 16. November 1995 (28C/27), S. 3 f.
iv	Brief [Quellenkategorie: Programmatik, z. B. antizipierte Entwicklung]: Direktor des Mental Retardation Project der *International Union for Child Welfare* an Präsident des *Council for Exceptional Children* (CEC, *International Union for Child Welfare*), 28. August 1964.
v	Bericht [Quellenkategorie: Programmatik]: *UN-Department of Economic and Social Affairs*: „Report on the World Social Situation", 1963.

vi   Telefax [Quellenkategorie: Programmatik]: Generaldirektor der *UNESCO* an Professor der *Brandeis University* (ehemals Direktor des Mental Retardation Project der *International Union for Child Welfare*), 5. Juli 1999.

vii   Positionspapier [Quellenkategorie: Presse (z. B. Ankündigungen, Mitteilungen, Werbung]: „Position papers comparison" zum Thema „Community Based Rehabilitation (1993/2001), 2001.

viii   Programm [Quellenkategorie: Kongresse]: World Conference on Special Needs Education (Weltkonferenz „Pädagogik für besondere Bedürfnisse"), Programm in deutscher Sprache, 7. bis 10. Juni 1994.

ix   Telefax [Quellenkategorie: Programmatik]: Wissenschaftler (Tutor in Special Educational Needs) der *University of Cambridge, Institute of Education* an Leiterin der *UNESCO Special Education Unit*, 17. Juni 1994.

x   Protokoll [Quellenkategorien: Kongresse; Programmatik]: „notes from the Salamanca meeting", verfasst von Wissenschaftler (Tutor in Special Educational Needs) der *University of Cambridge, Institute of Education*, undatiert (Zeitraum zwischen 10. und 17. Juni 1994).

xi   Telefax [Quellenkategorie: Programmatik]: Leiterin der *UNESCO Special Education Unit* an Wissenschaftler (Professor in Child Development and Educational Psychology) der *University of London, Institute of Education*, 22. März 1994.

xii   Telefax [Quellenkategorie: Programmatik]: Wissenschaftler (Tutor in Special Educational Needs) der *University of Cambridge, Institute of Education*, an Leiterin der *UNESCO Special Education Unit*, 23. März 1994.

xiii   Schriftliche Konsultation [Quellenkategorie: Programmatik]: Information von damaligem Wissenschaftler (Professor in Special Educational Needs) der *University of Manchester*, 16. Mai 2013.

xiv   Telefax [Quellenkategorie: Programmatik): Wissenschaftler (Tutor in Special Educational Needs) der *University of Cambridge, Institute of Education*, an Leiterin der *UNESCO Special Education Unit*, 5. April 1994.

xv   Ebenda.

xvi   Ebenda.

xvii   Telefax [Quellenkategorie: Programmatik]: Wissenschaftler (Tutor in Special Educational Needs) der *University of Cambridge* an Leiterin der *UNESCO Special Education Unit*, 17. Juni 1994.

xviii   Dossiers ED/BAS/115 und ED/BAS/110.

xix   Positionspapier [Quellenkategorie: Kongresse]: „Discussion document for the consultation on Early Childhood Education and Special Educational Needs convened by UNESCO – September 1–4 1997" (Draft 1), diverse Verfasser/-innen, 27. Mai 1997.

xx   Telefax [Quellenkategorie: Programmatik]: Leiterin der *UNESCO Special Education Unit* an „Attached Researcher on Child Development" in Toulouse, 5. Mai 1998.

xxi   Telefax [Quellenkategorie: Programmatik]: Leiterin der *UNESCO Special Education Unit* an „xxxxxx" (= diverse Akteure), 21. März 1997.

xxii   Brief [Quellenkategorie: Kongresse]: Leiterin der *UNESCO Special Education Unit* an Stellvertretenden Generaldirektor der *UNESCO Education-Section* (via Direktor *Basic Education*) zum Thema „Informal Interagency Meeting", 16. Mai 1995.

xxiii   Brief [Quellenkategorie: Kongresse]: Leiterin der *UNESCO Special Education Unit* an Stellvertretenden Generaldirektor der *UNESCO Education-section* (via Direktor *Basic Education*) zum Thema „Mission to Geneva, June 1996", 24. April 1996.

xxiv Telefax [Quellenkategorie: Kongresse]: Special Rapporteur der *Commission for Social Development on Disability* der *Vereinten Nationen* an Leiterin der *UNESCO Special Education Unit* zum Thema „Informal Interagency Meeting", 6. August 1997.

xxv Brief [Quellenkategorie: Verträge, Stellenbeschreibungen, Aufgabenzuweisungen]: Leiterin der *UNESCO Special Education Unit* an „International Consultant Education and Disability" in Cambridge zum Thema „Multi-Sectoral Collaboration", 12. November 1997.

xxvi Bericht [Quellenkategorien: Kongresse; Programmatik]: „Report of the ILO/UNESCO/WHO Informal Interagency Meeting" bei der *WHO* in Genf, 20. bis 21. Juni 1996, S. 8.

xxvii Protokoll [Quellenkategorie: Kongresse]: „Minutes of Informal Interagency Meeting" bei der *UNESCO* in Paris, 3. November 1994.

xxviii Telefax [Quellenkategorien: Kongresse; Programmatik]: Leiterin der *UNESCO Special Education Unit* an *ILO* („Vocational REHAB") und *WHO* („Medical REHAB") zum Thema „Multisectoral Collaboration – For the Eualization [sic!] of Opportunities for People with Disabilities", 26. Juni 1996.

xxix Brief [Quellenkategorien: Kongresse]: Chief Medical Officer der *WHO, Rehabilitation Unit*, an Leiterin der *UNESCO Special Education Unit* zum Thema „ILO/UNESCO/WHO Informal Interagency Meeting", 26. April 1996.

xxx Bericht [Quellenkategorien: Kongresse; Programmatik]: „Report of the ILO/UNESCO/WHO Informal Interagency Meeting" bei der *WHO* in Genf, 20. bis 21. Juni 1996, S. 6.

xxxi Brief [Quellenkategorie: Kongresse]: Leiterin der *UNESCO Special Education Unit* an *ILO* („Vocational REHAB") und *WHO* („Medical REHAB") und *UNICEF* zum Thema „Informal Interagency Meeting" am 8. September 1996 [sic!, es müsste 1997 heißen_FK), 16. Juni 1997.

xxxii Telefax [Quellenkategorie: Programmatik]: Leiterin der *UNESCO Special Education Unit* an Special Rapporteur der *Commission for Social Development on Disability* der *Vereinten Nationen* zum Thema „International Day of Disabled Persons" am 3. Dezember 1997, 21. Oktober 1997.

xxxiii Telefax [Quellenkategorien: Kongresse; Programmatik]: Leiterin der *UNESCO Special Education Unit* an *ILO* („Vocational REHAB") und *WHO* („Medical REHAB"), 25. Januar 1995.

xxxiv Brief [Quellenkategorie: Programmatik]: Leiterin der *UNESCO Special Education Unit* an „Senior Adviser" von *UNICEF* in New York, 21. Juli 1995.

xxxv Telefax [Quellenkategorie: Programmatik]: Leitender Epidemiologe der *WHO* an Leiterin der *UNESCO Special Education Unit* zum Thema „Revision of the International Classification od Impairments, Disabilities and Handicaps", 12. Oktober 1994.

xxxvi Telefax [Quellenkategorie: Programmatik]: Leiterin der *UNESCO Special Education Unit* an Leitenden Epidemiologen der *WHO* (Antwort auf Anfrage, vgl. Endnote xxxi), 19. Oktober 1994.

xxxvii Auftrag [Quellenkategorie: „Fachartikel, inkl. Entwürfe, Korrekturen, Kritik, Rückmeldungen"]: Redaktionsmitglied der Zeitschrift „World Health" an Leiterin der *UNESCO Special Education Unit*, 16. Mai 1995.

xxxviii Zusage (Antwort auf Anfrage, vgl. Endnote xxxiii) [Quellenkategorie: Fachartikel]: Leiterin der *UNESCO Special Education Unit* an Redaktionsmitglied der Zeitschrift „World Health", 30. Mai 1995.

xxxix Entwurf Artikel [Quellenkategorie: Fachartikel]: Text von Leiterin der *UNESCO Special Education Unit*, undatiert (Zeitraum zwischen 30. Mai und 25. Juli 1994).

xl Korrektur/Kommentar [Quellenkategorie: Fachartikel]: Vorgesetzter der Leiterin der *UNESCO Special Education Unit* (handschriftlich), Reaktion auf Entwurf Artikel (vgl. Endnote xxxv), 26. Juli 1995.

xli Korrektur/Kommentar [Quellenkategorie: Fachartikel]: Kollege [≠ Verfasser in Endnote xxxvi] der Leiterin der *UNESCO Special Education Unit* (handschriftlich), Reaktion auf Artikel (vgl. Endnote xxxv), 31. Juli 1995.

xlii Korrektur/Kommentar [Quellenkategorie: Fachartikel]: Kollege [≠ Verfasser in Endnoten xxxvi und xxxvii] der Leiterin der *UNESCO Special Education Unit* (handschriftlich), Reaktion auf Artikel (vgl. Endnote xxxv), undatiert.

xliii Notiz [Quellenkategorie: Programmatik]: Interner Schriftverkehr zwischen Vorgesetztem [= Verfasser in Endnote xxxvi] der Leiterin der *UNESCO Special Education Unit* an dieselbe, 17. Februar 1994.

xliv Schriftliche Konsultation [Quellenkategorie: Programmatik]: Information von damaliger Leiterin der *UNESCO Special Education Unit*, 4. Dezember 2012.

xlv Beschluss [Quellenkategorien: Kongresse/Programmatik]: „Records of the Executive Board, 145th session" der *UNESCO*, vom 26. September 1995, S. 8.

xlvi Entwurf Tagesordnung [Quellenkategorien: Kongresse/Programmatik]: „Provisional agenda of the General Conference, 28th session" der *UNESCO*, 25. Oktober bis 16. November 1995, item 5.13.

xlvii Notizen [Quellenkategorie: Programmatik]: Interner Schriftverkehr (Draft Memos) zwischen Stellvertretendem Generaldirektor der *UNESCO Education-section* an Generaldirektor der *UNESCO*, vom 21. August 1995 und 27. Oktober 1995.

xlviii Notiz [Quellenkategorie: Programmatik]: Interner Schriftverkehr zwischen Leiterin der *UNESCO Special Education Unit* und Stellvertretendem Generaldirektor der *UNESCO Education-section* zum Thema „Preparation of the General Conference, 28th session" der *UNESCO*, vom 25. Oktober bis 16. November 1995.

xlix Brief [Quellenkategorie: Programmatik]: Stellvertretender Direktor der *Division for Social Policy and Development* der *Vereinten Nationen* an das Secretariat des *Executive Board and the General Conference* der UNESCO, 18. Oktober 1995.

l Entwurf Skript für Vortrag [Quellenkategorien: Kongresse/Programmatik]: Special Rapporteur der *Commission for Social Development on Disability* der *Vereinten Nationen*, Vorbereitung auf die „General Conference, 28th session" der *UNESCO*, 25. Oktober bis 16. November 1995, Commission II on Item 5.13 of the provisional agenda: „Implementation of 145 EX/Decision 5.2.5", undatiert (I).

li Entwurf Skript für Vortrag [Quellenkategorien: Kongresse/Programmatik]: Special Rapporteur der *Commission for Social Development on Disability* der *Vereinten Nationen*, Vorbereitung auf die „General Conference, 28th session" der *UNESCO*, 25. Oktober bis 16. November 1995, Commission II on Item

5.13 of the provisional agenda: „Implementation of 145 EX/Decision 5.2.5",
undatiert (II ff.).

lii   Korrektur/Kommentar [Quellenkategorien: Kongresse/Programmatik]: Leiterin der *UNESCO Special Education Unit* (handschriftlich), Reaktion auf Skript
für Vortrag (vgl. Endnoten xlv und xlvi), undatiert.

liii   Bericht [Quellenkategorien: Kongresse/Programmatik]: „Report of the United
Nations General Assembly, 48th session", Resolution 48/96, Annex, vom 20.
Dezember 1993.

liv   Vortrag [Quellenkategorien: Kongresse/Programmatik]: Special Rapporteur
der *Commission for Social Development on Disability* der *Vereinten Nationen*,
im Rahmen der „General Conference, 28th session" der *UNESCO*, 25. Oktober
bis 16. November 1995, Commission II on Item 5.13 of the provisional agenda:
„Implementation of 145 EX/Decision 5.2.5", Skript vom 25. Oktober 1995).

lv   Ebenda, S. 7.

lvi   Telefax [Quellenkategorie: Kongresse]: Leiterin der *UNESCO Special Education
Unit* an Special Rapporteur der *Commission for Social Development on Disability* der *Vereinten Nationen* (Dank für Vortrag, vgl. Endnote xlix), 31. Oktober
1995.

lvii   Brief [Quellenkategorie: Programmatik]: Leiterin der *UNESCO Special Education Unit* an Special Rapporteur der *Commission for Social Development on
Disability* der *Vereinten Nationen*, 14. November 1995.

lviii   Bericht [Quellenkategorie: Kongresse]: „Records of the General Conference,
28th session" der *UNESCO*, 25. Oktober bis 16. November 1995 (28C/27), S. 5 f.

lix   Auftrag [Quellenkategorien: Kongresse/Programmatik]: Direktorin der *Commission for Social Development on Disability* der *Vereinten Nationen* an Leiterin
der *UNESCO Special Education Unit* zum Thema „NGO briefing at the UN on
International Day for the Disabled", 18. September 1995.

lx   Telefax [Quellenkategorie: Programmatik]: Leiterin der *UNESCO Special Education Unit* an Direktor des *UNESCO Office* in New York, 27. Februar 1997.

lxi   Mahnung [Quellenkategorien: Kongresse/Programmatik]: Direktorin der
Commission for Social Development on Disability der *Vereinten Nationen* an
Leiterin der *UNESCO Special Education Unit* zum Thema „NGO briefing at the
UN on International Day for the Disabled", 16. Oktober 1995.

lxii   Telefax [Quellenkategorie: Programmatik]: Leiterin der *UNESCO Special Education Unit* an Direktorin der *Commission for Social Development on Disability*
der *Vereinten Nationen* zum Thema „Draft Resolution der Vereinten Nationen
mit dem Titel ‚Towards full integration of persons with disability in society:
implementation of the standard rules on the equalization of opportunities for
persons with disability and of the long-term strategy to implement the World
Programme of Action concerning Disabled Persons to the year 2000 and beyond'", 1. Februar 1996.

lxiii   Telefax [Quellenkategorie: Programmatik]: Leiterin der *UNESCO Special
Education Unit* an Weltbank zum Thema „Special Educational Needs in Early
Childhood Care and Education" bzw. „inclusive early childhood education", 3.
Juli 1996.

lxiv   Ebenda.

lxv   Bericht [Quellenkategorie: Programmatik]: „UNESCO activities in 1996", verfasst von der Leiterin der *UNESCO Special Education Unit*, undatiert.

lxvi Brief [Quellenkategorie: Programmatik]: Interner Schriftverkehr zwischen Leiterin der *UNESCO Special Education Unit* und dem Stellvertretenden Generaldirektor der *UNESCO Education-section* (via Direktor *Basic Education*) zum Thema „Co-operation with World Bank in Special Needs Education", 19. März 1997.

lxvii Schriftliche Konsultation [Quellenkategorie: Programmatik]: Information von damaliger Wissenschaftlerin der *Universität Zürich*, 11. Februar 2013.

lxviii Bericht [Quellenkategorie: Programmatik]: „Information on UNESCO activities in the field of special needs education", verfasst von der Leiterin der *UNESCO Special Education Unit*, 2. Dezember 1996.

lxix Ebenda, Abschnitt „Inclusive Schools and Community Support Programmes", ohne Seitenzahl.

lxx Ebenda.

lxxi Telefax [Quellenkategorie: Programmatik]: Leiterin der *UNESCO Special Education Unit* an Weltbank zum Thema „Special Educational Needs in Early Childhood Care and Education" bzw. „inclusive early childhood education", 3. Juli 1996

lxxii Ebenda.

lxxiii Brief [Quellenkategorie: Programmatik]: Leiterin der *UNESCO Special Education Unit* an den Associate Director der *Programme Division* von *UNICEF* zum Thema „Special Educational Needs in Early Childhood Care and Education", 9. Mai 1996.

lxxiv Schriftliche Konsultation [Quellenkategorie: Programmatik]: Information von damaligem Mitglied der „International interagency working group on persons with disability" (freelancer 2), 21. Mai 2013.

lxxv Brief [Quellenkategorie: Programmatik]: Leiterin der *UNESCO Special Education Unit* an den „Officer in Charge" bei *UNICEF* zum Thema „UNICEF-UNESCO Collaboration in Early Childhood Education and Special Educational Needs", 27. November 1997.

lxxvi Telefax [Quellenkategorie: Programmatik]: Leiterin der *UNESCO Special Education Unit* an den „Associate Director" (Programme Division) bei *UNICEF* [das mit folgenden Worten beginnt: „Dear [...], Greetings! I am pleased to write to you on a number of issues, but firstly I should say we were disappointed that UNICEF did not join us at [sic!] Salamanca."], 29. September 1994.

lxxvii Telefax [Quellenkategorie: Programmatik]: Leiterin der *UNESCO Special Education Unit* an Weltbank zum Thema „Special Educational Needs in Early Childhood Care and Education" bzw. „inclusive early childhood education", 3. Juli 1996.

lxxviii Brief [Quellenkategorie: Programmatik]: Leiterin der *UNESCO Special Education Unit* an Weltbank zum Thema „Special Educational Needs in Early Childhood Care and Education" bzw. „inclusive early childhood education", 17. Juli 1996.

lxxix Telefax [Quellenkategorie: Programmatik]: Leiterin der *UNESCO Special Education Unit* an die Weltbank zum Thema „Special Educational Needs in Early Childhood Care and Education" bzw. „inclusive early childhood education", vom 3. Juli 1996, S. 2.

lxxx Brief [Quellenkategorie: Programmatik]: „Head, Human Development Network, Director, Human Development Department" an den Special Rapporteur der *Commission for Social Development on Disability* der *Vereinten Nationen* zum Thema „increase the inclusion of the needs of individuals with disabilities and their families in World Bank-funded projects", 18. September 1997.

lxxxi Brief [Quellenkategorie: Vertrag/Aufgabenzuweisung]: Leiterin der *UNESCO Special Education Unit* an „International Consultant Education and Disability" in Cambridge zum Thema „Multi-Sectoral Collaboration", 12. Februar 1997.

lxxxii Brief [Quellenkategorie: Programmatik]: „Director, Division of Basic Education", *UNESCO*, an Repräsentanten von *UNICEF* (Dokument ED/BAS/PE/280/13), 25. Juni 1993.

lxxxiii Telefax [Quellenkategorie: Programmatik]: Leiterin der *UNESCO Special Education Unit* an diverse Akteure, zum Thema „adult education of disabled persons [...] a new area for UNESCO", 28. Oktober 1996.

lxxxiv Protokoll [Quellenkategorien: Kongresse/Programmatik]: „Debriefing of Global Workshop on Children with Disabilities and their Families", verfasst in einem nicht näher definierten Zeitraum ab 7. Februar 1997.

lxxxv Brief [Quellenkategorie: Kongresse]: „Deputy Assistant Administrative Director, Center for Human Capacity Development, Bureau for Global Programs, Field Support & Research", *US-AID*, an Leiterin der *UNESCO Special Education Unit*, 5. März 1997.

lxxxvi Protokoll [Quellenkategorien: Kongresse/Programmatik]: „Proceedings of Post Workshop Meeting", im Anschluss an „Global Workshop on Children with Disabilities and their Families", 7. Februar 1997.

lxxxvii Brief [Quellenkategorie: Programmatik]: Interner Schriftverkehr zwischen Leiterin der *UNESCO Special Education Unit* und dem Stellvertretenden Generaldirektor der *UNESCO Education-Section* (via Direktor *Basic Education*) zum Thema „Co-operation with World Bank in Special Needs Education", 19. März 1997.

lxxxviii Telefax [Quellenkategorie: Programmatik]: Leiterin der *UNESCO Special Education Unit* an Direktor des *UNESCO Office* in New York, 27. Februar 1997.

lxxxix Brief [Quellenkategorie: Kongresse]: „Deputy Assistant Administrative Director, Center for Human Capacity Development, Bureau for Global Programs, Field Support & Research", *US-AID*, an Leiterin der *UNESCO Special Education Unit*, 5. März 1997.

xc Brief [Quellenkategorie: Programmatik]: Interner Schriftverkehr zwischen Leiterin der *UNESCO Special Education Unit* und dem Stellvertretenden Generaldirektor der *UNESCO Education-Section* (via Direktor *Basic Education*) zum Thema „Co-operation with World Bank in Special Needs Education", 19. März 1997.

xci Brief [Quellenkategorie: Programmatik]: Special Rapporteur der *Commission for Social Development on Disability* der *Vereinten Nationen* an Leiterin der *UNESCO Special Education Unit*, 7. März 1997.

xcii Entwurf Tagesordnung [Quellenkategorien: Kongresse; Programmatik]: „Provisional Agenda International Agency Working Group on Persons with Disabilities", 13. Mai 1997.

xciii Brief [Quellenkategorie: Kongresse]: Leiterin der *UNESCO Special Education Unit* an „Deputy Assistant Administrative Director, Center for Human Capacity Development, Bureau for Global Programs, Field Support & Research", *US-AID*, 21. März 1997.

xciv Telefax [Quellenkategorien: Kongresse; Programmatik]: Führende Vertreterin der *World Bank Group*, Headquarters, an den Special Rapporteur der *Com-*

mission for Social Development on Disability der *Vereinten Nationen*, 21. März 1999.

xcv   „Note for the record" [Quellenkategorien: Sitzungen; Programmatik]: „Meeting with [...], Director NISE Japan, Mr. [...] (NISE) and Mr. [...] (Japan Permanent Delegation)", autorisiert von zwei Mitarbeiterinnen der UNESCO (ED/BAS), 27. November 1998.

xcvi   Brief [Quellenkategorie: Programmatik]: „Head, Human Development Network, Director, Human Development Department" an den Special Rapporteur der *Commission for Social Development on Disability* der *Vereinten Nationen* zum Thema „increase the inclusion of the needs of individuals with disabilities and their families in World Bank-funded projects", 18. September 1997.

xcvii   Entwurf Tagesordnung [Quellenkategorien: Kongresse; Programmatik]: „Draft Agenda" für „International Working Group on Disability and Development", 24. – 25. September 1998, 29. Juli 1998 (I).

xcviii   Entwurf „Discussion Paper" [Quellenkategorien: Kongresse; Programmatik]: „Draft Discussion Paper to be considered at the September 24–25 Meeting of the International Working Group on Disability and Development", 7. August 1998.

xcix   Entwurf Tagesordnung [Quellenkategorien: Kongresse; Programmatik]: „Draft Agenda" für „International Working Group on Disability and Development", 24. – 25. September 1998, 29. Juli 1998 (I).

c   Tagesordnung [Quellenkategorien: Kongresse; Programmatik]: „Draft Agenda" für „International Working Group on Disability and Development", 24. – 25. September 1998 (II).

ci   Entwurf „Discussion Paper" [Quellenkategorien: Kongresse; Programmatik]: „Draft International Working Group on Disability and Development", undatiert.

cii   Protokoll [Quellenkategorien: Kongresse/Programmatik]: Minutes einer Sitzung des „Committee on the Rights of the Child", 16. Sitzung, 22. September bis 10. Oktober 1997, zum Thema Recht auf inklusive Pädagogik.

ciii   Ebenda.

civ   Ebenda.

cv   Protokoll [Quellenkategorien: Kongresse/Programmatik]: „Proceedings of Post Workshop Meeting", im Anschluss an „Global Workshop on Children with Disabilities and their Families", 7. Februar 1997.

cvi   Participant List of Post Workshop Meeting: UNICEF; DANIDA; OECD; AED; U.S. Department of Education, Office of Special Education and Rehabilitative Services; UN Division of Social Policy and Development; UN Office of Disabled Persons; World Institute on Disability; World Bank; UNESCO; WHO; US AID.

cvii   Notiz [Quellenkategorie: Programmatik]: „Briefing Note" der Leiterin der *UNESCO Special Education Unit*, 4. November 1998.

cviii   Schriftliche Konsultation [Quellenkategorie: Programmatik]: Information von damaligem Mitglied der „International interagency working group on persons with disability" (freelancer 1), 18. April 2013.

cix   Brief [Quellenkategorien: Kongresse; Programmatik]: Mitarbeiterin der *UNESCO Special Education Unit* an Professor und „Consultant en éducation spéciale" in Dakar (worin es, in Bezug auf die Planung der Durchführung des „World Education Forum" u. a. heißt: J'ai le plaisir de vous informer qu'un de ces séances sera une table ronde sur l'éducation intégratrice [nicht etwa

„l'éducation pour l'inclusion"_FK] et la participation des enfants handicapés"), 11. Februar 2000.

cx   Brief [Quellenkategorie: Programmatik]: Leiterin der *UNESCO Special Education Unit* an Special Rapporteur der *Commission for Social Development on Disability* der *Vereinten Nationen*, 3. April 1999.

cxi   Brief [Quellenkategorie: Programmatik]: Leiterin der *UNESCO Special Education Unit* an Stellvertretenden Generaldirektor der *UNESCO Education-Section*, 15. Mai 1999.

cxii Brief [Quellenkategorie: Kongresse]: Leiterin der *UNESCO Special Education Unit* an Stellvertretenden Generaldirektor der *UNESCO Education-Section* (via Direktor *Basic Education*) zum Thema „Informal Interagency Meeting" im Juni 1999, 22. Mai 1999.

cxiii Notiz [Quellenkategorie: Programmatik]: „Briefing Note" der Leiterin der *UNESCO Special Education Unit*, 16. August 1999.

cxiv Telefax [Quellenkategorie: Programmatik]: Leiterin der *UNESCO Special Education Unit* an Stellvertretenden Generaldirektor der *UNESCO Education-Section*, 29. Dezember 1999.

cxv   Telefax [Quellenkategorie: Programmatik]: Kollegin der Leiterin der *UNESCO Special Education Unit* an diverse Akteure, 27. November 1999.

cxvi Für das Folgende vgl. Bericht [Quellenkategorien: Kongresse/Programmatik]: „Inclusive Education and Education for All – UNESCO Day of Reflection", 22. September 2000.

Zusammenfassung der Ergebnisse

Die Ergebnisse der vorliegenden Untersuchung sind zweifacher Art: Die Analyse richtet sich zum einen auf der Ebene pädagogischen Wissens auf das imaginierte Konzept der *Inclusive Education,* genauer: auf dessen schleichenden Begriffswandel im Zusammenhang von zwei Weltkonferenzen, die beide maßgeblich von der UNESCO einberufen wurden. In diesem Kontext wird herausgearbeitet, was die UNESCO im Zuge der Nachbereitungsprozesse der Weltkonferenz „Pädagogik für besondere Bedürfnisse" unter *Inclusive Education* verstand und wie der Wandel jeweiliger Begriffsverwendungen, Bedeutungszuweisungen und Lesarten zu erklären ist. Zum anderen wird auf der Ebene der Organisation mit Hilfe eines ausgewiesenen konzeptionellen Bezugsrahmens jene Rolle ermittelt, die Internationale Regierungsorganisationen wie die UNESCO bei solchen Transformationsprozessen spielen. Der Wandel der Bedeutungen und Lesarten des imaginierten Konzepts der *Inclusive Education* wird – in Entlehnung der von Nils Brunsson eingeführten Analyse-Ebenen „Talk", „Decisions" und „Actions" – an einer einzelnen Organisationseinheit der UNESCO festgemacht.

Der im empirischen Kapitel behandelte Untersuchungszeitraum der Jahre 1994 bis 2000 untergliedert sich in drei Entwicklungsphasen und erweist sich insgesamt als Periode signifikanten Wandels, in dessen Verlauf sich diverse inhaltliche Vorstellungen zum Konzept der *Inclusive Education* überlappen:

In der ersten Phase (Juni 1994 – Oktober 1994) zeigt sich, dass der Einzug einer neuen (sekundären) „institutionellen Logik" in das organisationale Feld – wonach *Inclusive Education* nicht in erster Linie auf Menschen mit Behinderungen, sondern potentiell gleichermaßen auf alle, und insofern auf die Heterogenität von Lerngruppen zu beziehen sei – von Seiten der UNESCO noch weitgehend ignoriert blieb.

In der zweiten Phase (Oktober 1994 – Februar 1997) wird deutlich, wie sich insbesondere durch Prozesse der Kooperation aber auch der Abgrenzung und arbeitsteiliger Differenzierung zwischen diversen Akteuren und durch den erheblichen Einfluss der Weltbank die Leitformel der *Education for All*-Agenda die *Special Needs Education*-Programmatik zu überdecken begann.

In der dritten Phase (Februar 1997 – Oktober 2000) stellt sich heraus, dass hier nicht auf die Heterogenität von Lerngruppen Bezug genommen und insofern in einem nicht-kategorialen Sinne mit Diversität argumentiert, entschieden und gehandelt wurde, sondern nach wie vor mit Fokus auf Menschen mit Behinderungen und darüber hinaus auf andere Gruppen marginalisierter und als vulnerabel klassifizierter Minderheiten.

Summary of the results

The results of the study are twofold: on the level of educational knowledge, the analysis focuses on the imagined concept of *Inclusive Education* – more precisely, on the changes of this term which occurred little by little in connection with two World Conferences that were both mainly convened by UNESCO. In that context, the study reveals what UNESCO was considering *Inclusive Education* to be in the process of following-up the "World Conference on Special Needs Education" and how changes were made in respective uses of the term, allocations of meaning, and common understandings. On the level of organization, the study applies an institutionalist framework elaborating on the role International Governmental Organizations like UNESCO are playing in processes of transformation of educational knowledge. For the exploration of the changes in meanings and common understandings of the imagined concept of *Inclusive Education*, the analysis makes use of Nils Brunsson's analytic levels of "talk", "decisions", and "actions" and makes particular reference to one organizational unit of UNESCO.

The time frame that is dealt with in the empirical part, encompassing the years 1994-2000, is structured into three phases of development, which together reflect a period of significant change covering an overlap of diverse ideas and foci on the concept of *Inclusive Education*:

The first phase (June 1994–October 1994) reveals the emergence of a new (secondary) "institutional logic" within the organizational field under study – connected with the claim that *Inclusive Education* should not be related first and foremost to people with disabilities but rather equally to all, and therefore to the heterogeneity of learners – which remained in this phase pretty much ignored by UNESCO.

In the second phase (October 1994–February 1997) it becomes clear – particularly in processes of interagency cooperation, but also through distinction between actors, differentiation based on the division of labor, and due to the influence of the World Bank – that the guiding idea of *Education for All* started to overshadow the general objective of *Special Needs Education*.

In the third phase (February 1997–October 2000) it turns out that not much reference was made to the heterogeneity of learners and that therefore, the rhetoric, decisions, and actions were not motivated non-categorically with reference to diversity, but rather that the focus was on groups: people with disabilities, as well as other minorities classified as marginalized or vulnerable.